钱宗鑫 ◎ 著

宏观经济与
金融市场互动研究

Studies on Interactions between
Macroeconomy and Financial Markets

中国财经出版传媒集团
中国财政经济出版社

图书在版编目（CIP）数据

宏观经济与金融市场互动研究／钱宗鑫著. -- 北京：中国财政经济出版社，2020.5
ISBN 978-7-5095-9747-7

Ⅰ.①宏… Ⅱ.①钱… Ⅲ.①宏观经济－关系－金融市场－研究 Ⅳ.①F015 ②F830.9

中国版本图书馆 CIP 数据核字（2020）第 056160 号

责任编辑：张怡然　　　　　责任印制：张　健
封面设计：陈宇琰　　　　　责任校对：张　凡

宏观经济与金融市场互动研究
HONGGUAN JINGJI YU JINRONG SHICHANG HUDONG YANJIU
中国财政经济出版社 出版

URL：http://www.cfeph.cn
E-mail：cfeph@cfemg.cn

（版权所有　翻印必究）

社址：北京市海淀区阜成路甲28号　邮政编码：100142
营销中心电话：010-88191537
北京财经印刷厂印装　各地新华书店经销
787×1092毫米　16开　12.75印张　189 000字
2020年5月第1版　2020年5月北京第1次印刷
定价：58.00元
ISBN 978-7-5095-9747-7
（图书出现印装问题，本社负责调换）
本社质量投诉电话：010-88190744
打击盗版举报热线：010-88191661　　QQ：2242791300

目 录

第1章 绪论 …………………………………………………………… 1

第2章 宏观经济与金融部门互动研究文献综述 ………………… 5

    2.1 引言 ……………………………………………………………… 5
    2.2 金融部门与宏观经济冲击传导 ………………………………… 5
    2.3 金融冲击与宏观经济周期 ……………………………………… 8
    2.4 宏观经济政策与金融稳定 ……………………………………… 10
    2.5 宏观经济与资产定价 …………………………………………… 11

第3章 中国货币政策与系统性风险 ……………………………… 19

    3.1 引言 ……………………………………………………………… 19
    3.2 方法 ……………………………………………………………… 21
    3.3 数据与变量构建 ………………………………………………… 23
    3.4 实证结果 ………………………………………………………… 28
    3.5 结论 ……………………………………………………………… 35

第4章 税收政策会影响信贷利差吗?
       ——来自美国和英国的证据 ……………………………… 39

    4.1 引言 ……………………………………………………………… 39
    4.2 实证设计 ………………………………………………………… 43

4.3　数据 …………………………………………………………… 47
　　4.4　实证结果 ……………………………………………………… 49
　　4.5　结论 …………………………………………………………… 58

第 5 章　欧元区主权 CDS 利差的区制决定因素 ……………… 63
　　5.1　引言 …………………………………………………………… 63
　　5.2　变量和数据描述 ……………………………………………… 67
　　5.3　OLS 回归分析 ………………………………………………… 73
　　5.4　不存在内生性的区制转移模型 ……………………………… 76
　　5.5　含有工具变量的区制转移模型 ……………………………… 79
　　5.6　金融传染与区制转移 ………………………………………… 86
　　5.7　结论 …………………………………………………………… 89

第 6 章　基于混频向量自回归模型的宏观经济预测 ………… 96
　　6.1　引言和文献综述 ……………………………………………… 96
　　6.2　MF-BVAR 模型 ……………………………………………… 100
　　6.3　数据及变量选取 ……………………………………………… 102
　　6.4　实证结果 ……………………………………………………… 105
　　6.5　结论 …………………………………………………………… 128

第 7 章　房地产驱动了中国经济周期吗？ …………………… 132
　　7.1　引言 …………………………………………………………… 132
　　7.2　房地产市场与中国的经济周期 ……………………………… 135
　　7.3　模型描述 ……………………………………………………… 141
　　7.4　参数校准及估计 ……………………………………………… 144
　　7.5　脉冲响应分析及方差分解 …………………………………… 147
　　7.6　结论 …………………………………………………………… 150

第 8 章　中国系统性金融风险的度量
　　　　　——基于实体经济的视角 ………………………………… 154
　　8.1　引言 …………………………………………………………… 154

8.2 文献综述 ··· 156
8.3 中国系统性风险指数的构建方法 ······················ 158
8.4 实证分析 ··· 162
8.5 结论 ·· 175

第9章 央行如何实现汇率政策目标
——基于在岸—离岸人民币汇率联动的研究 ············ **178**

9.1 引言 ·· 178
9.2 在岸与离岸人民币汇率差异 ··························· 180
9.3 门限 VECM 模型设定与估计方法 ···················· 181
9.4 VECM 模型估计结果 ································· 183
9.5 加入门限值的 VECM 分析 ··························· 191
9.6 结论与政策建议 ······································ 194

第 1 章 绪 论

　　由于资本是重要的生产要素，而资本积累通过投资来实现，宏观经济自然地和金融部门联系到了一起。金融部门可以通过影响投资和资本积累来影响宏观经济。然而，经济学传统的一般均衡分析框架往往假设金融市场是完美的。更确切地说，传统一般均衡模型假设经济中存在一整套状态依存性证券。经济主体通过购买这些证券，可以无成本地消除宏观经济中的不确定性，进而实现无成本和无风险的投资。在这样的模型中，现实生活中的各类金融市场和金融中介对经济增长而言是无用的。因此，在新古典主义经济学的经济增长理论中，往往不显式地模型化金融部门。新古典主义经济学的经济周期理论往往是通过拓展新古典经济增长理论，比如内生化经济增长理论中的劳动力供给，来引入经济周期概念。因此，在这类模型中，金融部门也是不重要的。早期新凯恩斯主义的经济周期理论在新古典经济周期理论中加入工资和价格的黏性来引入通货膨胀和货币政策的福利效应，其模型的内核也仍然是无金融摩擦的新古典增长理论。因此，无论是新古典的经济周期理论，还是新凯恩斯的经济周期理论，早期都是不显式地模型化金融部门的。

　　然而，在现实中，由于大量的信息成本和交易成本的存在，金融市场是不完美的，并不存在一整套状态依存性证券可以被用来无成本地消除经济中的不确定性。现实中的金融部门，包括金融市场和金融中介，通过各自方式降低经济中的信息成本和交易成本所产生的经济摩擦，来优化资源配置，促进资本积累和技术进步，进而促进经济增长。而金融部门本身的波动既可以直接成为经济周期波动的源泉，也可能成为其他经济冲击的放大器或减震器，进而间接影响经济周期波动的大小和持续时间。由于这些原因，影响经济周期的各项政策，包括财政政策和货币政策的传导就和金融部门密切联系在了一起。早期考虑金融部门的宏观经济模型主要强调各种金融摩擦对经济周期的放大或减弱作用。由于第二次世界大战之后，发达国家金融危机很少发生，战后宏观经济理论的发展也较少涉及金融稳定。2008年美国"次贷"危机以及随后的欧洲主权债务危机使学术界和实务界对金融危机的关注都增强了。讨论宏观经济与金融部门互动的文献的研究角度也变得更加丰富多样：一是关于金融部门内部所产生的冲击对宏观经济周期影响的研究变得更加丰富；二是关于宏观经济政策对金融机构风险承担和金融稳定的影响的研究变得更加丰富。

另外一类将宏观经济与金融部门联系在一起的文献则是关于资产定价方面的。金融资产的定价和经济主体的投资决策密切相关，而经济主体的投资决策受到随机折现因子的影响。具体而言，投资者以支出资产价格为代价，获得一个未来的支付。其投资决策取决于资产价格和未来支付的对比。而今天的1元钱和明年的1元钱对于投资者来讲是不一样的，因此投资者在比较成本收益的时候需要对未来的1元钱进行折现。但这个折现因子是随机的，因为它与明年的宏观经济形势预期有关。宏观经济冲击通过影响投资者今天和未来的预期财富及消费水平，影响其对未来1元钱当下价值的评价，进而影响投资者决策和资产价格。研究宏观经济和金融互动的这类文献的重要工作是不断拓展基准的新古典宏观经济模型，进而为各种资产定价现象提供解释。资产定价的一个特殊领域是关于资产价格泡沫的理论。宏观经济理论的一个应用是解释资产价格泡沫存在的原因。

在第2章中，笔者将对上述文献进行展开论述。第3章到第9章是笔者在文献的基础上对宏观经济与金融部门互动的进一步研究。第3章研究一项重要的宏观经济政策——货币政策对系统性金融风险的潜在影响。第4章研究另一项重要的宏观经济政策——财政政策对金融市场上的信用息差的影响。第5章研究宏观经济与主权信用互换协议的相互影响。主权债是各国的国家债，是金融市场的基础。大量金融资产的定价都是在国债定价的基础上展开的。因此，理解国债违约风险的定价对于我们理解金融市场资产定价十分重要。而主权信用互换协议作为对国债违约风险的保险，蕴含了关于国债违约风险的信息。因此，对这个保险产品定价与宏观经济关系的研究有利于我们更深刻地理解宏观经济与金融市场的互动。第6章和第7章探讨金融市场以及与金融市场密切相关的房地产市场与宏观经济的关系。第6章研究金融市场的信息，包括房地产市场的信息，对宏观经济预测是否有帮助。第7章研究房地产对中国经济周期的影响。第8章研究中国系统性金融风险指标对宏观经济的预测能力。第9章在开放经济的背景下研究国家外汇政策与汇率市场的关系。

前面提到的研究宏观经济与金融部门互动的文献分为四类：一是研究金融部门冲击其他经济领域，进而影响宏观经济，所表现出的缩放作用；二是研究金融部门内部冲击对宏观经济周期的影响；三是研究宏观经济政策对金融机构风险承担状况和金融稳定的影响；四是研究宏观经济与资产定价的关系。

本书第3章研究的内容属于第三类，研究中国的货币政策对中国系统性金融风险的影响，将宏观经济政策和金融稳定联系在一起。第4章研究的内容属于第一类，研究财政政策如何通过金融变量向宏观经济传导。第5章研究的内容属于第四类，但同时也和第二类有关：一方面，第5章研究主权信用互换协议这一金融合约的定价；另一方面，这一章研究的一个重要贡献是控制了研究主权信用互换协议定价中的内生性问题，即主权信用互换协议价格的变化会反过来影响宏观经济变量——这就和上述第二类研究联系在了一起。第7章研究的内容属于上述第一类。本书模型中，房地产作为借贷抵押品，其价值的变化会影响其他经济冲击向宏观经济周期的传导。第6章和第8章属于综合性研究，并不是从传导渠道的细节上去研究金融部门如何影响宏观经济或者宏观经济如何影响金融部门，而是通过预测与被预测的关系来检验宏观经济与金融部门之间是否存在着紧密的联系。第9章主要研究外汇市场的套利行为及其与央行汇率政策的关系，既与汇率作为一种金融资产价格的定价有关，也与金融部门对宏观经济的影响有关。

本书第3章到第9章的主要内容都曾发表在国内外学术期刊上。第3章发表在 *Emerging Markets Finance and Trade*[①]，第4章发表在 *Journal of Macro-*

[①] Jianhua Gang & Zongxin Qian, 2015. "China's Monetary Policy and Systemic Risk." *Emerging Markets Finance and Trade*, 51：4，701-713. https：//www.tandfonline.com/.

economics[①]，第 5 章发表在 *Journal of Financial Stability*[②]，第 6 章发表在《金融研究》（2018 年第 7 期），第 7 章发表在《经济研究》（2015 年第 12 期），第 8 章发表在《金融研究》（2018 年第 4 期），第 9 章发表在《金融研究》（2016 年第 4 期）。笔者在此感谢泰勒·弗朗西斯出版集团（Taylor & Francis Group）、爱思唯尔出版公司（Elsevier）、《经济研究》杂志社和《金融研究》杂志社授权作者将这些文章编辑成书出版。

感谢我的合作者们的支持。特别感谢我的研究生刘超和吴悠在本书写作过程中出色的助研工作。在各章的写作过程中本人也得到了各种各样的其他支持，在此一并致谢。感谢 Gary Koop、Dimitris Korobilis、Haroon Mumtaz 和 Paolo Surico 慷慨分享数据，本书在第 4 章的写作中用到了这些数据。感谢匿名审稿人，感谢 William Lastrapes（*Journal of Macroeconomics* 的编辑）、Harry Huizinga、Pavel Cizek 以及 2013 年国际公共财政研究所会议与会者的建设性评论。感谢 Chang - Jin Kim 提供的关于两阶段区制转移模型的代码，感谢 Iftekhar Hasan（*Journal of Financial Stability* 的编辑）的宝贵意见。笔者在研究过程中得到了中国国家自然科学基金第 71303246 号项目的资助，在此也表示感谢。

[①] Kan Ji & Zongxin Qian, 2015. "Does Tax Policy Affect Credit Spreads? Evidence from the US and UK." *Journal of Macroeconomics*, 43: 318 - 329.

[②] Han Blommestein, Sylvester Eijffinger, Zongxin Qian, 2016. "Regime - Dependent Determinants of Euro Area Sovereign CDS Spreads." *Journal of Financial Stability*, 22: 10 - 21.

第 2 章　宏观经济与金融部门互动研究文献综述

2.1　引言

上一章的论述中，我们将宏观经济与金融部门互动的文献大致分为四类：一是研究金融部门冲击其他经济领域，进而影响宏观经济，所表现出的缩放作用；二是研究金融部门内部冲击对宏观经济周期的影响；三是研究宏观经济政策对金融机构风险承担状况和金融稳定的影响；四是研究宏观经济与资产定价的关系。本章我们按这四种分类分别对文献进行梳理。由于文献数量巨大，本章并不试图穷尽所有相关文献，而是将重点放在主要的理论文献以及和这些文献高度相关的实证文献上面。本章的综述不包含金融与经济增长关系的文献，对这部分内容感兴趣的读者可以参阅 Levine（1997）的综述。本章的文献综述主要讨论封闭经济下宏观经济与金融部门的互动。开放经济下的相关理论文献参见第 5 章和第 9 章的相关文献综述。

2.2　金融部门与宏观经济冲击传导

Stiglitz 和 Weiss（1981）讨论了信贷配给的问题。他们认为借贷双方信息不对称是产生信贷配给的根源。贷款人不知道借款人的风险承受能力是高还是低。如果他提高利率，只有风险承受能力高的借款人愿意借款。这种情况下，贷款人的预期收益率随着利率的增长是先增后减的。其预期收益率最大化对应的利率水平下，可能有部分借款人无法获得贷款。他们虽然愿意支付更高的利率来获取贷款，但是由于利率上升不会提高而会降低贷款人的预期收益率，贷款的供给不会随着利率增加，从而产生信贷配给问题。类似的，提高抵押品要求也可能会增加借款人的平均风险偏好，或诱使借款人投资高风险项目。因此，银行在面临过剩的贷款需求时往往不是提高利率和抵押品要求，而是拒绝部分借款人的贷款申请。Stiglitz 和 Weiss（1981）认为在存在信贷配给的情况下，货币政策不是通过利率渠道影响投资和宏观经济，而是通过增加可贷资金的方式促进投资和经济扩张。

Kiyotaki 和 Moore（1997）在宏观模型中引入了不完全金融合约，讨论了借贷约束对经济冲击宏观经济效应的放大作用。宏观经济学的一个重要的问题是：小的经济冲击，包括货币政策冲击，为何能够对宏观经济波动产生较大影响？传统凯恩斯主义模型面临的一个难题是，如何论证小的名义扰动能够产生大的经济周期。借贷约束的引入，为此提供了一个渠道。Iacoviello（2005）在一个宏观动态随机一般均衡（DSGE）模型中引入了房地产，并将房地产模型化为家庭和企业借贷时可用的抵押品。货币政策冲击和其他经济冲击通过影响房地产价格，进而影响抵押品价值和可贷资金，影响消费和投资，进而影响宏观经济。一个扩张性的货币政策冲击通过增加总需求，提升了房地产价格，而房地产价格上升，提高了其作为抵押品的价值，放松了家庭和企业的融资约束，进而进一步扩大总需求。因此，金融部门在宏观模型中产生了冲击效应放大器的作用。Iacoviello 和 Neri（2010）利用 Iacoviello（2005）的模型的一个变种（去掉了企业借贷行为，而主要考虑家庭的借贷）研究了美国经济周期。他们发现货币政策能够解释美国 GDP 方差的 22.6%，成本冲击能解释 GDP 方差的 23.2%。而房地产部门本身的需求和供给冲击对房价波动有较强解释力，对 GDP 的波动解释力较小。Liu 等人（2013）引入土地作为企业的主要抵押品。他们发现房地产需求冲击通过房价同时对投资、劳动时间和消费产生影响。Chaney 等人（2012）从实证的角度研究房地产价格冲击如何通过影响抵押价值影响公司投资，他们利用1993—2007年美国公司投资与房地产数据发现，平均而言，抵押资产价值每增加1美元，公司投资额大约上升0.06美元。然而，Wu等人（2015）利用中国数据没有找到房地产抵押价值变动对公司投资有显著影响的证据。这种实证结论的差异可能与企业房地产价值评估方法的适用性有关。另外，Wu等人（2015）计算的是土地价值，而没有考虑房产，也可能对结果有一定的影响。

Townsend（1979）指出，对企业财务状况的验证是需要成本的，这一状态验证成本的存在使银行会根据企业偿债风险的变化调整其企业贷款的风险溢价。Bernanke等人（1999）指出，宏观经济冲击通过影响企业净值影响其偿债风险，进而影响其外部融资成本。负面的宏观经济冲击导致企业净值下降，增加企业的外部融资成本，进而抑制其投资，进一步放大宏观经济冲击的负面影响。这一效应被称作金融加速数效应。Christensen和Dib（2008）估计了Bernanke等人（1999）的模型，他们的研究发现带金融加速数的模型对数据的解释力优于不带金融加速数的模型。然而估计结果显示，金融加速器对产出的影响较小。

Bernanke等人（1999）假定企业是短视的（只看一期），且贷款利率前定。Carlstrom等人（2014，2016）假定企业是前瞻性的，且贷款利率是状态依赖的。这种情况下，企业外部融资溢价依然和企业净资产负相关。但他们证明金融加速数效应在他们的模型中要比在Bernanke等人（1999）的模型中更小。Bernanke等人（1999）和Carlstrom等人（2014，2016）都假定企业是风险中性的。Dmitriev和Hoddenbagh（2017）改变了这一假定，而假定企业是风险厌恶的。他们的模型表明企业风险厌恶程度上升也会抑制金融加速数效应。

Goodfriend和McCallum（2007）引入了所谓的银行减速器效应。他们指出，一方面资产价格上涨增加抵押品的供给，另一方面资产上涨也增加了抵押品的需求。这是因为总需求的增加使货币需求增加，而货币（存款）的生产需要更多的抵押品。抵押品供给的增加倾向于降低企业外部融资成本，而抵押品需求的增加提高企业外部融资成本。因此，传统金融加速数模型中强调的金融部门放大正向经济冲击的作用，在存在货币需求的情况下会被减弱。

House（2006）讨论了逆向选择对金融加速数的影响。在 Stiglitz 和 Weiss（1981）的模型中企业预期收益相同，但成功概率不同（即风险不同）。给定一定的还款利率水平，只有成功概率低于临界值的企业会申请贷款。成功概率处于临界值上的企业是所有申请贷款企业中最安全的。这些企业在银行不区分高低风险企业的混同均衡下，被迫接收了过高的利率。因此，他们的投资动机过低。经济中容易出现投资不足。而在 De Meza 和 Webb（1986）的模型中企业成功概率不同，而成功后的收益相同，企业项目投资预期收益和成功概率正相关。这种情况下，只有成功概率高于临界值的企业会去申请贷款。成功概率处于临界值上的企业是所有申请贷款企业中风险最高的。这些企业在银行不区分高低风险企业的混同均衡下，享受了过低的利率。因此，他们的投资动机过强。经济中容易出现投资过度。House（2006）指出，在存在投资不足的情况下，经济冲击产生的企业内部资金增加会增加投资，放大冲击的效果。在存在过度投资的情况下，经济冲击产生的企业内部资金的增加将减少投资，进而削弱冲击的效果。另外，企业内部资金增加会使整体投资分配更有效率，进而放大正向冲击的作用。如果减少过度投资的效应起了主导作用，我们将看不到金融加速器，而是看到金融减速器。

Gertler 和 Karadi（2011）构建了一个含有金融机构道德风险的模型。金融机构由于道德风险的存在，其杠杆率受到约束。这一金融摩擦将整体信贷和金融中介部门的股权资本联系在了一起。金融中介部门资本状况恶化会抬高信贷成本。在这个模型中，宏观经济冲击可以通过影响金融中介的资本影响信贷，进而对投资和产出产生进一步的影响。Foerster（2015）拓展了 Gertler 和 Karadi（2011）的模型，探讨了非常规货币政策的退出问题。

2.3 金融冲击与宏观经济周期

传统的含有金融中介的宏观经济模型更多关注金融中介对宏观经济冲击效应的缩放作用。"次贷"危机之后，宏观经济理论更加关注金融冲击本身对宏观经济的影响,以及与之相关的危机期间宏观金融政策的经济效应。Gertler 和 Karadi (2011) 一方面考察了宏观经济冲击通过金融部门的传导,另一方面则探讨了金融冲击对宏观经济的影响。他们指出,金融中介资产质量恶化造成实际经济活动萎缩。而中央银行的干预可以缓和金融冲击的负面经济影响。他们的理论为非常规货币政策的经济效应分析提供了一个框架。由于央行不存在道德风险的问题,因此不受杠杆约束,在危机中,央行替代金融中介部门配置信贷资源能够缓和危机的负面效应。但是央行做金融中介不如私人金融中介部门有效率,这形成了一个政策选择问题。在危机期间,后者的负面作用不如央行干预的正面作用,因此,非常规货币政策对经济福利是有利的。

Nolan 和 Thoenissen (2009) 在 Bernanke 等人(1999)的金融加速数模型基础上加入金融冲击。他们对金融冲击的定义是企业家净财富的外生变化。他们发现金融冲击是产出、投资、企业外部融资溢价、利率和工作时间波动的主要推动力。金融冲击解释投资和产出波动的45%。

Christiano 等人(2014)拓展了 Bernanke 等人(1999)的金融加速数模型,引入了资本生产过程中不确定性随时间的变化。他们将这一不确定性的外生变化定义为风险冲击,并发现风险冲击可以解释美国经济周期的60%以上。不仅如此,利率期限结构随时间的波动的半数以上也可以被风险冲击解释。Christiano 等人(2014)的结论在一些文章中也被理解成一种金融冲击。

Choi 和 Cook (2012) 在 Bernanke 等人(1999)的金融加速数模型基础上加入资产抛售。他们的流动性螺旋放大了 Bernanke 等人(1999)的金融加速数效应。基于这个模型,他们讨论了政府流动性干预和监管政策在危机中的积极作用。

De Fiore 等人(2011)假定企业的资产负债是前定的和名义的。因此,货币政策可以通过影响这些资金的实际价值进而影响生产性融资。他们考虑了三种金融冲击:企业内部资金的外生减少;企业技术冲击标准差的外生增加;信贷监管成本的外生增加。他们研究了三种金融冲击下的最优货币政策,发现在企业的金融敞口为名义量且债务合同非状态依存时,维持物价稳定并不总是最优的。在企业内部资金外生减少的情况下,最优货政策要求降低名义利率。

Jermann 和 Quadrini（2012）把金融冲击模型化为贷款者将实物资产充分变现能力的外生变化。这一变化会影响企业的融资能力。他们发现，金融冲击可以解释美国经济周期波动的46%。

在 Ajello（2016）的模型中，企业通过发行和交易金融证券来为投资融资。金融交易通过金融中介来完成，而金融冲击直接影响金融中介的成本。他发现金融冲击解释了美国经济周期波动的25%。

2.4 宏观经济政策与金融稳定

Borio 和 Zhu（2012）指出，过去的货币政策研究忽略了一条重要的货币政策传导渠道，即风险承担渠道。货币政策可以影响金融机构的风险承担，进而影响实际经济和金融稳定。Stein（2012）也指出货币政策具有金融监管的功能。

Borio 和 Zhu（2012）指出，金融监管对金融系统行为和经济周期特征的影响不断加强，但央行对货币政策可能对金融机构风险认知和定价的影响考虑不足。他们指出了货币政策影响金融机构风险承担的三条渠道。第一，利率变化影响资产估值、收入和现金流。低利率通过资产和抵押价值上升降低金融机构对风险的评估，增加其风险容忍度。这一渠道与前面提到的金融加速数效应相关。但是他们也指出金融加速数模型一般假定金融机构是风险中性的或者是风险厌恶的，但风险容忍度是常数。他们还指出，金融机构的一个特点是其风险容忍度是随着时间变化的。不仅如此，传统的金融加速数模型中银行永远获得零利润且不会违约。借款人的违约和退出是无联系的。在这种情况下，债务违约并不直接引起经济活动的中断，这忽视了金融危机中公司违约和银行压力在危机中的非线性互动。第二，由于各种各样的原因，金融机构的目标收益率有一定的黏性。在名义利率下降的时候，随着名义利率与这些目标收益率差异的扩大，寻找高收益的效应会增强投资者的风险偏好。第三，央行通过增强其与公众的沟通透明度可以降低不确定性和风险溢价。对央行反应函数降低下行风险的认知也会激励风险承担。

Stein（2012）指出，金融市场的一个基本的市场失灵是金融中介不考虑其增发短期债券造成的资产抛售问题的外部性，进而会过度发行短期债券。Stein（2012）指出针对这一负外部性的最优金融监管政策应该根据金融机构的投资机会来分配其货币创造的权力。但是，现实中监管部门是看不到金融机构的投资机会的。而在存在法定存款准备金要求的情况下，银行间市场的交易反映银行的投资机会，以及与之相应的银行对货币创造权力的需求。而银行间市场的利率反映货币创造权力的价格。央行的公开市场操作可以根据这个价格来调节银行系统总体的流动性，进而避免金融机构过度的货币创造。

Angeloni 等人（2015）将 Diamond 和 Rajan（2000，2001）的银行挤兑理论纳入宏观经济模型，研究了货币政策与风险承担的关系。他们发现货币扩张抬高银行杠杆和风险，而银行风险高增加资产波动性，降低均衡产出水平。

Dubecq 等人（2015）指出，由于关于金融机构单位风险的资本水平的信息不完美，金融机构在风险暴露方面存在不确定性。家庭部门对金融机构资本水平的高估导致其错误地从较高的资产价格中推动风险资产的基本面改善。无风险收益率的下降使更多的风险被低估。

Diamond 和 Rajan（2012）指出，银行靠活期存款为流动性较差的资产融资，通过挤兑的压力对银行的行为产生约束。这种情况下，政府对面临挤兑的银行直接"买单"会削弱这种挤兑压力所产生的银行纪律约束。危机时期央行通过低利率提供流动性可能要好于直接"买单"。然而这种政策激励金融机构过度风险承担，因为它们不会内部化央行干预的成本。因此，央行需要在没有流动性危机的正常时期通过抬高利率来抑制修正这个负外部性。

2.5 宏观经济与资产定价

基于消费的资本资产定价模型将资产定价理论与宏观经济学直接联系起来。家庭（投资者）的最优投资决策要求任何资产的当前价格都应该等于其下一期支付的期望折现值。这个折现率通常被称作随机折现因子。随机折现因子和消费增长率负相关。它反映出如果投资者未来消费水平相对于现在消费水平提升，则意味着未来一单位新增收入带来的边际消费效用相对于今天为了投资而放弃的边际消费效用的重要性下降，因此一笔给定的未来支付的现值下降。根据这个理论，一个资产的收益率与消费增长率相关性越高，风险越高，因为它无法对冲总消费水平的波动，反而会产生雪上加霜的效果。这种相关性被称作系统性风险。在完美的金融市场下，非系统性风险可以通过分散投资来消除，因此，只有系统性风险才会得到风险的补偿。而在有效的金融市场上，任何金融资产的收益率高出无风险收益率的部分（即超额收益）都是对该资产的系统性风险的补偿。资本资产定价模型（CAPM）中的 β 因子通常被理解为对系统性风险的度量。类似地，各种因子定价模型中的风险因子也被理解为各种不同的对系统性风险的度量。资产定价领域的一个重要的问题就是风险因素能否充分解释美国股市的超额收益。行为金融学认为某些非理性因素而非风险因素解释了美国股市超额收益的相当部分。

资产定价领域的一个重要谜题是所谓的股票溢价之谜，即从标准宏观模型出发推导出来的基于消费的资本资产定价模型所预言的股市超额收益远远低于美国战后的股市超额收益。Campbell 和 Cochrane（1999）用消费习惯来解释股票溢价之谜。他们指出由于消费习惯的存在，在经济衰退时，收入水平的下降，一项额外的投资损失可能会使得家庭的消费水平降低至消费习惯水平之下，进而产生巨大的效用损失。在这种情况下，家庭会变得更加厌恶风险。因此，在经济衰退时，收益率较低的投资需要提供更高的风险溢价才能够吸引风险厌恶的投资者。

Barro（2006）用稀有巨灾风险来解释股票溢价之谜。在经济中有一些发生概率较小，但一旦发生就会产生巨大损失的事件。这种稀有巨灾风险的存在使投资者更加不愿意参与股市，要吸引他们参与股市则必须有更高的股市预期收益率。在这些"黑天鹅"事件未发生时（或者说，在投资者运气好时），股市的平均收益率会高于加入"黑天鹅"事件后的实际预期收益率。因此，要检验稀有巨灾风险对股票溢价之谜的解释力需要更多更长时间的样本。实证研究对稀有巨灾风险解释力的结论存在一定的争议

(Gabaix, 2012; Julliard and Ghosh, 2012)。Bai 等学者（2019）指出，稀有巨灾风险不仅可以解释股票溢价之谜，还可以被用于解释所谓的价值之谜，即在相同 β 值的情况下，价值股比成长股的预期收益率更高。Bansal 和 Yaron（2004）指出，在 Epstein 和 Zin（1989）提出的偏好下，经济主体因为害怕经济增长前景的恶化或者经济不确定性的上升会降低资产价格，因此需要更高的股票风险溢价。

债务的期限结构模型也与宏观经济模型密切相关。按照经典的理性预期理论，在风险一致的情况下，不考虑流动性偏好，长期利率是预期短期利率的平均。而由于短期利率由央行货币政策决定，利率期限结构模型自然和宏观经济联系到了一起。Rudebusch 和 Wu（2008）指出，债券期限结构模型中的长期因子和新凯恩斯主义模型中央行的货币政策目标密切相关。Favero（2006）基于泰勒规则和预期理论构建了理论上的美国长期利率，为预期理论提供了支持。Doh（2011）发现宏观模型中价格黏性的程度影响其对收益率曲线的解释力。在价格弹性较强时，缓慢变动的央行通货膨胀目标是收益率曲线水平变动的主要动力。在价格黏性较强时，具有较强持续性的加成率冲击是收益率曲线变动的主要动力。Doh（2011）的实证研究更加支持弹性价格模型。Aksoy 和 Basso（2014）将央行货币政策传导和银行资产组合选择以及收益率曲线联系了起来。在他们的模型中，银行的预期利润影响银行对期限溢价的要求。当预期利润高时，期限溢价低，反之期限溢价高。期限溢价通过投资决策反馈到宏观经济。

资产价格偏离其基本面（即预期未来现金流的现值和）的部分为资产价格泡沫。宏观经济学的一部分应用是解释资产价格泡沫。资产价格泡沫产生的原因可能是非理性因素（De Long et al., 1990; Abreu and Brunnermeier, 2003; Hong et al., 2006; Hong et al.; 2008, Hong and Sraer, 2013）。本书对这部分文献不展开论述。因为主流宏观经济学通常假设理性预期，本书重点讨论理性泡沫。在理性预期、有限参与人和参与人长生不老的假设下，Tirole（1982）证明理性泡沫是不可能存在的。这是因为在这些假定下，找不到最终接盘的人。泡沫资产的交易是一个负和博弈。在交易参与人同样理性的假设下，每个参与人得到的预期回报为负。理性泡沫产生的机制通常有三种：①代际交叠模型；②卖空限制和信贷约束；③杠杆和有限责任。

Tirole（1985）利用代际交叠模型证明，在存在动态无效率的情况下，理性泡沫可能产生。他的模型中泡沫为非生产性资产。因为不能用于生产，泡沫资产的存在减少资本积累，提高利率。在一个动态有效率的经济里面，经济增长速度小于利率。如果部分储蓄用于购买泡沫资产，则经济增长速度更小于利率。由于泡沫的增长速度等于利率，所以经济增长速度小于泡沫的增长速度。因此，经济的财富约束条件排除了泡沫存在的可能性。但是在一个动态无效的经济里面，上述逻辑是不成立的。在动态无效率的经济里面，泡沫通过将消费品从年轻人转移到老年人的手中而帮助提高效率。

Farhi 和 Tirole（2011）拓展了 Tirole（1985）的模型，证明在动态有效率的经济里面仍然可能存在泡沫。泡沫的存在来自于经济中的金融摩擦。由于金融摩擦的存在在于企业有流动性需求，泡沫资产的存在可以为企业提供流动性。类似地，Martin 和 Ventura（2012）也在代际交叠模型中引入了理性泡沫。在他们的模型中，没有金融市场和金融中介安排来使资金从低效率的年轻人流向高效率的年轻人。泡沫在这个经济中再次起到了替代性的资源配置作用。

Kocherlakota（2008）证明在存在卖空限制的情况下，可以出现理性泡沫。与早期存在卖空限制的模型，如 Santos 和 Woodford（1997）的不同，Kocherlakota（2008）假设投资者资产规模的下限随着泡沫上升。在这个假设下，他证明了理性泡沫存在的可能性。Miao 和 Wang（2018）认为如果企业的生产性资产可以作为抵押来为企业提供投资所需的外部融资，则公司股票泡沫的存在可以放松企业的融资约束，扩大企业投资。同时泡沫的融资性功能使得它无法被动态最优化的横截条件排除。

现实的资产往往不是完全用自有资金购买的，而是部分来自于借贷。Allen 和 Gale（2000）证明由于投资者受到有限责任的保护，他们会过度承担风险，使得资产价格可以高于其基本面。Barlevy 和 Gadi（2014）在一个动态模型中拓展了 Allen 和 Gale（2000）的模型，证明在动态模型中有限责任和杠杆交易仍然会产生泡沫。

本章参考文献

Abreu, D., Brunnermeier, M. K., 2003. "Bubbles and Crashes." *Econometrica* 71 (1): 173-204.

Ajello, A., 2016. "Financial Intermediation, Investment Dynamics and Business Cycle Fluctuations." *American Economic Review.* 106 (8): 2256-2303.

Allen, F., Gale, D., 2000. "Bubbles and Crises." *The Economic Journal* 110 (460): 236-255.

Aksoy, Basso, 2014. "Liquidity, Term Spreads and Monetary Policy." *The Economic Journal* 124: 1234-1278.

Angeloni, I., Faia, E., Duca, M. L., 2015. "Monetary Policy and Risk Taking." *Journal of Economic Dynamics and Control* 52: 285-307.

Bai, H., Hou, K., Kung, H, Li, E., Zhang, L., 2019. "The CAPM Strikes Back? An Equilibrium Model with Disasters." *Journal of Financial Economics* 131: 269-298.

Bansal, R., Yaron, A., 2004. "Risks for the Long Run: A Potential Resolution of Asset Pricing Puzzles." *The Journal of Finance* 59 (4): 1481-1509.

Barlevy, G., 2014. "A Leverage-based Model of Speculative Bubbles." *Journal of Economic Theory* 153: 459-505.

Barro, R. J., 2006. "Rare Disasters and Asset Markets in the Twentieth Century." *The Quarterly Journal of Economics* 121 (3): 823-866.

Bernanke, B. S., Gertler, M., Gilchrist, S., 1999. "The Financial Accelerator in A Quantitative Business Cycle Framework." *Handbook of Macroeconomics* 1: 1341-1393.

Borio, C., Zhu, H., 2012. "Capital Regulation, Risk-taking and Monetary Policy: A Missing Link in the Transmission Mechanism?" *Journal of Financial Stability* 8 (4): 236-251.

Campbell, J. Y., Cochrane, J. H., 1999. "By Force of Habit: A Consumption-based Explanation of Aggregate Stock Market Behavior." *Journal of Political Economy* 107 (2): 205-251.

Carlstrom, C. T., Fuerst, T. S., Ortiz, A., Paustian, M., 2014. "Estimating Contract Indexation in A Financial Accelerator Model." *Journal of Economic Dynamics and Control* 46: 130-149.

Carlstrom, C. T., Fuerst, T. S., Paustian, M., 2016. "Optimal Contracts, Aggregate

Risk and the Financial Accelerator." *American Economic Journal: Macroeconomics* 8 (1): 119 – 47.

Chaney, T., Sraer, D., Thesmar, D., 2012. "The Collateral Channel: How Real Estate Shocks Affect Corporate Investment." *American Economic Review* 102 (6): 2381 – 2409.

Choi, W. G., Cook, D., 2012. "Fire Sales and the Financial Accelerator." *Journal of Monetary Economics* 59: 336 – 351.

Christensen, I., Dib, A., 2008. "The Financial Accelerator in An Estimated New Keynesian Model." *Review of Economic Dynamics* 11 (1): 155 – 178.

Christiano, L. J., Motto, R., Rostagno, M., 2014. "Risk Shocks." *American Economic Review* 104 (1): 27 – 65.

De Fiore, F., Teles, P., Tristani, O., 2011. "Monetary Policy and the Financing of Firms." *American Economic Journal: Macroeconomics* 3 (4): 112 – 42.

De Long, J. B., Shleifer, A., Summers, L. H., Waldmann, R. J., 1990. "Positive Feedback Investment Strategies and Destabilizing Rational Speculation." *The Journal of Finance* 45 (2): 379 – 395.

De Meza, Webb, 1986. "Too Much Investment: A Problem of Asymmetric Information." *Quarterly Journal of Economics* 102: 281 – 292.

Diamond, D. W., Rajan, R. G., 2000. "A Theory of Bank Capital." *Journal of Finance* 6: 2431 – 2465.

Diamond, D. W., Rajan, R. G., 2001. "Liquidity Risk, Liquidity Creation and Financial Fragility: A Theory of Banking." *Journal of Political Economy*, 278 – 327.

Diamond, D. W., Rajan, R. G., 2012. "Illiquid Banks, Financial Stability and Interest Rate Policy." *Journal of Political Economy*. 120 (3): 552 – 591.

Dmitriev, M., Hoddenbagh, J., 2017. "The Financial Accelerator and the Optimal State – dependent Contract." *Review of Economic Dynamics* 24: 43 – 65.

Doh, 2011. "Yield Curve in An Estimated Nonlinear Macro Model." *Journal of Economic Dynamic and Control* 35: 1229 – 1244.

Dubecq, S., Mojon, B., Ragot, X., 2015. "Risk – Shifting, Fuzzy Capital Constraint and the Risk – Taking Channel of Monetary Policy. *International Journal of Central Banking* 11 (1): 71 – 101.

Epstein, L., Zin, S., 1989. "Substitution, Risk Aversion and the Temporal Behavior of Consumption and Asset Returns: A Theoretical Framework," *Econometrica* 57: 937 – 969.

Farhi, E., Tirole, J., 2011. "Bubbly Liquidity." *The Review of Economic Studies* 79

(2): 678 – 706.

Favero, 2006. "Taylor Rules and the Term Structure." *Journal of Monetary Economics* 53: 1377 – 1393.

Foerster, A. T., 2015. "Financial Crises, Unconventional Monetary Policy Exit Strategies and Agents Expectations." *Journal of Monetary Economics* 76: 191 – 207.

Gabaix, X., 2012. "Variable Rare Disasters: An Exactly Solved Framework for Ten Puzzles in Macro – finance." *The Quarterly Journal of Economics* 127 (2): 645 – 700.

Gertler, M., Karadi, P., 2011. "A model of Unconventional Monetary Policy." *Journal of Monetary Economics* 58 (1): 17 – 34.

Goodfriend, M., McCallum, B. T., 2007. "Banking and Interest Rates in Monetary Policy Analysis: A Quantitative Exploration." *Journal of Monetary Economics* 54 (5): 1480 – 1507.

Hong, H., Scheinkman, J., Xiong, W., 2006. "Asset Float and Speculative Bubbles." *The Journal of Finance* 61 (3): 1073 – 1117.

Hong, H., Scheinkman, J., Xiong, W., 2008. "Advisors and Asset Prices: A Model of the Origins of Bubbles." *Journal of Financial Economics* 89 (2): 268 – 287.

Hong, H., Sraer, D., 2013. "Quiet Bubbles." *Journal of Financial Economics* 110 (3): 596 – 606.

House, C. L., 2006. "Adverse Selection and the Financial Accelerator." *Journal of Monetary Economics* 53 (6): 1117 – 1134.

Iacoviello, M., 2005. "House Prices, Borrowing Constraints and Monetary Policy in the Business Cycle." *American Economic Review* 95 (3): 739 – 764.

Iacoviello, M., Neri, S., 2010. "Housing Market Spillovers: Evidence From An Estimated DSGE Model." *American Economic Journal: Macroeconomics* 2 (2): 125 – 164.

Jermann, U., Quadrini, V., 2012. "Macroeconomic Effects of Financial Shocks." *American Economic Review* 102 (1): 238 – 271.

Julliard, C., Ghosh, A., 2012. "Can Rare Events Explain the Equity Premium Puzzle?" *The Review of Financial Studies* 25 (10): 3037 – 3076.

Kiyotaki, N., Moore, J., 1997. "Credit Cycles." *Journal of Political Economy* 105 (2): 211 – 248.

Kocherlakota, N., 2008. "Injecting Rational Bubbles." *Journal of Economic Theory* 142 (1): 218 – 232.

Levine, R., 1997. "Financial Development and Economic Growth: Views and Agenda."

Journal of Economic Literature 35 (2): 688 – 726.

Liu, Z., Wang, P., Zha, T., 2013. "Land – price Dynamics and Macroeconomic Fluctuations." *Econometrica* 81 (3): 1147 – 1184.

Martin, A., Ventura, J., 2012. "Economic Growth with Bubbles." *American Economic Review* 102 (6): 3033 – 3058.

Miao, J., Wang, P., 2018. "Asset Bubbles and Credit Constraints." *American Economic Review* 108 (9): 2590 – 2628.

Nolan, C., Thoenissen, C., 2009. "Financial Shocks and the US Business Cycle." *Journal of Monetary Economics* 56 (4): 596 – 604.

Rudebusch, G. D., Wu, T., 2008. "A Macro – finance Model of the Term Structure, Monetary Policy and the Economy." *The Economic Journal.* 118 (530): 906 – 926.

Santos, M. S., Woodford, M., 1997. "Rational Asset Pricing Bubbles." *Econometrica* 65 (1): 19 – 58.

Stein, J. C., 2012. "Monetary Policy as Financial Stability Regulation." *The Quarterly Journal of Economics* 127 (1): 57 – 95.

Stiglitz, J. E., Weiss, A., 1981. "Credit Rationing in Markets with Imperfect Information." *American Economic Review* 71 (3): 393 – 410.

Tirole, J., 1982. On the Possibility of Speculation Under Rational Expectations. "*Econometrica* 50 (5): 1163 – 1181.

Tirole, J., 1985. "Asset Bubbles and Overlapping Generations." *Econometrica* 53 (6): 1499 – 1528.

Townsend., 1979. "Optimal Contracts and Competitive Markets with Costly State Verification." *Journal of Economic Theory* 21 (2): 265 – 293.

Wu, J., Gyourko, J., Deng, Y., 2015. "Real Estate Collateral Value and Investment: The Case of China." *Journal of Urban Economics* 86: 43 – 53.

第 3 章 中国货币政策与系统性风险

摘要：本章研究了自雷曼兄弟公司倒闭后中国货币政策对金融系统性风险的影响。我们发现，中国的系统性风险在 2009 年间和 2011 年底相对较高。金融系统性风险的增加在一定程度上是因为全球金融市场风险的蔓延，但国内货币政策的影响也不容忽视。2008 年 10 月至 2013 年 11 月，国内货币政策冲击显著地增加了系统性风险，但对实体经济的影响有限。我们的研究结果表明，在全球金融风险高企的背景下，央行应采取更加审慎的货币政策。

3.1 引言

金融部门的系统性风险受到了政策制定者和学术研究者的极大关注，特别是在美国"次贷"危机爆发后。系统性风险导致了 2008 年金融危机，而扩张性货币政策被认为是系统性风险增加的主要原因之一（Taylor，2009）。部分学者认为货币政策存在"风险承担"机制，通过这种机制，低利率会促使金融部门承担更高的风险（Angeloni and Faia, 2013；Borio and Zhu, 2012；Adrian and Shin, 2010；Dell'Aricia and Marquez, 2006）。Jimnez 等人（2014）、Dell'Ariccia 等人（2012）和 Altunbas 等人（2010）利用发达国家的数据证明了这一观点。他们的研究表明，由于扩张性货币政策过度激励风险承担行为并引发金融不稳定性，中央银行的货币政策与金融部门的系统性风险之间存在潜在联系（Allen and Gale, 2000）。

尽管一系列文献证明了作为货币政策的结果，风险承担机制十分重要，但是其对新兴市场经济体的重要性知之甚少。本章主要研究了中国货币政策对金融部门系统性风险的影响。中国是世界上最大的新兴市场经济体之一，本书的研究为新兴市场经济体货币政策的风险承担机制增添了重要的额外证据。中国作为国际贸易额最大的国家，其金融不稳定的负面影响可能会传导给其他贸易伙伴。因此，加强对中国金融系统性风险的理解对其他国家也存在重要意义。

此外，本章还关注了金融部门的系统性风险，而之前的实证研究（Jimnez et al., 2014；Altunbas et al., 2010）主要集中在银行的信用风险。尽管信用风险和系统性风险之间有着密切的联系，这两个风险概念却在某些方面存在着差异。如果一国金融机构的信贷风险同时增加，系统性风险（或金融不稳定风险）就会增加。因此，"同时性"是十分重要的，并且具有宏观审慎的政策含义。基于个体信用风险的测量并不能反映金融机构之间的相互联系（Billio et al., 2012；Galati and Moessner, 2012），然而正是这种相互联系放大了金融系统内外部的冲击，使金融系统更加脆弱。笔者利用中国金融机构的边际预期损失（MES）来衡量中国的系统性风险，边际预期损失（MES）最重要的特性之一便是它包含了金融机构间相互关联的风险敞口（Acharya et al., 2012）。

为了研究我国货币政策与系统性风险之间的因果关系，笔者采用了结构向量自回归（SVAR）模型。SVAR模型主要包含了我们构建的系统性风险度量指标、CPI通胀率、产出缺口和广义货币（M2）增长率。考虑到中国的经济改革可能导致参数发生变化，本章进一步使用了Primiceri（2005）提出的时变结构向量自回归（TVP－SVAR）模型。SVAR模型和TVP－VAR模型能够产生定性上一致的结果，即扩张性货币政策在全球金融危机爆发后增加了系统性风险，却没有提高产出水平（也没有对通货膨胀率产生任何显著影响）。因此，这些结果说明了采取更加谨慎的货币政策的重要性。

之前关于中国货币政策和实体经济的研究发现中国货币政策具有显著的实际效果（He et al., 2013；Sun, 2013；Dickinson and Liu, 2007），并且货币政策也被认为是中国通货膨胀率变动的主要驱动力（Zhang, 2013a, 2009；

Hasan，1999）。上述观点与我们的研究结果形成了鲜明的对比①，造成这种差异的一个主要原因便是之前文献主要关注的是正常（相对稳定）时期，而我们关注的是美国"次贷"危机爆发后相对动荡的时期。我们之所以对这一时期感兴趣，是因为最近的一些研究表明，旨在减少当前危机所造成的损失的政策工具可能会为未来的金融危机埋下种子（Blommestein et al.，2011；Taylor，2009）。所以，正常（相对稳定）时期的最优货币政策必然不同于危机时期的最优货币政策。因此，本章的研究对现有的中国货币政策的文献进行了有益补充。

本章的结构如下：第 2 节介绍了我国系统性风险的度量方法，并研究了系统性风险与货币政策之间的关系；第 3 节描述了数据来源和计量经济模型中变量的构建结构；第 4 节展示并讨论了实证结果；第 5 节进行了总结。

3.2 方法

3.2.1 中国金融部门系统性风险的测量

Acharya 等人（2012）的研究表明金融机构的边际预期损失（MES）反映了某一金融机构对金融部门系统性风险的边际贡献，即金融危机期间整个金融部门面临的预期损失是：

$$ES \equiv -E(R \mid 金融部门处于危机中) \tag{3.1}$$

$$= -\sum_i E[y_i E(r_i \mid 金融部门处于危机中)] \tag{3.2}$$

其中，R 是金融部门的收益率，y_i 和 r_i 分别是金融机构 i 的市场份额和收益率，E 是期望算子。

$$E(r_i \mid 金融部门处于危机中) = \frac{\partial ES}{\partial y_i} \tag{3.3}$$

---

① 我们非常感谢一位匿名审稿人指出了这一点。

表示机构 i 对危机中金融部门预期损失的边际贡献。①

目前的主要问题是，金融危机是我们无法经常观测到的极端事件。Acharya 等人（2012）利用极值理论证明了金融机构 i 在正常时期内表现较差时的平均资本收益率可以很好地预测 $E(r_i\,|\,$金融部门处于危机中$)$。这一平均资本收益率被称为"边际预期损失"（MES）（Acharya et al., 2012）。更具体地说，金融机构 i 的边际预期损失（MES）是指当整个股票市场收益率处于最差的 5% 时期内的平均资本收益率，即

$$MES^i_{5\%} \equiv \frac{1}{N} \sum_{t:\,market\ is\ in\ its\ 5\%\ tail} R_t(i) \tag{3.4}$$

其中，$MES^i_{5\%}$ 为机构 i 的边际预期损失，N 为市场位于尾部 5% 的天数，$R_t(i)$ 是机构 i 的收益率。

一般而言，仅仅知道某个机构的边际系统性风险是不足以估计整体上的系统性风险的，因为每个机构在危机期间的份额 y_i 是未知的。但是在给定 y_i 的分布的情况下，如果所有机构的边际系统性风险增加，则整体上的系统性风险也会增加。这意味着如果所有机构的边际预期损失按照相似的时间序列趋势变动的话，我们可以利用单个机构边际预期损失的共同趋势来衡量系统性风险。接下来，我们将进一步说明事实的确如此，边际预期损失的共同组成部分是衡量中国系统性风险的一个良好指标。

3.2.2 中国货币政策与系统性风险的计量模型

为了研究我国货币政策对系统性风险的影响，我们将系统性风险指标（S_t）纳入包含通货膨胀（π_t）、产出缺口（$\tilde{y}_t$）和货币政策工具（M_t）三个变量的标准结构向量自回归模型（SVAR）中。由于对货币政策传导的动态随机一般均衡模型求解通常采用 VAR 模型的形式，以上三个方程的 VAR 模型得到了广泛的应用（Dufour et al., 2013; Primiceri, 2005; Linde, 2005）。

使用 VAR 框架的另一个优点是可以扩展基准的结构 VAR（SVAR）模型，从而引入随机波动。随机波动被认为是美国经济周期的重要驱动因素

---

① 笔者按照 Acharya 等（2012）假设机构 i 的份额不受危机期间收益率变化的影响。

之一（Christiano et al., 2014; Justiniano and Primiceri, 2008; Sims and Zha, 2006; Primiceri, 2005）。在笔者的样本期间内，全球经济正面临着严重的金融危机。这一段时间，中国经济受到的冲击规模发生了变化。本书使用 Primiceri（2005）提出的时变结构向量自回归（TVP－SVAR）模型来刻画随机波动。该模型不仅允许冲击规模随时间变化，而且允许 VAR 中的系数也随时间变化。VAR 系数随时间改变有助于我们探究中国的经济改革可能带来的结构性变化。[①]

由于 TVP－SVAR 模型比传统的 SVAR 模型具有更多的参数，且样本量较小，因此本书采用贝叶斯方法对模型进行估计。笔者按照 Primiceri（2005）的方法，使用"无信息先验分布"进行估计。Primiceri（2005）中包含了先验分布的具体细节，后验分布通过 Gibbs 抽样法进行模拟。

对于结构分析，识别经济冲击是关键。笔者采用了流行的递归识别方法。对于递归识别而言，变量的排序是十分重要的。笔者按照 Primiceri（2005）提出的方法，将 π_t 排在 $\tilde{y}_t$ 的前面，$\tilde{y}_t$ 排在 M_t 的前面。因此，货币政策对产出和通货膨胀的影响存在滞后性。笔者将系统性风险指标放在最前面。正如 Reinhart 和 Rogoff（2009）所观察到的，引发金融危机的风险积累需要很长时间，特别是金融危机通常发生在实际活动发生根本性变化很久之后。Taylor（2009）还指出，美国"次贷"危机的根源之一是长期过度扩张性的货币政策。

3.3 数据与变量构建

笔者从 Wind 数据库中得到了股票市场回报率的历史数据，利用这些数据和等式（3.3），估计了在一年固定窗口期内，中国上市金融机构月度边

[①] 有关 TVP－SVAR 模型的更多技术细节，请阅读 Primiceri（2005）或者笔者的工作论文（笔者会根据要求提供）。

际预期损失（MES）的情况。考虑到作为三大银行之一的中国建设银行2007年9月上市，所以样本期从2008年10月开始。此外，笔者剔除了在2008年10月至2013年11月期间数据缺失的金融机构。

本书样本中的金融机构如表3-1所示，基本涵盖了包括我国四大国有银行（中国工商银行、中国银行、中国建设银行和交通银行）在内的国内最重要的银行。四大国有银行与中国农业银行占中国银行业总资产的49%。[①] 样本还包含了主要的股份制银行[②]和城商银行[③]，它们合计占中国所有股份制银行和城商行总资产的60%。由于中国的金融体系一直由银行业主导（Allen et al., 2005），银行间风险的高度关联性表明中国金融业的系统性风险很高。此外，样本还包括中国主要的证券公司和保险公司，如中信证券、海通证券、中国平安和中国人寿，它们的边际预期损失的增加也可能增加国内金融部门的系统性风险。

表3-1　　　　样本中的金融机构边际预期损失的方差分解

机构名称	共同因素	异质因素
平安银行	0.76	0.24
宏源证券	0.34	0.66
陕西国际信托投资公司	0.62	0.38
东北证券	0.57	0.43
国元证券	0.55	0.45
宁波银行	0.80	0.20
上海浦东发展银行	0.95	0.05
华夏银行	0.76	0.24
民生银行	0.94	0.06
中信证券	0.78	0.22
招商银行	0.96	0.04

[①] 该数值根据《中国金融年鉴（2013）》2008—2012年的数据计算平均数取得。
[②] 股份制银行选取中信银行、民生银行、招商银行、平安银行、华夏银行、兴业银行、上海浦东发展银行等。
[③] 城商银行选取北京银行、南京银行、宁波银行。

续表

机构名称	共同因素	异质因素
国金证券	0.40	0.60
海通证券	0.69	0.31
南京银行	0.82	0.18
兴业银行	0.98	0.02
北京银行	0.84	0.16
中国平安	0.66	0.34
交通银行	0.95	0.05
中国工商银行	0.53	0.47
中国人寿	0.36	0.64
中国建设银行	0.86	0.14
中国银行	0.86	0.14
中信银行	0.88	0.12

数据来源：Wind 数据库。样本期间：2008 年 10 月至 2013 年 11 月。

如果所有主要金融机构的边际预期损失同时增加，中国的系统性风险会很高。因此，如果共同成分占全部边际预期损失总方差的很大一部分，则边际预期损失的共同成分可以被视为系统性风险指标。表 3-1 说明，中国在全球金融危机爆发后的几年里现实情况与上述分析一致。边际预期损失的总方差被分解成一个共同因素解释的"共同性"成分和一个称为"个体性"的异质因素。在我们的样本中，共同因素可以解释大多数金融机构边际预期损失总方差的 50% 以上。

值得注意的是，中国农业银行作为国内的第四大银行，2010 年 10 月才上市，因此它的边际预期损失（MES）数据从 2011 年 10 月开始。然而，如图 3-1 所示，中国农业银行的边际预期损失与我们使用缺少中国农业银行数据的样本提取的公共因素有着非常相似的趋势[1]，因此公共因素（以下用 F_t 表示）是衡量系统性风险的良好指标。因为边际预期损失衡量的是金融危机期间股票平均收益率，所以 F_t 越小表明危机所带来的结果越严重。从

---

[1] 由于中国农业银行的时间序列太短，无法进行合理的季节调整，因此笔者在图中呈现未经季节性调整的序列。然而，在笔者的经济计量分析中使用的所有序列都是经过季节性调整的。

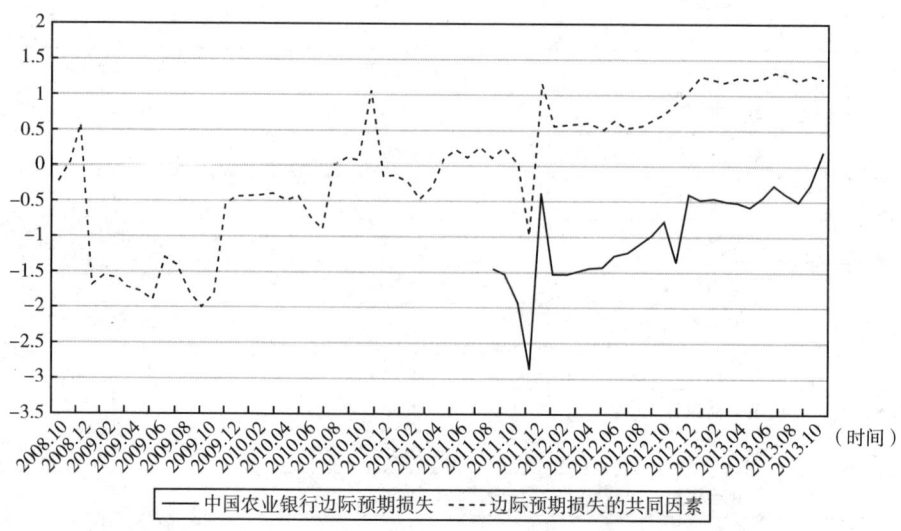

图 3-1 中国农业银行的边际预期损失及共同因子

注：实线表示中国农业银行的边际预期损失，虚线表示边际预期损失的共同因素，两个序列都采用了未经季节调整的数据。

图 3-1 中可以看出，2009 年中国的系统性风险最高，当时中国政府为了应对全球金融危机而坚持积极的财政政策和货币政策。2010 年初，随着积极的货币政策力度的减弱，形势有所好转（PBOC，2010）。2011 年底也是系统性风险较高的时期，此时情况是由于全球金融风险激增。笔者在模型中之所以使用的是变化率而不是 F_t 的水平值，是因为通过单位根检验 F_t 在我们的样本期内不是平稳的。① 我们用 S_t 表示 F_t 的变化率。

通货膨胀水平是通过每月的 CPI 消费者价格指数（代表通货膨胀率）来衡量的，月度 CPI 数据可以直接从 CEIC 数据库中获取。由于国内生产总值实际值的月度数据无法获得，本书使用不变价格的工业增加值作为总产出水平的代理变量，并通过 CEIC 数据库中的工业增加值的月度环比增长率和同比增长率得到工业增加值的不变价格指数，然后利用 HP 滤波法得到产出缺口。本书将月度 M2 增长率而非发达经济体货币分析中广泛使用的基准利率作为货币政策变量，这是因为在样本期内国内利率受到管控，货币总量等量化指标在我国货币政策实践中更为重要（Zhang，2013b；He et al.，

---

① 单元根检验结果可在笔者工作论文中获得，笔者乐意根据要求提供该工作论文。

2013）。同样，M2 数据也可以从 CEIC 数据库中获得。所有数据都通过 Census X12 方法进行季节性调整。

图 3-2 展示了货币增长率与系统性风险、通货膨胀率和产出缺口的时间序列。在样本期开始时，为了应对全球金融危机，货币政策推动货币增

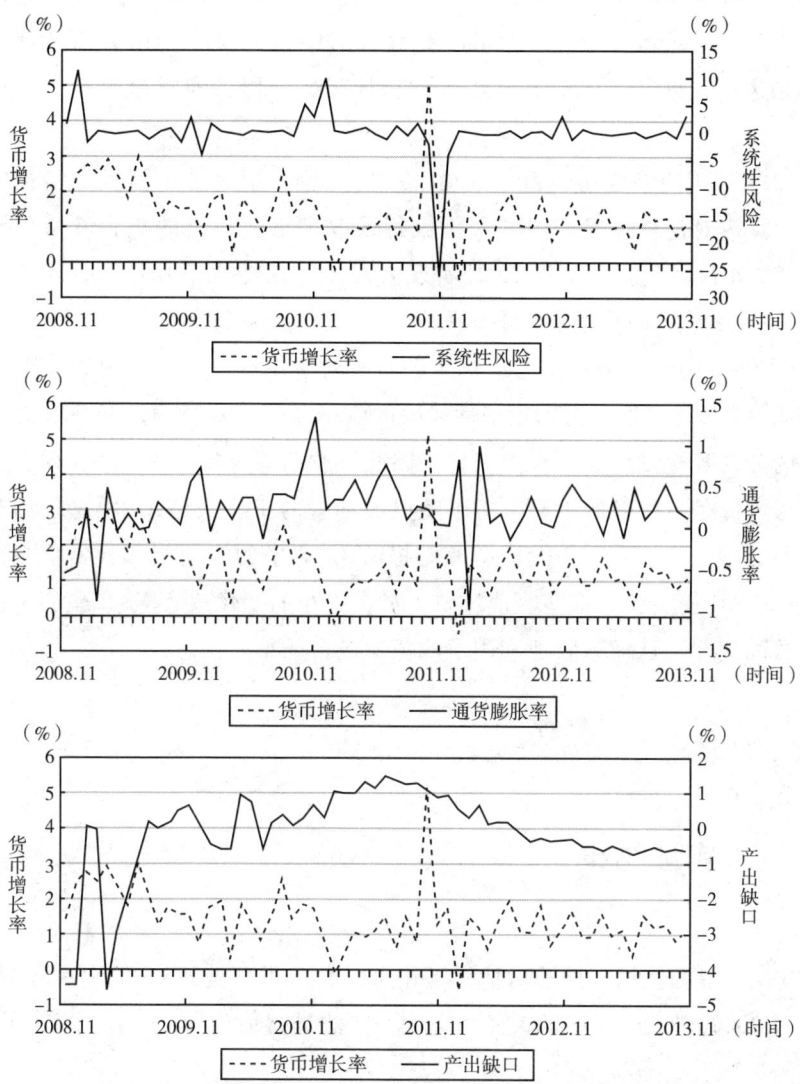

图 3-2 中国的货币增长、系统性风险、通货膨胀率和产出缺口

注：所有数据都经过季节性调整。

长率上升（PBOC，2008）。M2 月度增速由 2008 年 11 月的 1.44%[①]跃升至 2008 年 12 月的 2.48%，其增幅超过 1%，2009 年上半年仍保持在 2.45% 以上的水平（除 5 月份 M2 增速降至 1.81% 外）。首次采取积极的货币政策一个月后（2009 年 1 月），系统性风险开始增加。2009 年上半年扩张期间，系统性风险保持在较高水平。[②] 这一时期的产出缺口大部分为负值[③]，这与 Zhang 和 Murasawa（2011）及 Zhang 等（2013）的季度产出缺口估计数据一致。这一时期的通货膨胀率处于波动状态，与积极的货币政策之间没有明显的相关性。

2011 年第四季度初，由于欧债危机的加剧，国际经济前景变得更加糟糕。为了应对这种情况，中国人民银行采取了更加积极的扩张性货币政策（PBOC，2011）。自 2011 年 10 月实现大规模扩张性货币政策后，系统性风险显著增加，然而产出缺口继续下降。

图 3-2 中的一个重要信息是变量的波动率并不是常数。例如，2011 年 10 月和 11 月货币增长率和系统性风险的激增意味着对货币增长率和系统性风险的冲击规模发生了相应的变化。因此，波动率为常数的 SVAR 模型得到的结果可能是不稳健的，而考虑了随机波动率的 TVP-SVAR 模型保证了结果的稳健性。特别是，传统模型可能将图 3-2 中的峰值当作异常值，而在 TVP-SVAR 模型中，这些峰值反映了冲击大小的变化或者 VAR 模型中变量前系数的变化，从而有效地利用了峰值所包含的重要信息。

3.4 实证结果

SVAR 模型使用一期滞后估计（由 BIC 信息准则选择），TVP-SVAR 模型通过 20000 次迭代和 2000 次"烧入"方法进行估计。

---

① 经季节性调整后的值。
② 从图 3-1 可以看出，2009 年上半年 S_t 的变动使 F_t 保持负值。
③ 唯一的例外是 2009 年 1 月产出缺口略大于 0，这可能是受到了春节的影响。

3.4.1 传统 SVAR 模型的脉冲响应分析

图 3-3 展示了 2008 年 1 月至 2013 年 11 月各个变量对扩张性货币政策

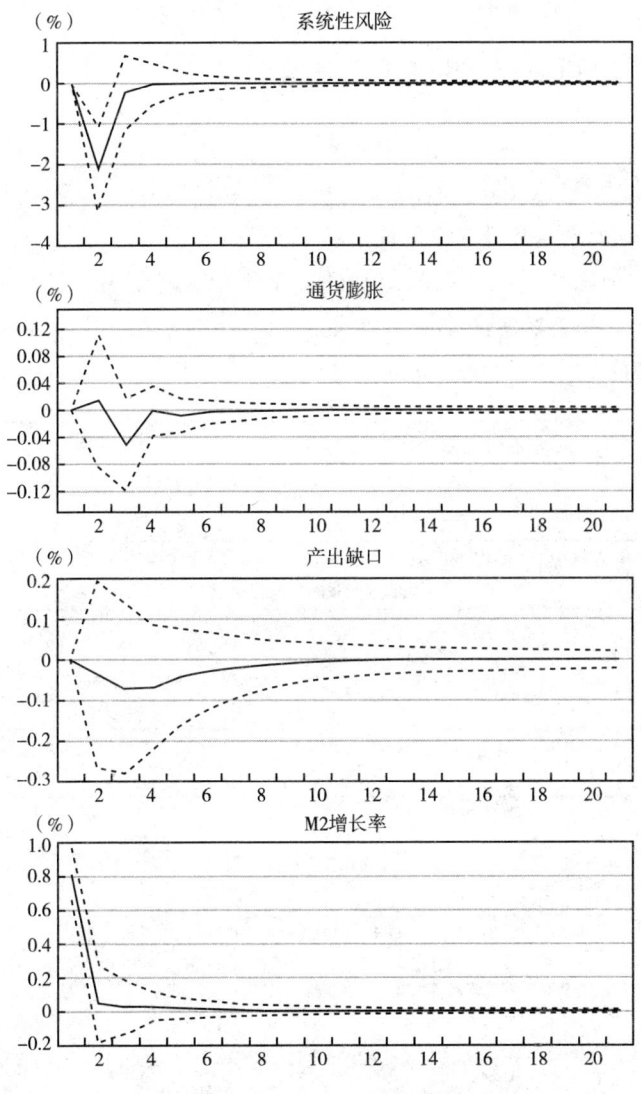

图 3-3 扩张性货币政策冲击的脉冲响应图

注：实线表示脉冲响应的平均值，虚线表示 95% 的置信区间（基于 10000 次蒙特卡罗模拟）；横轴上的数字代表冲击后的月份。

冲击的脉冲响应。值得注意的是，0位于通货膨胀率和产出缺口的脉冲响应的95%置信区间内，因此未预期的货币政策行动并没有显著地影响通货膨胀和产出水平。然而，系统性风险的脉冲响应在一个季度内显著低于0，这一结果表明未预期的扩张性货币政策增加了中国的系统性风险。

3.4.2 TVP-SVAR模型的结果

1. 随机波动率

图3-4展示了模型中各个变量随机波动率的后验估计均值。可以看出，2009年初，中国的系统性风险受到的冲击规模大幅提升，这反映了全球金融危机对中国金融系统的影响。在此期间，中国部分银行公布了在美国投

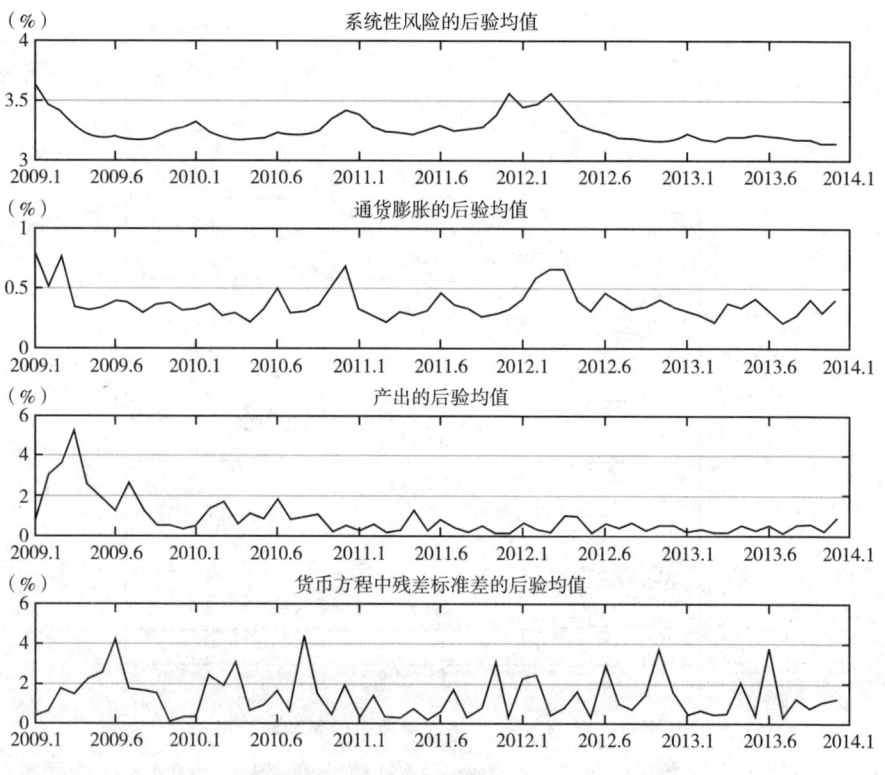

图3-4 随机波动率

资所发生的亏损。除此之外，全球金融危机也影响了中国通胀和产出所受到冲击的规模，在2009年这两个变量的随机波动率大幅增加。

另一个系统性风险波动性很高的时期是从2011年底到2012年初，这再次反映出我国金融部门受全球金融风险激增的影响。为了更加清晰地展示这一点，图3-5中描绘了通过Alexander和Kaeck（2008）的方法对美国金融市场跳跃风险的度量。具体而言，跳跃风险是通过30天波动率和3个月波动率之间的差异来衡量的，这是因为与长期波动性相比，短期波动性的下降表明短期内股价下跌的可能性低于长期。从图3-5可以看出，全球金融风险在经历了一段相对平静的时期后，在2011年底显著增加。据分析，这一全球金融风险的激增提高了包括中国在内的新兴市场国家的主权信用风险。图3-5显示，通常用来衡量中国主权债券保险费用的中国主权债券信用违约互换（CDS）利差在2011年底确实有所增加。无论中国主权信用风险发生变化的原因是什么，主权信用风险的上升可能增加了金融业的不确定性。特别是，Demirg-Kunt和Huizinga（2013）表明，公共部门信贷风险的增加可能会增加金融部门的风险。这一观点与中国尤其相关，中国商业银行贷款占市政府未偿债务总额的79%，这意味着地方政府的偿债能力对商业银行业的现金流至关重要。中国地方政府作为一个整体，已经成为引发金融系统中系统性风险的主要因素。

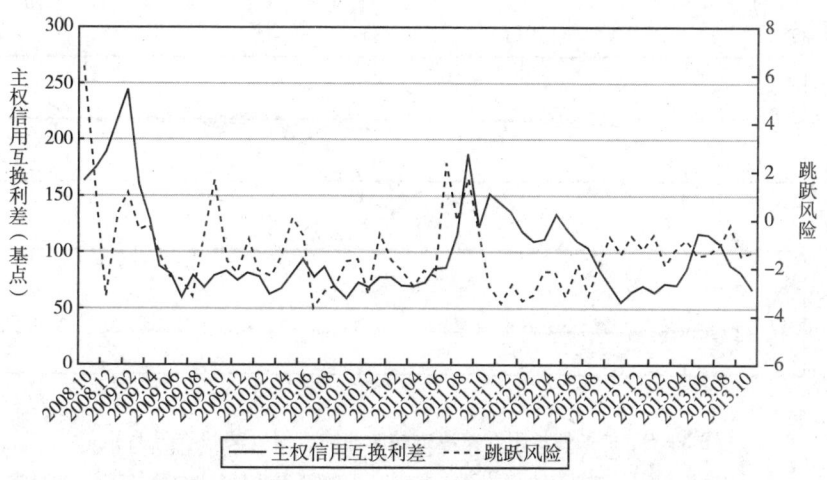

图3-5 全球金融市场跳跃风险和中国5年期主权信用互换利差

2. 脉冲响应分析

如前文所述，与传统的 SVAR 模型相比，TVP – SVAR 模型的一个优点是它允许系数随时间变化，从而考虑了经济改革和中国经济其他结构变化所带来的影响。因此，我们可以研究不同时期内货币政策对系统性风险的影响。笔者考虑四个不同的时期，其中两个时期（2009 年 6 月、2011 年 10 月）的系统性风险的波动较大，因此是金融稳定相对动荡的时期；另外两个时期（2010 年 6 月、2012 年 6 月）系统性风险的波动相对较低，因此是金融稳定相对平静的时期。

图 3 – 6、图 3 – 7、图 3 – 8、图 3 – 9 展示了各个变量对未预期的扩张性货币政策的脉冲响应。虽然脉冲响应在数值上有所不同，但定性结果基本

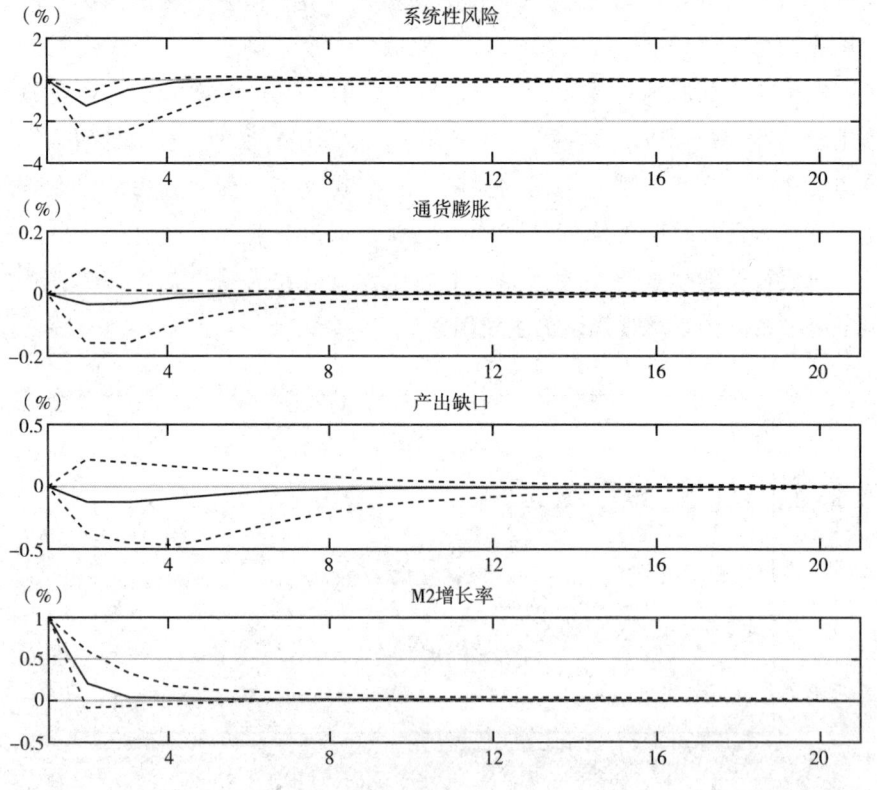

图 3 – 6 扩张性货币政策冲击的脉冲响应图（2009 年 6 月）

注：实线表示脉冲响应后验估计的中位数，虚线表示 0.025 和 0.975 分位数（基于 10000 次模拟和 2000 次抽样）；横轴上的数字代表冲击后的月份。

保持一致。扩张性货币政策的冲击在四个时期内都显著增加了系统性风险，其影响在冲击后的第二个月达到最大值，并在大约一个季度后逐渐消失。扩张性货币政策对通货膨胀和产出没有显著影响。在我们的样本期内，产出下降的一个重要原因是外部需求的负面冲击。全球金融危机爆发以来，中国贸易额增速大幅下降。由于国内消费需求有限，中国的总需求严重依赖外部需求。因此，经济中的商品和服务供应过剩，而能够盈利的商业机会有限。在这种情况下，额外的货币供应量无法促进实体部门的交易。相反，很大一部分资金被用于投机目的。Ahuja 等人（2010 年）研究表明，新增的流动性大部分流向了房地产业。投机活动以及其对杠杆的依赖度逐渐增加对金融稳定构成了巨大的威胁。

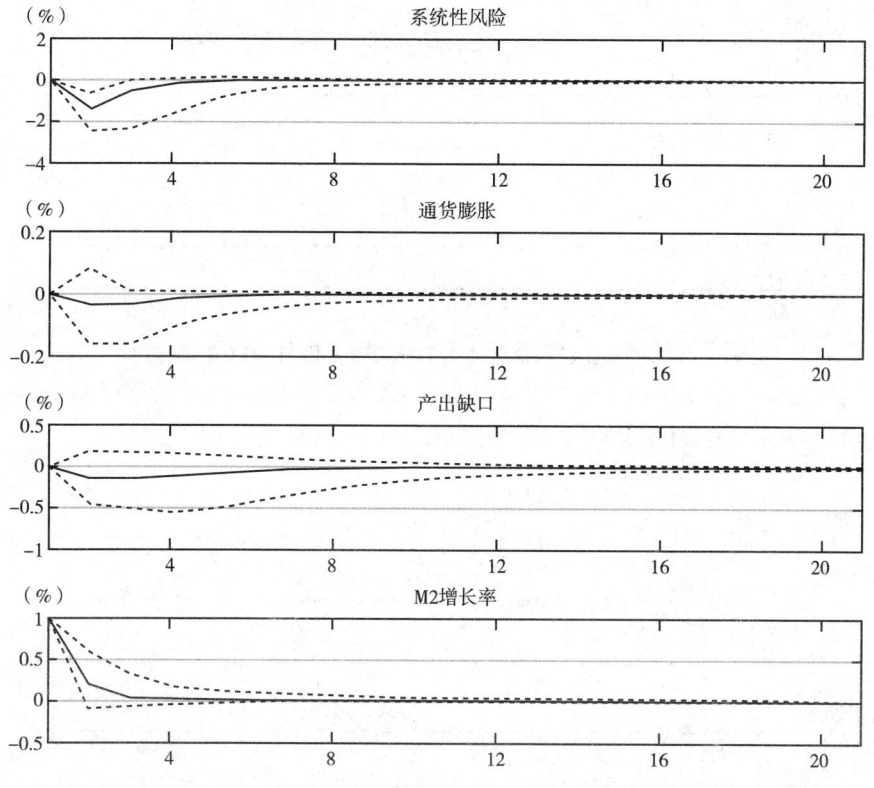

图 3-7 扩张性货币政策冲击的脉冲响应图（2010 年 6 月）

注：实线表示脉冲响应后验估计的中位数，虚线表示 0.025 和 0.975 分位数（基于 10000 次模拟和 2000 次抽样）；横轴上的数字代表冲击后的月份。

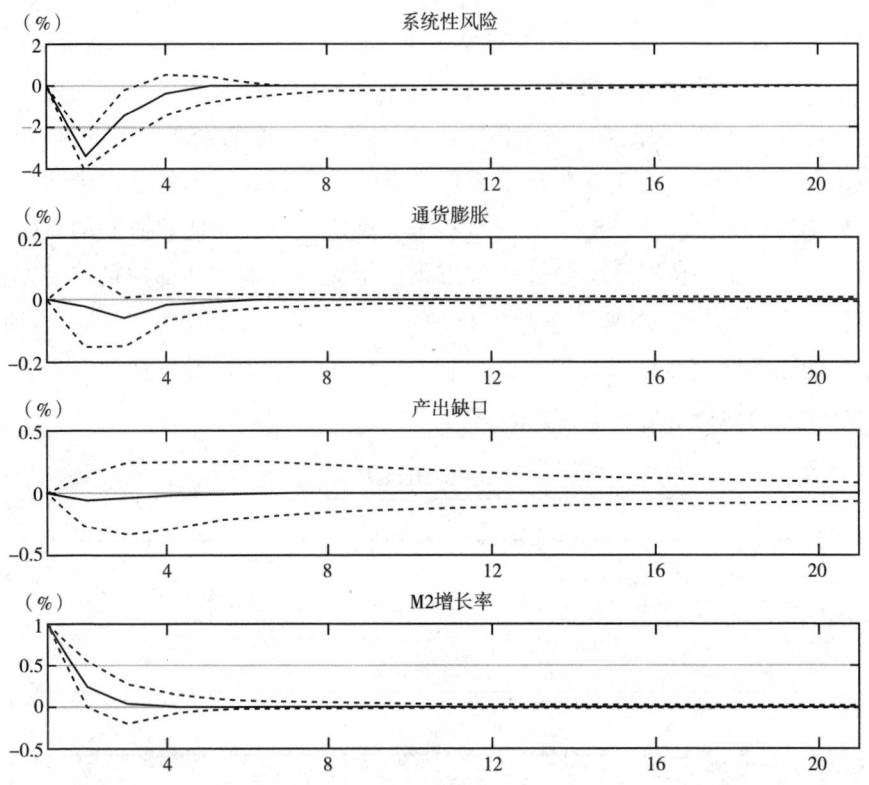

图 3-8 扩张性货币政策冲击的脉冲响应图（2011 年 10 月）

注：实线表示脉冲响应后验估计的中位数，虚线表示 0.025 和 0.975 分位数（基于 10000 次模拟和 2000 次抽样）；横轴上的数字代表冲击后的月份。

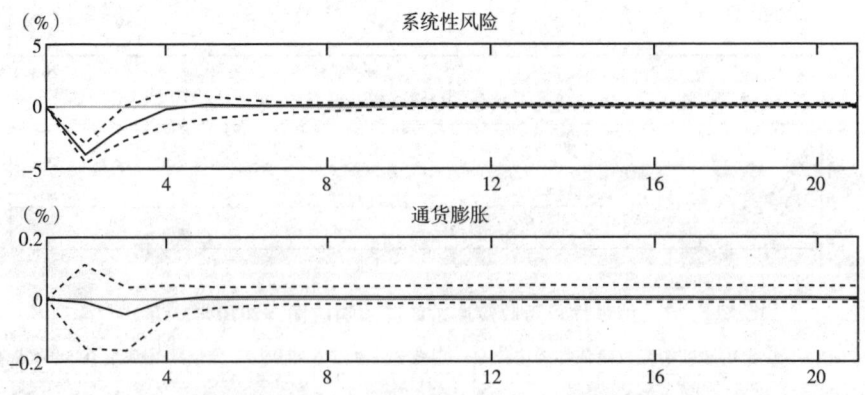

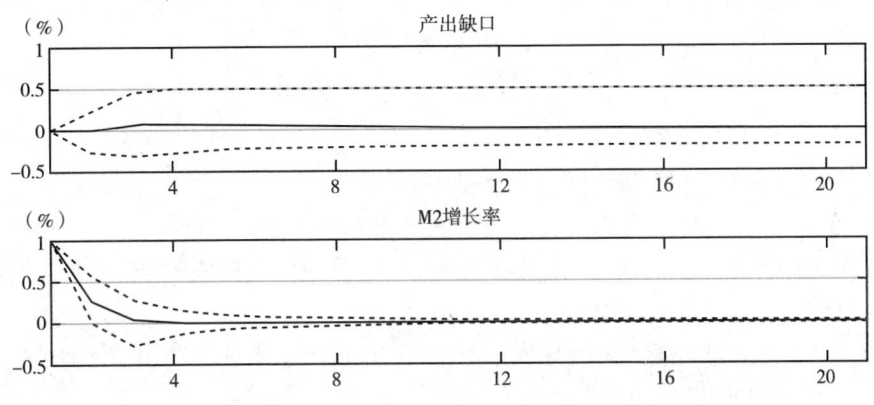

图 3-9 扩张性货币政策冲击的脉冲响应图（2012 年 6 月）

注：实线表示脉冲响应后验估计的中位数，虚线表示 0.025 和 0.975 分位数（基于 10000 次模拟和 2000 次抽样）；横轴上的数字代表冲击后的月份。

3.5 结论

本章构建了中国金融部门系统性风险的度量指标。这一指标显示，2009 年中国的系统性风险非常高。系统性风险激增的一个原因是中国金融稳定所受到冲击的规模增大，尤其是雷曼兄弟公司的倒闭引发了全球金融市场跳跃风险的增加。根据本书的分析，另一个重要原因是自 2008 年底以来，中国国内为了应对全球金融危机而采取了积极的扩张性货币政策。扩张性货币政策的目的是减少全球金融危机对中国实体经济的影响，防止通货紧缩和经济衰退。然而，我们发现扩张性货币政策并没有增加通货膨胀或产出，却大大提高了金融部门的系统性风险。我们的研究结果表明，央行应采取更加稳健的货币政策，避免金融风险的累积引发金融危机从而阻碍中国经济发展。

本章参考文献

Acharya, V. V. , Pedersen, L. H. , Philippon, T. , Richardson, M. P. , 2012. "Measuring Systemic Risk." *CEPR Discussion Papers.* p. 8824.

Adrian, T. and Shin, H. S. , 2010. "Financial Intermediaries and Monetary Economics." In editors, *Handbook of Monetary Economics*, edited by Friedman, B. M. and Woodford, M. , volume 3, pp. 601 – 650. Elsevier.

Ahuja, A. , Cheung, L. , Han, G. , Porter, N. and Zhang, W. , 2010. Are House Prices Rising Too Fast in China? *IMF Working Papers*, 10, 274.

Alexander, C. and Kaeck, A. , 2008. "Regime Dependent Determinants of Credit Default Swap Spreads." *Journal of Banking and Finance* 32 (6): 1008 – 1021.

Allen, F. , Gale, D. , 2000. "Bubbles and Crises." *Economic Journal* 110 (460): 236 – 55.

Allen, F. , Qian, J. , and Qian, M. , 2005. "Law, Finance and Economic Growth in China." *Journal of Financial Economics* 77 (1): 57 – 116.

Altunbas, Y. , Gambacorta, L. , Marques – Ibanez, D. , 2010. Does Monetary Policy Affect Bank Risk – taking? *BIS Working Papers.* p. 298.

Angeloni, I. , Faia, E. , 2013. "Capital Regulation and Monetary Policy with Fragile Banks." *Journal of Monetary Economics* 60 (3): 311 – 324.

Billio, M. , Getmansky, M. , Lo, A. W. , and Pelizzon, L. , 2012. "Econometric Measures of Connectedness and Systemic Risk in the Finance and Insurance Sectors." *Journal of Financial Economics* 104 (3): 535 – 559.

Blommestein, H. J. , Eijffinger, S. C. W. and Qian, Z. , 2011. "A Dynamic General Equilibrium Analysis of Monetary Policy Rules, Adverse Selection and Long – run Financial Risk." *CEPR Discussion Papers*, 8652.

Borio, C. and Zhu, H. , 2012. Capital Regulation, Risk – taking and Monetary Policy: A Missing Link in the Transmission Mechanism? *Journal of Financial Stability* 8 (4): 236 – 251.

Christiano, L. J. , Motto, R. and Rostagno, M. , 2014. "Risk Shocks." *American Economic Review* 104 (1): 27 – 65.

Dell'Ariccia, G. , Igan, D. , Laeven, L. , 2012. "Credit Booms and Lending Standards: Evidence from the Subprime Mortgage Market." *Journal of Money, Credit and Banking*, 44 (03): 367 – 384.

Dell'Ariccia, G. , Marquez, R. , 2006. "Lending booms and lending standards." *Journal of Finance* 61 (5): 2511–2546.

Demirg-Kunt, A. and Huizinga, H. , 2013. "Are Banks Too Big to Fail or Too Big to Save? International Evidence from Equity Prices and CDS spreads." *Journal of Banking and Finance* 37 (3): 875–894.

Dickinson, D. and Liu, J. , 2007. "The Real Effects of Monetary Policy in China: An Empirical Analysis." *China Economic Review* 18 (1): 87–111.

Dufour, J. -M. , Khalaf, L. and Kichian, M. , 2013. "Identification-robust Analysis of DSGE and Structural Macroeconomic Models." *Journal of Monetary Economics*, 60 (3): 340–350.

Galati, G. , Moessner, R. , 2012. "Macroprudential Policy a Literature Review." *Journal of Economic Surveys* 27 (5): 846–878.

Hasan, M. S. , 1999. "Monetary Growth and Inflation in China: A Reexamination." *Journal of Comparative Economics* 27 (4): 669–685.

He, Q. , Leung, P. -H. and Chong, T. T. -L, 2013. "Factor-augmented VAR Analysis of the Monetary Policy in China." *China Economic Review* 25 (C): 88–104.

Jimnez, G. , Ongena, S. , Peydr, J. -L. , and Saurina, J. , 2014. "Hazardous Times for Monetary Policy: What do Twenty-three Million Bank Loans Say About The Effects of Monetary Policy on Credit Risk-taking?" *Econometrica* 82 (2): 463–505.

Justiniano, A. and Primiceri, G. E. , 2008. "The Time-Varying Volatility of Macroeconomic Fluctuations." *American Economic Review* 98 (3): 604–41.

Linde, J. , 2005. "Estimating New-Keynesian Phillips Curves: A full Information Maximum Likelihood Approach." *Journal of Monetary Economics* 52 (6): 1135–1149.

PBOC, 2008. *China Monetary Policy Report*: 2008 Q4. People's Bank of China.

PBOC, 2010. *China Monetary Policy Report*: 2010 Q1. People's Bank of China.

PBOC, 2011. *China Monetary Policy Report*: 2011 Q4. People's Bank of China.

Primiceri, G. E. , 2005. "Time Varying Structural Vector Autoregressions and Monetary Policy." *Review of Economic Studies* 72 (3): 821–852.

Reinhart, C. M. and Rogoff, K. , 2009. *This Time is Different*: *Eight Centuries of Financial Folly*. Princeton: Princeton University Press.

Sims, C. A. and Zha, T. , 2006. "Were There Regime Switches in U. S. Monetary Policy?" *American Economic Review* 96 (1): 54–81.

Sun, R. , 2013. "Does Monetary Policy Matter in China? A narrative Approach." *China*

Economic Review 26 (C): 56 – 74.

Taylor, J. B., 2009. "Getting Off Track – How Government Actions and Interventions Caused, Prolonged, and Worsened the Financial Crisis." Hoover Institution. Stanford University.

Zhang, C., 2009. Excess Liquidity, Inflation and the Yuan Appreciation: What Can China Learn from Recent History? *The World Economy* 32 (7): 998 – 1018.

Zhang, C., 2013a. "Money, Housing, and Inflation in China." *Journal of Policy Modeling* 35 (1): 75 – 87.

Zhang, C., 2013b. "Inflation Dynamics and an Extended New Keynesian Phillips Curve for China." *Emerging Market Finance and Trade* 49 (5): 82 – 98.

Zhang, C. and Murasawa, Y., 2011. Output Gap Measurement and The New Keynesian Phillips Curve for China. *Economic Modelling* 28 (6): 2462 – 2468.

Zhang, C., Zhang, B., Lu, Z. and Murasawa, Y., 2013. "Output Gap Estimation and Monetary Policy in China." *Emerging Market Finance and Trade* 49 (S4): 119 – 131.

第4章 税收政策会影响信贷利差吗?
——来自美国和英国的证据

摘要: 本章通过构建结构向量自回归(SAVR)模型和因子增广的向量自回归(FAVAR)模型,研究税收外生变动对英美信贷市场状况的影响。研究发现,税收政策冲击对信贷利差有显著影响。具体而言,英美两国在税收增加的外生冲击下,信贷利差先升后降。此外,信贷利差对税收政策冲击的脉冲响应与产出对税收政策冲击的脉冲响应并不总是一致的。这表明税收冲击除了影响经济周期之外,还能通过其他渠道对信贷利差产生影响。

4.1 引言

2008年金融危机的特点是银行业放大了危机本身的影响,国际信贷利差在2008年债务危机期间飙升。雷曼兄弟公司破产后,Lenza等人(2010)称,欧元区无担保银行间拆借利率(EURIBOR)与三个月期隔夜指数掉期利率(OIS)之间的利差接近200个基点。在美国和英国,类似的利差甚至更高。这种现象为经济衰退期间信贷利差扩大(Gertler and Lown,1999; Aliaga-Díaz and Olivero,2010)的研究发现提供了支持。

之前的理论研究更多地探讨了信贷利差与经济周期的关系以及信贷利差与货币政策的相互作用。一些研究引入"信贷—成本"渠道,并将通货膨胀变动与利率变动联系起来,分析了信贷关系对货币政策制定的影响(Christiano et al.,2005;Ravenna and Walsh,2006;Chowdhury et al.,2006)。这些研究都假定借款人违约的可能性为零,且无金融溢价。另外一些研究关注反周期信贷利差的金融加速器效应。他们在 Bernanke 和 Gertler(1989)以及 Bernanke 等(1999)研究的基础上,分析了在违约概率为正的情况下,借款人净资产变动对借款成本的影响机制以及这一机制如何放大和传播对经济的冲击。

总地来看,已有文献对财政政策与信贷利差之间关系的研究少有涉及。主流经济周期文献认为,财政政策作为一项稳定宏观经济的政策工具,其作用相当有限。有人认为,这种失效可能是由于李嘉图等价定理,也可能是由于财政政策本质上的滞后性。Blanchard 等人(2010)认为,货币政策能够维持价格和产出缺口的稳定。因此,与货币政策利率工具相比,任何其他政策工具都扮演着次要的角色。然而,2008 年金融危机表明,货币政策利率工具的作用几乎已达到极限:在很多情况下,包括在英国和美国,利率很快处于零下限。货币政策的有限作用使人们开始重新考虑财政政策的反周期作用。紧接而来的一个问题是,财政政策、信贷利差和经济周期之间是否存在显著的相互作用?

本书试图通过探讨信贷利差对税收政策冲击的反应来填补文献中的空白。从理论上来说,税收政策的变化可以通过多种渠道影响信贷利差。首先,可以将货币政策传导的金融加速器的原理应用于税收政策的传导。如果税收政策变化导致了经济周期波动,那么由这些波动引起的公司净资产变化会影响公司所需支付的信贷利差。例如,若增加税收减少了总需求,从而使企业的资产负债表恶化,那么贷款人将收取更高的信贷利差来补偿违约风险。其次,经济周期波动也可能通过银行与企业的借贷关系影响信贷利差。在银行与企业的借贷关系中,借款人在一定程度上受到了贷款人的限制。如果借款人与贷款人的关系终止了,借款人将不得不转向另外一个贷款人,这个代价是较为高昂的。因此,贷款人往往在繁荣时期收取较低的信贷利差,以吸引和锁定更多的借款人,并利用其在借贷关系中的优势地位在萧条时期向锁定的客户收取较高的信贷利差(Melina and Villa,2014)。根据这一理论,如果增税降低了总需求和总产出,银行将收取更高的信贷利差以平滑自身收入。尽管金融加速器理论和银企贷款关系理论都认为增加税收的财政政策会导致更高的信贷利差,但 Goodfriend 和 McCallum(2007)提出的银行衰减器理论却表明可能会发生相反的情况。他们认为,银行存款是便利商业交易的必要前提。在萧条时期,由于以交易为目的的存款需求量减少,银行必须提高存款利率以吸引存款。因此,增加税收的财政政策通过减少总需求而降低了信贷利差。

税收政策的变化也可能通过与经济周期波动不直接相关的渠道影响信贷利差。例如,增加税收的财政政策会改善政府的资产负债表,这增加了政府在银行业危机中起救助作用的可能性,降低了系统性风险。随着系统性风险的降低,银行收取的风险溢价也减少了,从而降低了信贷利差。从更微观的角度来看,税收政策会影响企业的资本结构。由于利息支出可以在税前扣除,债务融资能在一定程度上减少税收成本。税收的增加提高了债务融资的重要性,这使债务融资相对于股权融资更有吸引力。因此,借款人对贷款和其他形式债务的需求增加,信贷利差增大。由此可见,税收政策冲击向信贷利差传导的方向是不同的。因此,从理论上来说,税收的增加并不必然导致信贷利差的增大或减小。如果税收政策冲击的不同影响相互抵消,那么税收政策的变化不会改变信贷利差。本章从实证的角度出发,考察税收政策的变化是否会显著影响信贷利差,并在此基础上进一步分析税收政策如何影响信贷利差。

本章的贡献在于:第一,结合叙事记录法(Romer and Romer,2010)和递归方法来识别税收的外生变动。我们普遍认为,在分析财政政策变化的影响时,正确识别政策外部冲击是至关重要的。目前,大量实证研究依赖于递归方法来识别政策的变化,这种做法虽然很普遍,但是也存在一定的局限性。Romer 和 Romer(2010)、Cloyne(2013)采用叙事记录法,根据美国和英国政府的官方文件等资源整理和构建了一整套税收政策变化的数据。其中,旨在促进长期经济增长或处理遗留预算赤字的税收变动被归类为外生性税收变动,它们对产出和政府支出变动来说是外生的冲击。本章将叙事法和递归法结合起来识别外生性的税收变动。在 SVAR 模型中,我们将 Romer 和 Romer(2010)、Cloyne(2013)构建的外生性税收变动排在首位,政府支出排在之后,国民产出排在最后。通过这种方法,本书有效地结合了叙事法和递归法。

第二，对比了英国和美国的数据以验证美国的经验是否适用于其他国家。由于以下几个原因，英美两国成为比较研究的理想对象。首先，美国在已有文献中通常被视为封闭经济体，而英国则被视为小型开放经济体。其次，两国的税收政策历史悠久，政策也发生了许多变化。最后，英国的税收政策高度集中，但美国的情况并非如此。另一个不同之处在于，在英国，税收政策变更公告几乎总是成为法律（Cloyne，2013）。此外，最近一项研究表明，预期内的税收政策变动和未预期到的税收政策变动可能会带来不同的产出效应（Mertens and Ravn，2012）。由于在不同的国家，人们对税收政策变更公告的预期不同，与产出波动相关的信贷利差在不同的国家可能有不同的反应。需要说明的是，比较研究有助于理论建模，这为探讨税收变动和信贷利差是否存在一个"放之四海而皆准"的模型提供了基础。

第三，通过估计因子增广向量自回归（FAVAR）模型来研究税收变动的影响。小型 VAR 模型只包含少量的变量，存在信息有限的问题，不能正确估计财政政策冲击。FAVAR 模型通过使用由少量经济冲击驱动的大量变量扩展了传统的 VAR 模型。这些丰富的信息有助于缓解有限信息问题并消除遗漏变量偏差。从描述总体经济状况各个方面的变量中提取公因子，包括实际经济活动、通货膨胀、货币市场和资产价格。这些信息变量在经济周期研究中被广泛使用。由于经济周期波动可能会导致信贷利差的变化，本书的模型包含了与经济周期相关的丰富的信息数据集，更有可能产生可靠的估计。

本书采用了美国（Romer and Romer，2010）和英国（Cloyne，2013）的外生性税收变动的季度时间序列数据，样本区间为 1980—2006 年[①]。此外，我们使用美国经济分析局（Bureau of Economic Analysis）和英国国家统计局（Office for National Statistics）的数据构造了 SVAR 模型中的其他变量。在 FAVAR 模型中，我们从包含 105 个宏观经济时间序列的数据集（Koop，2011）中提取了美国总体经济状况的公因子，这是 Stock 和 Watson（2008）

---

① 由于部分数据缺失，英国的样本区间为 1980 年到 2005 年。

中使用的数据集的更新版本。反映英国总体经济状况的公因子是从一个包含 317 个宏观经济时间序列的数据集中提取出来的。

FAVAR 模型和 SVAR 模型中,信贷利差的脉冲响应是一致的。我们发现,在美国和英国,税收政策冲击都会显著影响信贷利差。具体来说,面对税收增加的外生性冲击,信贷利差的反应最初为正,然后下降。需要注意的是,信贷利差的变化并不总是与产出的变化密切相关,这表明信贷利差的反应并不能完全由税收引起的经济周期波动所解释。金融加速器效应对信贷利差的影响可能被银行衰减器效应所抵消。此外,税收政策冲击对信贷利差的微观经济传导渠道(例如,因政府救助可能性增加而降低的违约风险和债务的税收规避效应)可能扮演了重要的角色。

本章余下的内容安排如下:第 2 节介绍了基准 SVAR 模型和 FAVAR 模型,简要介绍了估计的过程并讨论了识别方法;第 3 节介绍了英国和美国使用的数据;第 4 节报告了主要的估计结果;第 5 节总结全章。

4.2 实证设计

本节介绍模型,简要讨论估计过程,并介绍识别方法。

4.2.1 实证模型

许多学者通过估计 SVAR 模型来研究财政政策冲击的宏观经济效应,但是他们并没有探讨信贷利差如何对财政政策产生冲击,特别是对税收冲击做出反应。本节采用 SVAR 模型研究信贷利差对税收冲击的反应,具有填补该研究空白的重要价值。模型具体设定如下:

$$Z_t = C + A(L)Z_{t-1} + u_t, t = 1, 2, \cdots, T \quad (4.1)$$

其中,L 为滞后算子,$A(L)$ 为滞后矩阵的系数,$A(L) = I_k - A_1 L - \cdots - A_p L^p$。$C$ 为常数,u_t 为误差项向量。$Z_t = [T_t, G_t, Y_t, CS_t]'$。$T_t$ 为税收的外生性变

化。G_t 和 Y_t 是研究财政政策效应的两个基准变量（Blanchard and Perotti，2002），它们分别表示人均实际政府支出的对数值和人均产出的对数值。CS_t 为信贷利差。

尽管 SVAR 模型长期以来在财政政策的实证研究中被广泛应用，但它也可能存在一些问题。最近的研究表明，传统的 SVAR 方法存在财政政策的预期问题（Leeper et al.，2008；Mertens and Ravn，2010；Mertens and Ravn，2012；Leeper et al.，2012）。由于政策立法和政策执行上的滞后性，理性人从预先公布的财政政策中捕捉到了信号，并往往在政策改变生效之前就改变了自己的行为。因此，理性人的实际信息集要比计量经济学家通过分析经济体而得到的信息集大，这被称作非基本性问题。Leeper 等人（2012）认为，非基本性问题的存在使包含有限变量的传统 VAR 模型的估计结果存在一定的误差。在存在财政政策预期的情况下，分析财政创新不仅要考虑理性人所观察到的当前的财政政策变动公告，还应考虑过去的财政政策变动公告。因此，税收变动的当前数据并不能充分传达税收政策创新的所有信息。

为了解决非基本性和信息受限的问题，我们采用了 FAVAR 模型（Bernanke et al.，2005），从一个大的信息集中提取公因子以扩展传统的 VAR 模型。这个信息集包含了总体经济各个方面的信息，如实际经济活动、通货膨胀、资产价格和利率。众所周知，金融资产价格具有前瞻性，可以相当快地对政策冲击做出反应。因此，这些金融指标所包含的信息比小型 VAR 模型所包含的信息要多。此外，这些金融指标还包含了与经济周期波动相关的额外信息，这有助于改善模型的估计结果，因为经济周期的波动与信贷利差密切相关。最后，根据现有理论，通货膨胀和利率等指标与货币政策行为有关，而货币政策行为又会影响信贷利差。因此，将这些指标纳入考虑有助于避免遗漏变量偏差。

本书通过以下 FAVAR 模型来估计信贷利差对税收变动冲击的反应：

$$\begin{pmatrix} F_t \\ Z_t \end{pmatrix} = B(L) \begin{pmatrix} F_{t-1} \\ Z_{t-1} \end{pmatrix} + v_t \tag{4.2}$$

其中，F_t 为与国家经济状况有关的无法观测到的变量向量。Z_t 为可观测到的变量向量，在基准 SVAR 模型中，Z_t 包括外生性税收变化、政府支出、产出和信贷利差四个变量。$B(L)$ 为滞后算子多项式。v_t 为误差项向量。

未观测到的因子 F 是从众多可观测的变量中提取出来的，用X_t表示。X_t中的变量捕捉了与经济基本面有关的重要信息。这些变量共同受到不可观测的公因子 F 的影响，如下：

$$X_t = \Lambda F_t + \epsilon_t \qquad (4.3)$$

其中，Λ 为因子载荷矩阵。ϵ_t 为均值为零的扰动向量。按照惯例，荷载矩阵 Λ 被定义为特征向量矩阵（Bernanke et al., 2005）。此外，笔者还施加了标准化的约束条件[①]：$\Lambda'\Lambda = nI$。方程（4.3）表明，如果没有约束条件，因子将无法被识别[②]。

4.2.2 模型估计

VAR 模型采用了标准的 OLS 估计方法，而 FAVAR 模型则采用两步法估计。

第一步，本书通过主成分分析法提取因子，这与 Bernanke 等学者（2005）的做法类似。主成分分析法可以生成标准化协方差的静态因子，因为它纯粹依赖于方程（4.3），而不考虑因子的动态性。马尔可夫链蒙特卡罗（MCMC）法也可以用来估计因子。与 MCMC 估计法相比，主成分分析法没有考虑因子的后验分布，更容易受到抽样误差的影响。然而，主成分分析法在计算中效率更高，这个优势在大型数据集中更加明显。此外，MCMC 估计法需要很强的识别约束，这些约束条件可能会导致因子失去经济学上的意义。因此，笔者采用主成分分析法提取因子。在提取了这些因子之后，我们便将它们视为可观察到的变量。

第二步，本书用所估计的因子以及外生性的税收变化、政府支出、产出和信贷利差等变量来估计 VAR 模型。由于我们在第一步中提取了一些因子，并且模型中必须包含足够的滞后项以充分捕捉变量的动态性，因此在 VAR 模型中有许多自由参数。标准的 OLS 估计法或极大似然估计法受到变量维数的限制。遵循 Koop 和 Korobilis（2010）的研究，笔者使用贝叶斯法

[①] 其他标准化方法参见 Stock 和 Watson（2005）。

[②] 这与未观测变量向量为$\tilde{F}_t = Q'F_t$，载荷矩阵为 ΛQ 的模型等价，其中，Q 是正交矩阵，即，$QQ' = I$。

来估计 FAVAR 模型。贝叶斯估计法的优点在于使用了合适的先验分布信息。即使似然函数没有识别出某些参数，贝叶斯估计法也能在较弱的条件下得到有效的后验概率密度。先验信息使得 VAR 模型中大量参数的处理成为可能。FAVAR 模型以状态空间的形式进行估计。方程（4.2）为状态方程，观测方程如下：

$$\begin{pmatrix} X_t \\ Z_t \end{pmatrix} = L \begin{pmatrix} F_t \\ Z_t \end{pmatrix} + e_t \tag{4.4}$$

其中，$e_t \sim N(0, \Sigma)$，$\Sigma = diag(\sigma_1^2, \cdots, \sigma_{M+N}^2)$。我们采用共轭分布法推导了贝叶斯参数先验分布，即滞后算子 L 服从标准正态分布 $L \sim N(0, I)$，且协方差矩阵 Σ 中的元素服从伽马分布 $\sigma_i \sim G(\alpha, \beta)$，其中 α 和 β 都设置为 0.01。我们利用吉布斯采样来近似模型中的后验分布。

我们采用脉冲响应分析来研究税收变化的影响，即对税收方程的随机误差项施加一个标准差大小的冲击后，观察其他变量在未来时期的反应。脉冲响应的大小可以从向量移动平均的系数中得到。例如，h 期信贷利差对当前税收变化的响应为系数矩阵中信贷利差对应的元素 v_{t-h}。

4.2.3 税收变动冲击的识别

本书旨在研究税收政策冲击的影响，这与识别税收变化的宏观经济效应是密不可分的。税收变化与影响产出的经济变量有系统性的联系，税收变动可能影响其他宏观经济变量，而经济总量的波动同时又会影响税收变化。因此，对税收变动影响的传统估计（例如，Blanchard 和 Perotti 在 2002 年所提出的收入的周期性调整）存在偏差，这个问题在货币政策和财政政策的研究中都存在。为了避免同时性问题和有偏的估计结果，过去关于货币政策和财政政策冲击的研究提出了几种解决方案，包括递归方法（Grilli and Roubini, 1995; Eichenbaum and Evans, 1995; Faust and Rogers, 2003）、非递归方法（Cushman and Zha, 1997; Kim and Roubini, 2000; Kim, 2001）和信号约束（Canova, 2005; Mountford and Uhlig, 2009）。

本书采用 Romer - Romer（RR）提出的方法来识别税收的变化。RR 法从官方叙事文件中识别税收立法的变化，通过对每种税收变化的原因都进行分类，RR 法找出了与当前或未来经济状况无关的税收政策变化，这些税收政策变化被视作是外生性的税收政策冲击。根据 RR 的识别策略，Romer 与 Romer（2010）和 Cloyne（2013）分别构建了美国和英国的税收政策变化的数据集。对美国而言，外生性的税收变化旨在解决遗留的预算赤字或实现某些长期目标，如实现高水平的经济增长、促进公平、降低政府的作用。对英国而言，外生性的税收变化主要有以下四个原因：促进长期经济增长、意识形态或政治原因、由外部机构推动、解决遗留性赤字或未来赤字。尽管对英美两国的外生性税收变化的分类略有不同，但它们具有相同的内涵。

结合 RR 法识别策略，本书使用递归方法识别结构性税收变化的冲击。SAVR 模型中变量排序为：$[T_t, G_t, Y_t, CS_t]$[①]。由于 T_t 是外生的，税收变动冲击不受政府支出或 GDP 的影响。此外，Blanchard 和 Perotti（2002）称，由于财政政策执行和决策程序上的滞后性，政府支出不会对当期的产出冲击做出反应。因此，在外部性税收变动冲击之后则是政府支出变量。将信贷利差变量排在最后使得其可以同时受到所有结构性冲击的影响。在 FAVAR 模型中，这四个变量以相同的顺序排在提取的公因子之后，即 $[F_{j,t}, T_t, G_t, Y_t, CS_t]$，其中 $j = 1, \cdots, K$。我们将提取的公因子放在递归 FAVAR 模型中的第一位，因为遵循 Bernanke 等（2005）的做法，对 FAVAR 模型中的因子进行了正交化处理。

4.3 数据

本书使用了样本国家的季度数据，以 1980 年作为起始年份，以便排除汇率制度转换（布雷顿森林体系崩溃）和 20 世纪 70 年代石油危机的影响。

[①] 笔者的结果对识别约束的某些变化是稳健的。例如，我们放宽信贷利率冲击对当期政府支出没有影响的假设，但仍会得到相同的结果。

此外，样本在 2006 年，即全球金融危机爆发之前结束。由方程（4.1）和方程（4.2）可见，SVAR 模型和 FAVAR 模型都包含了外生性税收变动（T）、人均政府支出的对数（G）、人均产出的对数（Y）和信贷利差（CS）这四个变量。对于外生性税收变化的数据，笔者从 Romer 和 Romer（2010）获得美国的数据，从 Cloyne（2013）获得英国的数据。美国的政府支出和产出数据来自国民收入和生产账户（National Income and Product Accounts, NIPA），英国的政府支出和产出数据则从英国国家统计局获得（Office for National Statistics, ONS）。信贷利差被定义为最优惠贷款利率与三个月期国库券利率之间的差额，它是根据 Datastream 中的时间序列数据构建的。笔者选择这一方式定义信贷利差是由本章所涉及的贷款关系类型（即银行企业贷款关系）决定的（Melina and Villa, 2014）。[①]

为了估计 FAVAR 模型，本书从美国和英国两个较长的时间序列数据中分别提取公因子，选择的时间序列信息是这两国商业周期文献中广泛使用到的时间序列。之所以选择这样的时间序列信息，主要是因为理论文献研究表明，信贷利差的变化与商业周期密切相关。就美国而言，我们使用 Koop（2011）的美国季度数据集，它由 105 个季度宏观经济时间序列组成，代表了宏观经济的几个不同方面，这是 Stock 和 Watson（2008）所使用的数据集的更新版本[②]。英国的时间序列数据来自 Mumtaz 和 Surico（2009）以及 Datastream，一共 317 个序列。该数据集将英国称为"国内"经济，而"国外"国家（地区）则包含了其大多数主要贸易伙伴和世界主要工业化经济体[③]。在该 317 个时间序列中，有 249 个国外的时间序列数据包含了国际实际经济活动、国际通货膨胀、国际流动性和国际短期利率协同变动等信

---

① 还有其他衡量信贷利差的指标，如公司债券利差或公司债券收益率与美国国债收益率之间的利差等。这些衡量指标与银企关系的联系不大。此外，Melina 和 Villa（2014）发现不同的信贷利差对政府支出冲击的反应是类似的。这表明，由于金融套利的存在，不同的信贷利差对政策的反应是相似的。

② Koop（2011）的数据包括实际产出和收入、就业和工时、消费、新房开工率和销售、实际库存、股票价格、汇率、利率、货币和信贷总量、价格指数、平均每小时收入和消费者预期。原始数据集包含 115 个时间序列，但是我们删除了 10 个时间序列，这些时间序列与 Z_t 中包含的变量相同。

③ "国外"包括加拿大、美国、德国、法国、意大利、比利时、荷兰、葡萄牙、西班牙、芬兰、卢森堡、瑞典、挪威、澳大利亚、新西兰和日本。

息。其余的 68 个时间序列则是英国的数据①。在英国的 68 个时间序列中，有 55 个时间序列涵盖了不同的实际经济活动指标，通胀指标包括零售价格指数、狭义货币和广义货币、资产价格（如房价和有效汇率）等。此外，为使英国数据与美国数据可比，我们从 Datastream 中导出了就业和工时、新房开工率和消费者预期等 13 个时间序列。我们引入了国外的时间序列，因为英国通常被认为是一个小型开放经济体，并且更容易受到外部冲击的影响。在线附录②中的表 A.1～A.3 提供了变量的完整列表和详细说明（可参见 Koop，2011；Mumtaz and Surico，2009）。

4.4 实证结果

4.4.1 SVAR 模型的估计结果

本书的基准 SVAR 模型使用了递归识别方法。具体而言，我们以如下顺序对变量进行排序：$[T_t, G_t, Y_t, CS_t]$。该排序方式表明，税收变化对同期政府支出、产出和信贷利差来说是外生性的冲击，并且会对同期的政府支出、产出和信贷利差产生影响。此外，政府支出不受同期的产出冲击的影响，但是信贷利差受到所有当期结构性冲击的影响。美国和英国的 SVAR 模型估计如图 4-1、图 4-2 所示。

图 4-1 和图 4-2 分别显示了税收冲击（即税收与 GDP 之比增加 1 个百分点）对美国和英国信贷利差的影响。横轴表示初始脉冲后的季度时间轴，纵轴表示内生变量的响应。政府支出和 GDP 的反应单位是百分数，而外

---

① Mumtaz 和 Surico 的原始数据集中包含了更多的英国变量，其中有些是更高水平上的总量信息。为了进行公平的跨国比较，笔者仅使用与美国的度量口径一致的英国变量。值得注意的是，即使使用 Mumtaz 和 Surico 的原始数据集，笔者的主要结果仍然成立。

② http：//www.weebly.com/uploads/2/3/9/6/23965363/appendix.pdf。

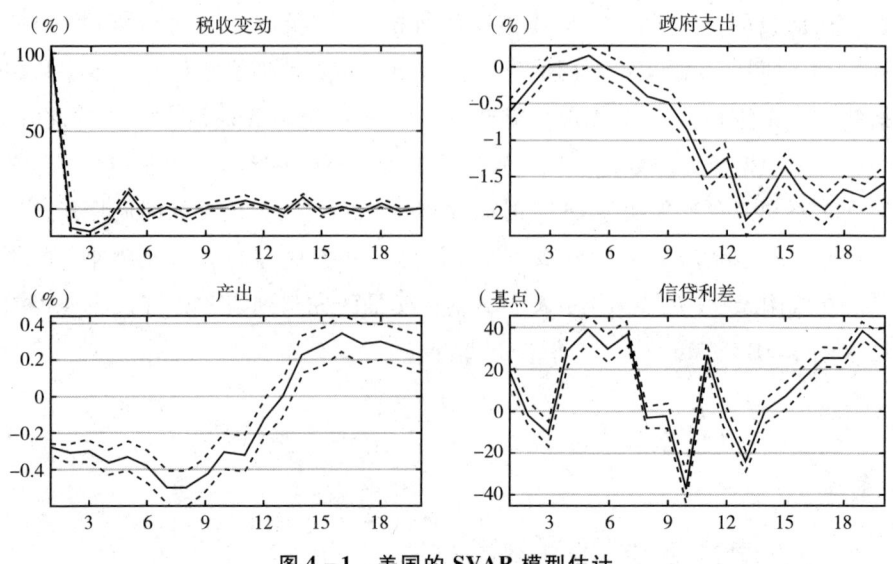

图 4-1 美国的 SVAR 模型估计

注：由图 4-1 可见，在以美国数据为样本所构建的 SVAR 模型中，对外生性税收变动施加一个标准差大小的冲击之后，各个变量的脉冲响应。其中实线表示估计的系数路径，虚线表示 95% 水平的置信区间。

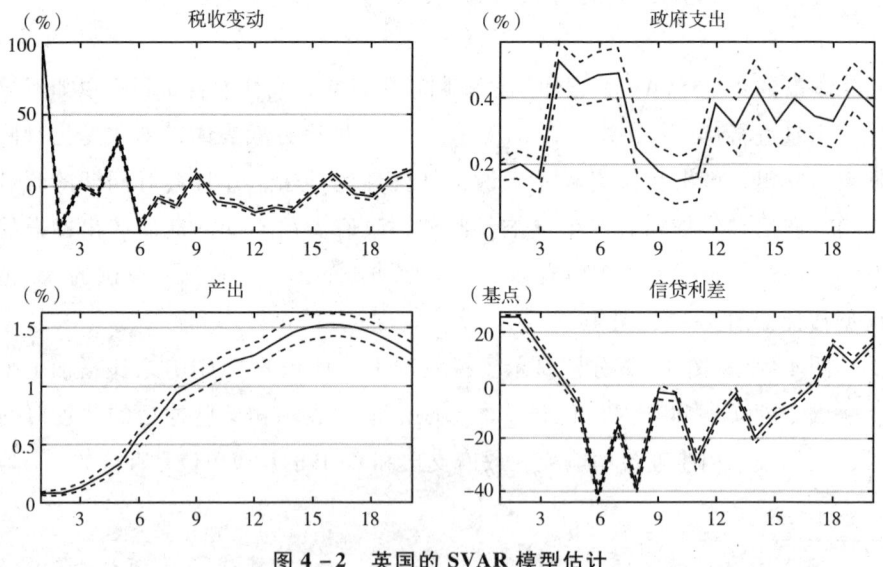

图 4-2 英国的 SVAR 模型估计

注：由图 4-2 可见，在以英国数据为样本所构建的 SVAR 模型中，对外生性税收变动施加一个标准差大小的冲击之后，各个变量的脉冲响应。其中实线表示估计的系数路径，虚线表示 95% 水平的置信区间。

生性税收变动和信贷利差的反应单位是基点[①]。图4-1和图4-2都表明，信贷利差对外生性税收变动冲击的最初反应都为正，之后逐渐下降并发生波动。对于美国来说，税收与GDP之比增加1个百分点会导致信贷利差在期初增加20个基点，这相当于美国信贷利差样本均值的6.5%和样本标准差的18.8%。对于英国来说，税收与GDP之比增加1个百分点会导致信贷利差在期初增加23个基点，这相当于英国信贷利差样本均值[②]的62.1%和样本标准差的61.3%。以上分析表明，外生性税收变动对信贷利差的影响是不可忽视的。表4-1和表4-2是对两个国家信贷利差的预测误差方差分解的结果，此结果进一步证实了这一发现。在美国，随着时间的推移，外生性税收冲击最高可以解释16%的信贷利差预测误差方差。而在英国，外生性税收冲击对信贷利差预测误差方差的解释能力甚至更高，能被外生性税收冲击所解释的信贷利差预测误差方差的比例在6%到21%之间，具体取决于所选的时间跨度。

表4-1　　　　　　　　　美国信贷利差的预测误差方差分解

预测长度	税收冲击（%）	政府支出冲击（%）	GDP冲击（%）	信用利差冲击（%）
1	0.99	0.86	6.75	91.40
2	0.91	1.81	11.08	86.20
3	1.15	1.88	11.88	85.10
4	2.86	2.87	15.69	78.59
5	5.78	3.21	15.17	75.83
6	7.31	3.15	15.83	73.71
7	9.56	3.29	15.74	71.41
8	9.51	3.34	16.18	70.97
9	9.29	4.56	15.82	70.32
10	11.02	8.39	15.19	65.40

---

① 在此，我们遵循 Romer 和 Romer（2010）的方法，将外生性税收冲击表示为 GDP 的百分比。

② 美国的信贷利差样本均值（310个基点）比英国的信贷利差样本均值（37个基点）要高得多。

续表

预测长度	税收冲击（%）	政府支出冲击（%）	GDP冲击（%）	信用利差冲击（%）
11	11.71	10.11	15.49	62.69
12	11.34	12.75	14.99	60.92
13	12.00	12.49	14.67	60.84
14	11.93	12.44	14.65	60.98
15	11.90	12.51	15.06	60.53
16	12.18	12.42	15.26	60.15
17	12.80	12.23	15.83	59.14
18	13.48	12.02	15.70	58.80
19	15.14	11.70	15.55	57.61
20	15.99	11.45	15.19	57.37

注：第2~5列表示了信贷利差预测误差方差由不同的冲击所解释的比例。

表4-2　　　　英国信贷利差的预测误差方差分解

预测长度	税收冲击（%）	政府支出冲击（%）	GDP冲击（%）	信用利差冲击（%）
1	6.36	1.45	8.22	83.97
2	8.84	2.27	6.95	81.94
3	9.63	3.08	6.52	80.77
4	9.33	3.92	9.47	77.28
5	9.43	4.26	10.55	75.77
6	16.10	10.25	8.96	64.69
7	15.48	13.88	11.33	59.31
8	20.44	13.04	11.15	55.36
9	19.80	13.62	12.14	54.44
10	19.23	13.25	14.76	52.76
11	20.40	16.76	14.60	48.24
12	20.48	16.55	14.98	48.00
13	20.31	16.39	15.11	48.18
14	21.04	16.10	15.48	47.37
15	20.53	15.89	16.16	47.42

续表

预测长度	税收冲击（%）	政府支出冲击（%）	GDP 冲击（%）	信用利差冲击（%）
16	20.35	16.96	15.91	46.78
17	20.10	17.41	16.30	46.19
18	20.60	17.25	16.42	45.73
19	20.39	18.34	16.17	45.10
20	20.39	19.09	16.50	44.02

注：第2~5列表示了信贷利差预测误差方差由不同的冲击所解释的比例。

通过比较信贷利差和产出的脉冲响应，我们发现信贷利差在某些时期表现出反周期行为。对美国而言，在前13个季度内信贷利差和产出的响应方向是相反的（第3、8、9、10季度除外）。对英国而言，第5个季度至第17个季度信贷利差的走势是反周期的。

在外生性税收增加之后，存在两股可能会导致信贷利差反周期的力量。第一股力量是金融加速器效应。增加税收会降低总需求和总产出，这进一步会导致公司资产负债表恶化和更高的违约风险。为了补偿更高的违约风险，贷款人会向公司收取更高的信贷利差，这使投资成本更高，从而降低了总投资水平。因此，总需求进一步下降，导致产出水平更低。而较低的产出水平意味着更高的违约风险，这进一步提高了信贷利差。由此可见，信贷利差的变化是反周期的，这种反周期的特性放大了税收政策冲击的影响。第二股力量是银行与企业的借贷关系。Melina 和 Villa（2014）指出，许多银行与客户有着长期的关系，客户转向其他银行融资的成本非常高。因此，银行在经济繁荣时期收取较低的信贷利差，以吸引新客户。一旦这些新客户与银行建立了长期关系，他们就会因为转换成本而被银行锁定。这使得银行可以在经济衰退时期通过向锁定客户收取更高的信贷利差来减少损失。

然而，从表4-1和表4-2可以看出，税收引起的信贷利差变化并不总是反周期的（美国的第3、8、9、10个季度以及第13个季度之后；英国的前4个季度）。这意味着金融加速器理论和银企借贷关系理论无法解释整个过程，必定存在其他机制在共同起作用。Goodfriend 和 McCallum（2007）

提出了一种可能的机制,即银行衰减器效应。他们认为,如果增税导致了经济衰退,以交易为目的的存款需求量就会减少。因此,银行必须提高存款利率以吸引存款人,这会降低信贷利差。银行衰减器效应可能会抵消金融加速器效应和银企借贷关系效应,从而造成信贷利差对外生性税收冲击的非周期性响应现象。

此外,税收变化会通过微观经济渠道影响信贷利差。一方面,增税增加了政府收入,增强了政府在金融危机中救助银行的能力。因此,增税减轻了系统性风险,降低了银行收取的信贷利差。另一方面,增税使得对企业来说债务融资比股权融资更有吸引力。因为债务利息可在税前扣除,具有税盾价值,所以债务融资可以降低税收成本(Kemsley and Nissim,2002)。此外,Modigliani 和 Miller (1963) (以下简称"MM") 称,债务的税盾作用可以增加企业价值,降低使用债务资本的成本。MM 理论已被大量实证研究所证实 (Bradley et al., 1984; Long and Malitz, 1985; Titman and Wessels, 1988; Fischer et al., 1989)。简而言之,增加税收的财政政策会鼓励企业进行债务融资以充分发挥债务利息的税盾作用,即企业对贷款的需求会高于对股权的需求,这反过来会增加信贷利差。以上两个微观经济传导渠道表明,外生性税收变化并不只是通过经济周期波动这个传导渠道影响信贷利差的变化。

有趣的是,对于美国而言,产出对外生性税收变动冲击的脉冲响应最初为负,而在英国,产出对外生性税收变动冲击的脉冲响应最初却为正。这可能反映了这两个国家一个重要的制度差异:在英国,税收政策的宣布总是成为法律,但在美国却并非如此。这个制度差异表明,实施已经宣布的税收政策所带来的不确定性较小。Mertens 和 Ravn (2012) 的最新研究表明,预期的减税政策会对产出造成收缩效应,而未预期到的减税政策则会对产出造成相反的影响。本书的研究结果进一步证实了他们的发现。

4.4.2 FAVAR 模型的估计结果

为了解决 SVAR 模型中的非基本性和信息受限问题,本书采用 FAVAR 模型和两步法估计税收变动效应。第一步,从时间序列数据中提取因子。

第二步，在之前的 SVAR 模型中引入这些已提取的因子，并用贝叶斯方法估计因子增广的向量自回归模型。

笔者采用不同的方式构建了英美两国的模型，因为美国通常被视为封闭经济体，而英国通常被视为开放经济体。具体来说，我们在英国的模型中添加了一个外国模块，它包括以下四个因子：国际实际经济活动、国际通货膨胀、国际流动性和国际短期利率协同变动。这些国际因子出现在块对角矩阵 Λ^F 的上部 $N \times 4$ 分块中。英美两国的国内数据也可以分为四类：实际经济活动、资产价格、货币和价格指数。我们从每类数据中提取一个公因子，通过这种方式得到四个具有确切经济含义的国内正交因子。另一种可选的方法是不分组，直接从整个国内数据集中提取因子。与后一种提取方法相比，笔者的方法避免了忽略某些组中所包含的重要信息。

表 4-3 显示了各个因子的解释方差百分比。对于美国而言，第一个因子对实际经济活动、资产价格、货币和价格指数的方差贡献率依次为 32%、43%、47%、63%。对于英国而言，第一个因子对实际经济活动、资产价格、货币和价格指数的方差贡献率依次为 27%、60%、52%、66%。可以看出，实际经济活动的解释力相对较低，因为它包含了反映实际经济各个方面的变量（如产出、工业生产和消费），所以一个或两个因子可能无法完全解释大部分的方差。然而，除了实际经济活动之外，第一个因子对其他组别的解释力相当高。我们可以通过将实际经济活动数据分成更多的小组来增加因子对实际经济活动的解释力。然而，这将大大增加 FAVAR 模型中所要估计的参数数量，降低估计效率。因此，我们仍然坚持原来的分组方式。

表 4-3 解释方差百分比

	因子	实际经济活动（%）	资产价格（%）	货币（%）	价格指数（%）
美国	1	32.34	42.52	46.97	62.72
	2	20.11	14.25	20.97	18.50
	3	7.44	13.19	12.34	8.50
英国	1	27.19	60.02	51.71	65.85
	2	16.03	15.25	14.68	10.85
	3	9.66	8.40	12.53	5.11

图4-3和图4-4分别给出了美国和英国的FAVAR模型的估计结果。我们有以下几个发现：第一，外生性税收变动对两国的信贷利差有显著的影响。与SVAR模型的估计结果类似，信贷利差对外生性税收冲击的脉冲响应在最初为正，并随着时间的推移下降。第二，与SVAR模型明显不同的是，FAVAR模型中信贷利差的脉冲响应在较长的时间内并不显著，在第13个季度之后，95%的置信区间包含了Y轴的0刻度线。第三，信贷利差对外生性税收冲击的脉冲响应与由税收变动所引起的经济周期变动没有明确的关系，这进一步证实了SVAR模型中的结论，即税收政策变更后，信贷利差的变动并不总是反周期的。最后，英美两国产出对外生性税收变动的反应有所不同。在美国，产出对税收增加的脉冲响应在最初为负（第4季度除外）；而在英国的前6个季度中，除第3个季度之外，其他季度的产出对税收增加的脉冲响应均为正。这可能意味着税收政策在英国更容易被预期到。

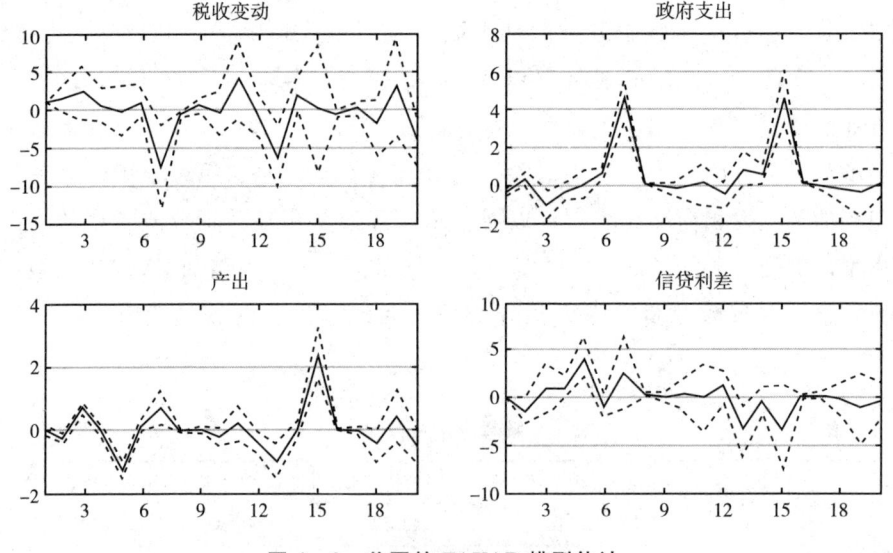

图4-3 美国的FAVAR模型估计

注：由图4-3可见，在以美国数据为样本（105个变量）所构建的FAVAR模型中，对外生性税收变动施加一个标准差大小的冲击之后，各个变量的脉冲响应。笔者从美国的数据集中提取出了四个相互正交的因子（实际经济活动、资产价格、货币和通货膨胀）。其中实线表示估计的系数路径，虚线表示95%水平的置信区间。

第4章 税收政策会影响信贷利差吗?

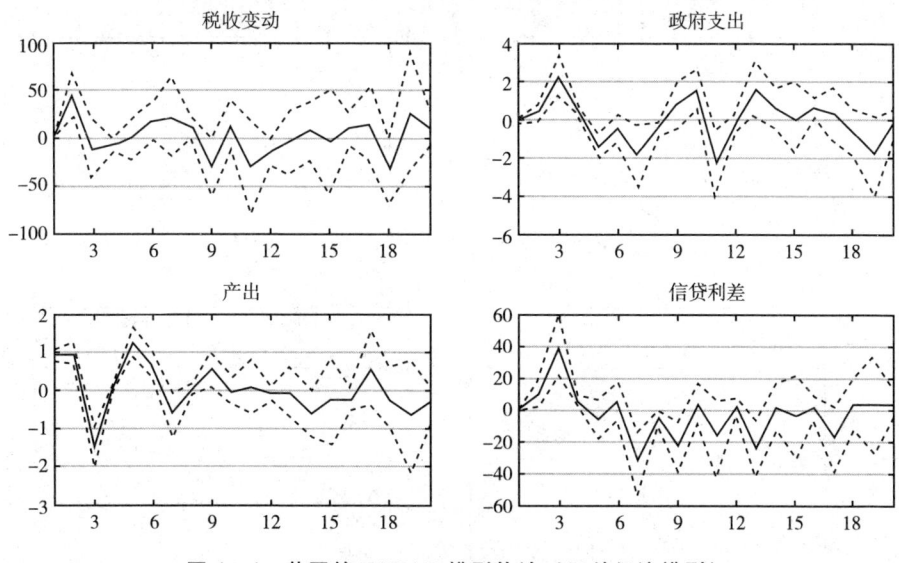

图4-4 英国的FAVAR模型估计(开放经济模型)

注:由图4-4可见,在以英国数据为样本(317个变量)所构建的FAVAR模型中,对外生性税收变动施加一个标准差大小的冲击之后,各个变量的脉冲响应。我们从外国的数据集中提取出了四个相互正交的因子(249个变量,分为实际经济活动、通货膨胀、资产价格、和利率四个类别),从国内的数据集中提取出了四个相互正交的因子(68个变量,分为实际经济活动、资产价格、货币和通货膨胀四个类别)。其中实线表示估计的系数路径,虚线表示95%水平的置信区间。

英国在理论研究中常常被视为一个开放的经济体,所以有必要研究国际因素如何影响英国信贷利差的脉冲响应。为此,本书剔除了国际因素,仅用四个国内正交变量(实际经济活动、资产价格、货币和通货膨胀)来估计FAVAR模型,并比较估计结果的变化。图4-5为估计结果。在封闭经济条件下,产出和信贷利差对外生性税收冲击的脉冲响应与开放经济模型中的结果有很大的不同。对比图4-4和图4-5可以发现,忽视英国模型中的外国因素会导致错误的估计结果。例如,在开放经济条件下,产出的脉冲响应在第3季度为负,信贷利差脉冲响应在第3季度为正。而在封闭经济条件下,产出的脉冲响应在第3季度为正,信贷利差脉冲响应在第3季度为负。可见,开放经济与封闭经济模型指向了完全相反的结论,这表明了对英国经济建模时考虑国际因素的重要性。

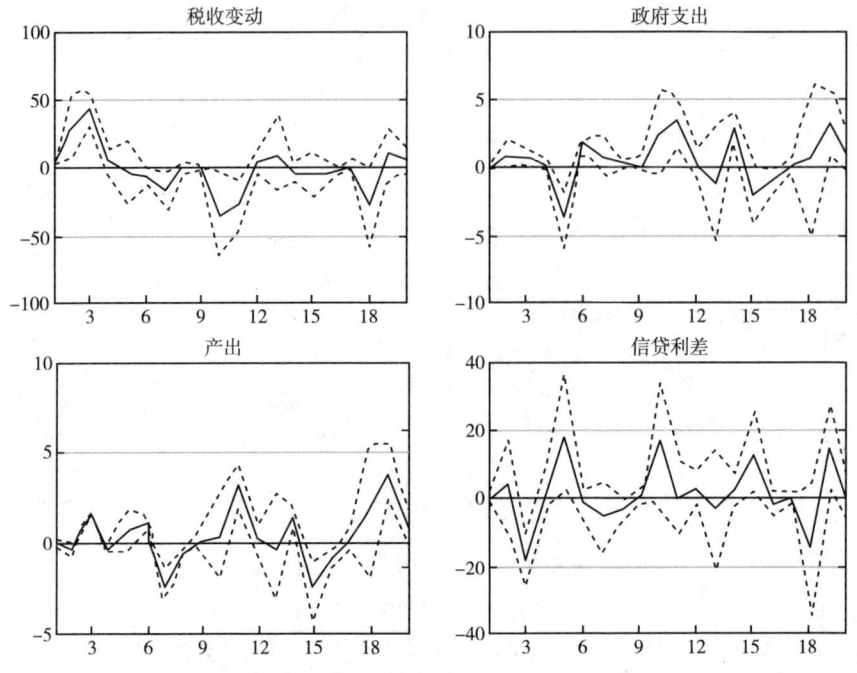

图 4-5 英国的 FAVAR 模型估计（封闭经济模型）

注：由图 4-5 可见，在以英国数据为样本（68 个变量）所构建的 FAVAR 模型中，对外生性税收变动施加一个标准差大小的冲击之后，各个变量的脉冲响应。从国内的数据集中提取出了四个相互正交的因子（68 个变量，被分为实际经济活动、资产价格、货币和通货膨胀四个类别）。其中实线表示估计的系数路径，虚线表示 95% 水平的置信区间。

4.5 结论

本章研究了 1980—2006 年英美两国的信贷利差对其税收政策变化的反应。与以往分析财政政策的文献不同，本书将 Romer-Romer 叙事方法与递归方法相结合，以识别结构性冲击。这使得我们的结果不太可能受到识别性偏误的影响。此外，这种识别方法同时包含在了结构向量自回归

(SAVR)模型和因子增广的向量自回归（FAVAR）模型中。笔者认为FAVAR模型克服了小型SVAR模型中的有限信息问题，同时有助于避免遗漏变量偏差。因此，本书的FAVAR模型估计结果给SVAR模型估计结果提供了很好的稳健性检验。SVAR模型和FAVAR模型的关键性结论是一致的。

税收政策变动对信贷利差有显著影响。增税之后，两个国家的信贷利差均先增大后减小。此外，信贷利差的变动并不总是与产出变动密切相关。这一结果表明，除了税收引发的周期性波动之外，税收政策还可以通过别的渠道来影响信贷利差。此外，税收政策还能通过两个重要的微观经济渠道影响信贷利差，即增税可以增加政府救助的能力，增强债务工具的避税效应。因此，我们应该更广泛地看待税收政策与信贷利差之间的关系。

有趣的是，笔者发现增税对短期产出的影响在美国主要为负，在英国则为正。这反映出了财政政策预期的影响。然而，英美两国短期产出的脉冲响应并没有导致信贷利差的相应变化。这进一步证明了在受到税收政策冲击后，由税收政策变动所引起的经济周期波动并不是信贷利差变动的唯一原因。

未来一个有趣的研究领域是财政政策与信贷市场表现指标之间的关系。结合笔者的研究结果，此类未来研究可以帮助我们更好地理解财政政策冲击如何向金融市场传导。

本章参考文献

Aliaga‑Díaz, R., Olivero, M. P., 2010. "Macroeconomic Implications of 'Deep Habits' in Banking." *J. Money Credit Bank.* 42 (8): 1495 – 1521.

Bernanke, B., Gertler, M., 1989. "Agency Costs, Net Worth, and Business Fluctuations." *American Economic Review*. 79 (1): 14 – 31.

Bernanke, B. S., Gertler, M., Gilchrist, S., 1999. "The Financial Accelerator in A Quantitative Business Cycle Framework." In: Taylor, J. B., Woodford, M. (Eds.), *Handbook of Macroeconomics*, vol. 1. Elsevier, 1341 – 1393.

Bernanke, B., Boivin, J., Eliasz, P. S., 2005. "Measuring the Effects of Monetary Poli‑

cy: a Factor – augmented Vector Autoregressive (FAVAR) Approach." *Q. J. Econ.* 120 (1): 387 – 422.

Blanchard, O., Perotti, R., 2002. "An Empirical Characterization of The Dynamic Effects of Changes in Government Spending and Taxes on Output." *Q. J. Econ.* 117 (4): 1329 – 1368.

Blanchard, O., Dell'Ariccia, G., Mauro, P., 2010. "Rethinking Macroeconomic Policy." *J. Money Credit Bank.* 42 (s1): 199 – 215.

Bradley, M., Jarrell, G. A., Kim, E. H., 1984. "On the Existence of An Optimal Capital Structure: Theory and Evidence." *J. Finance* 39 (3): 857 – 878.

Canova, F., 2005. "The Transmission of Us Shocks to Latin America." *J. Appl. Econom.* 20 (2): 229 – 251.

Chowdhury, I., Hoffmann, M., Schabert, A., 2006. "Inflation Dynamics and The Cost Channel of Monetary Transmission." *Eur. Econ. Rev.* 50 (4): 995 – 1016.

Christiano, L. J., Eichenbaum, M., Evans, C. L., 2005. "Nominal Rigidities and The Dynamic Effects of a Shock to Monetary Policy." *J. Pol. Econ.* 113 (1): 1 – 45.

Cloyne, J., 2013. "Discretionary Tax Changes and The Macroeconomy: New Narrative Evidence from The United Kingdom." *Am. Econ. Rev.* 103 (4): 1507 – 1528.

Cushman, D. O., Zha, T., 1997. "Identifying Monetary Policy in A Small Open Economy Under Flexible Exchange Rates." *J. Monet. Econ.* 39 (3): 433 – 448.

Eichenbaum, M., Evans, C. L., 1995. "Some Empirical Evidence on The Effects of Shocks to Monetary Policy on Exchange Rates." *Q. J. Econ.* 110 (4): 975 – 1009.

Faust, J., Rogers, J. H., 2003. "Monetary Policy's Role in Exchange Rate Behavior." *J. Monet. Econ.* 50 (7): 1403 – 1424.

Fischer, E. O., Heinkel, R., Zechner, J., 1989. "Dynamic Capital Structure Choice: Theory and Tests." *J. Finance* 44 (1): 19 – 40.

Gertler, M., Lown, C. S., 1999. "The Information in The High – yield Bond Spread for The Business Cycle: Evidence and Some Implications." *Oxford Rev. Econ. Policy* 15 (3): 132 – 150.

Goodfriend, M., McCallum, B. T., 2007. "Banking and Interest Rates in Monetary Policy Analysis: A Quantitative Exploration." *J. Monet. Econ.* 54 (5): 1480 – 1507.

Grilli, V., Roubini, N., 1995. "Liquidity and Exchange Rates: Puzzling Evidence from the g – 7 Countries." *Working Papers* 95 – 17, New York University, Leonard N. Stern School of Business, Department of Economics.

Kemsley, D. , Nissim, D. , 2002. "Valuation of The Debt Tax Shield." *J. Finance* 57 (5).

Kim, S. , 2001. "International Transmission of U. S. Monetary Policy Shocks: Evidence from VAR's." *J. Monet. Econ.* 48 (2): 339 – 372.

Kim, S. , Roubini, N. , 2000. "Exchange Rate Anomalies in The Industrial Countries: A Solution with A Structural VAR Approach." *Journal of Monetary Economics* 45 (3): 561 – 586.

Koop, G. , 2011. "Forecasting with Medium and Large Bayesian VARs." *Working Papers* 1117, University of Strathclyde Business School, Department of Economics.

Koop, G. , Korobilis, D. , 2010. "Bayesian Multivariate Time Series Methods for Empirical Macroeconomics, Vol. 3." *Now Publishers Inc.*.

Leeper, E. M. , Walker, T. B. , Yang, S. – C. S. , 2008. "Fiscal Foresight: Analytics and Econometrics." *Working Paper* 14028, National Bureau of Economic Research.

Leeper, E. M. , Richter, A. W. , Walker, T. B. , 2012. "Quantitative Effects of Fiscal Foresight." *Am. Econ. J.*: Econ. Policy 4 (2): 115 – 144.

Lenza, M. , Pill, H. , Reichlin, L. , 2010. "Monetary Policy in Exceptional Times." *Econ. Policy* 25: 295 – 339.

Long, M. S. , Malitz, I. B. , 1985. "Investment Patterns and Financial Leverage." In: Corporate Capital Structures in the United States. *National Bureau of Economic Research*, Inc. , pp. 325 – 352.

Melina, G. , Villa, S. , 2014. "Fiscal Policy and Lending Relationships." *Econ. Inq.* 52 (2): 696 – 712.

Mertens, K. , Ravn, M. , 2010. "Measuring The Impact of Fiscal Policy in The Face of Anticipation: A Structural VAR Approach." *Econ. J.* 120 (544): 393 – 413.

Mertens, K. , Ravn, M. O. , 2012. "Empirical Evidence on The Aggregate Effects of Anticipated and Unanticipated us Tax Policy Shocks." *Am. Econ. J.*: Econ. Policy 4 (2): 145 – 181.

Modigliani, F. , Miller, M. H. , 1963. "Corporate Income Taxes and The Cost of Capital: A Correction." *Am. Econ. Rev.* 53 (3): 433 – 443.

Mountford, A. , Uhlig, H. , 2009. "What are the Effects of Fiscal Policy Shocks?" *J. Appl. Econom.* 24 (6): 960 – 992.

Mumtaz, H. , Surico, P. , 2009. "The Transmission of International Shocks: A Factor – augmented VAR Approach." *J. Money Credit Bank.* 41 (s1): 71 – 100.

Poirier, D. J., 1998. "Revising Beliefs in Nonidentified Models." *Econom. Theory* 14, 483 – 509.

Ravenna, F., Walsh, C. E., 2006. "Optimal Monetary Policy with The Cost Channel." *J. Monet. Econ.* 53 (2): 199 – 216.

Romer, C. D., Romer, D. H., 2010. "The Macroeconomic Effects of Tax Changes: Estimates Based on A New Measure of Fiscal Shocks." *Am. Econ. Rev.* 100 (3): 763 – 801.

Stock, J. H., Watson, M. W., July 2005. "Implications of Dynamic Factor Models for VAR Analysis." *NBER Working Papers* 11467, National Bureau of Economic Research, Inc..

Stock, J., Watson, M., 2008. "Forecasting in Dynamic Factor Models Subject to Structural Instability." In: Castle, J., Shephard, N. (Eds.), The Methodology and Practice of Econometrics, A Festschrift in Honour of Professor David F. Hendry. Oxford University Press, Oxford.

Titman, S., Wessels, R., 1988. "The Determinants of Capital Structure Choice." *J. Finance* 43 (1): 1 – 19.

第 5 章 欧元区主权 CDS 利差的区制决定因素

摘要： 本章研究了雷曼兄弟公司破产后 5 个欧元区国家（希腊、爱尔兰、意大利、葡萄牙和西班牙）主权信用违约互换利差（CDS）的决定因素。笔者发现，全球因素和欧洲货币联盟（EMU）整体因素是主权信用违约互换利差变化的主要原因。然而，这些因素的影响随着市场不确定性的变化而发生改变。在相对平稳的区制下，市场不确定性较低；在相对动荡的区制下，市场不确定性较高。全球跳跃性风险的变化使得区制从相对平稳的状态转移到相对动荡的状态，这表明全球金融市场的传染对样本国家主权信用风险的定价产生了显著影响。除意大利外，所有样本国家的经济和金融指标对主权信用风险定价几乎没有影响，但主权信用风险的变化显著地影响了国内经济和金融指标。如果忽略了金融传染和主权信用风险对国内经济和金融发展的反馈效应，我们将无法得到主权信用违约互换利差决定因素的正确结果。

5.1 引言

2009 年开始的欧洲主权债务危机期间，欧元区国家的主权信用违约互换（以下简称"CDS"）利差引起了广泛的社会关注，这主要是因为一个国家的信用违约互换利差通常被视为该国主权信用风险的指标（OECD，

2012）。在一项重要的早期研究中，Edwards（1984）将各国违约概率与其主权信用利差联系起来，并通过分析宏观经济变量与主权信用利差之间的关系来探究影响主权违约的宏观经济因素。这些宏观经济因素通常被解释为各国偿还债务能力和意愿的代理变量。随后的研究扩展了 Edwards 的研究范围，如扩大样本期间和样本国家数量，在模型中引入其他主权信用利差的潜在决定因素，或者采用新的计量方法对模型进行估计（Boehmer and Megginson，1990；Cantor and Packer，1996；Min，1998；Eichengreen and Mody，1998；Kamin and von Kleist，1999；Arora and Cerisola，2001；Baek et al.，2005；Dailami et al.，2008；Hilscher and Nosbusch，2010；Baldacci et al.，2011；Aizenman et al.，2013；Beirne and Fratzscher，2013）。

虽然将宏观经济变量作为主权信用利差决定因素的相关文献有助于更好地理解主权违约，但是由于宏观经济数据的频率较低，它们对危机期间主权信用利差的解释力较弱。本章主要探究了雷曼兄弟公司倒闭后（2008年9月15日至2011年12月19日）5个欧元区国家（希腊、爱尔兰、意大利、葡萄牙和西班牙）主权 CDS 利差变化的决定因素，即危机时期内主权 CDS 利差的决定因素。这个话题既有趣又非常重要，原因有二：首先，决策者只有充分了解危机期间主权信用风险的来源，才能正确应对危机。其次，危机中主权信用风险的确定过程与正常时期不同，所以使用正常时期数据而做的研究对危机期间的决策没有帮助。

根据 IMF（2013）的数据，主权 CDS 合约交易在 2008 年发生了重大的结构性变化。2008 年以前，单一 CDS 合约中主权 CDS 合约占比较低，但 2008 年之后开始大幅上升。例如，截至 2008 年底，爱尔兰主权 CDS 合约的名义未清偿余额仅为 180 亿美元，在所有 CDS 合约交易中排名第 262 位，但是 2012 年底，未清偿余额跃升至 510 亿美元，排名攀升至第 30 位。该例子表明，投资者在危机期间对主权 CDS 合约更感兴趣。同时，政策制定者希望能够准确地找出给陷入困境的主权国家继续增加压力的因素。Fontana 和 Scheicher（2010）、Dieckmann 和 Plack（2011）、Fender 等人（2012）发现主权信用风险的定价在正常时期和危机时期是不同的，这也说明正常时期下主权 CDS 市场的历史情况对决策者在危机时期的指导意义较小。

为了清晰地识别数据中的变化，笔者参考最近的实证研究，将金融变

第 5 章 欧元区主权 CDS 利差的区制决定因素

量作为影响主权 CDS 利差的潜在决定因素（Pan and Singleton, 2008; Fontana and Scheicher, 2010; Longstaff et al., 2011; Dieckmann and Plack, 2011; Fender et al., 2012）。与宏观经济变量相比，金融变量数据的频率更高，因而可以提供额外的变化信息，这有助于识别在相对较短时间内如危机时期，主权信用利差的决定过程。此外，D'Agostino 和 Ehrmann（2014）的研究表明，市场参与者对宏观经济发展的预期会影响主权信用利差。虽然当前的宏观经济数据仅包含过去的信息，但金融变量包含了代理人对未来宏观经济变化的预期信息（Collin Dufresne et al., 2001; Dieckmann and Plack, 2011; Koop and Korobilis, 2014）。具体而言，金融变量包含无法从低频的宏观经济数据中获取的关于未来宏观经济变化的信息，而市场参与者可以利用这些信息。[①]

虽然之前的研究已经将金融变量作为主权 CDS 利差的潜在决定因素，但笔者在某些方面与它们有所不同。首先，之前的研究忽略了金融传染的可能性。所谓金融传染，是指一个国家对另一个国家的溢出效应在不同的不确定性环境下随时间变化而发生改变。[②] 例如，Longstaff 等人（2011）、Dieckmann 和 Plack（2011）、Fontana 与 Scheicher（2010）发现了关于国际间溢出效应的有力证据。具体而言，全球金融指标的变化表面上对个别国家的主权 CDS 利差产生了显著影响，然而他们并没有考虑当市场不确定性随时间发生变化时，国际间溢出效应发生变化的可能性，因而忽略了金融传染的可能性。为了探究潜在的传染效应，笔者在实证模型中引入了区制转移，即允许不同区制下的国际间的溢出效应发生变化。

笔者也提供了一种研究金融传染的新方法。关于金融传染的现有文献通常将样本期间划分为非危机时期和危机时期，并检验这两个时期的国际溢出效应是否存在显著差异（Dungey et al., 2005），然而这种方法存在一定的局限性。划分时点，也就是危机时期的开始时间，其确定标准（如危机

[①] D'Agostino 和 Ehrmann（2014）使用 Consensus Economics 数据对宏观经济预期变动进行建模，他们的方法可以应用于金融变量。然而，由于他们使用的是月度数据，其频率太低，所以无法得到足够多的金融危机期间的样本。

[②] 金融传染有许多种不同的定义（Pericoli and Sbracia, 2003; Forbes, 2012），此处的定义是最流行的定义之一（Forbes and Rigobon, 2002; Dungey et al., 2005; Caporin et al., 2013）。

发源国的资产收益率的无条件方差）比较随意。这一方法受到了 Danilov 和 Magnus（2004）对预测偏差讨论的影响。简单而言，任何在选择划分标准时的错误都会使传染测试结果产生偏差。相比之下，笔者的区制转移方法不需要对样本期间进行划分，而是将平稳时期和动荡时期的识别以及不同区制下的国际溢出效应的估计放到同一个估计过程中。因此，笔者的方法不存在预测偏差。此外，对样本期间进行划分的方法需要足够长的危机时期来进行可靠的估计，而区制转换模型不会受到这种限制。

虽然 Fontana 和 Scheicher（2010）、Dieckmann 和 Plack（2011）、Fender 等人（2012）没有检验金融传染，但是他们的研究发现，主权 CDS 利差的确定过程在雷曼兄弟公司倒闭后发生了显著的变化。这一结构变化对于政策制定者做出正确的决策非常重要。然而，对于他们来说，另一个重要且经常被问到的问题是金融危机传染是否改变了危机期间对主权信用风险的定价。对这一问题的回答非常重要，因为大多数危机管理决策都是在危机期间做出的，而了解主权风险的来源是做出正确决策的必要条件。但是由于处理技术上的限制，现有文献中很少关注这个问题。首先，将危机样本期间进一步划分为平稳时期和动荡时期是非常困难的；其次，即使对样本期间进行了划分，也可能因为动荡时期的观测数据太少而无法进行可靠的估计。所以，笔者的区制转换方法避免了这些问题。

本章与以往文献相比另一个重要的区别在于，之前的研究往往假定协变量是外生的，而在笔者的模型中它们是内生的。换言之，先前的研究假设主权信用利差对这些协变量没有反馈效应，但是这是一个非常强的假设。关于主权违约的文献表明，主权信用利差的变化可能影响国内宏观经济的基本面，尤其是 Sandleris（2008）指出主权违约会恶化投资者对国内宏观经济指标的预期。由于这些预期会影响国内金融指标，所以笔者认为主权信用利差将对国内金融指标产生潜在影响。除此之外，主权违约可能会引发流动性问题（Brutti，2011）或者阻碍进口以影响国内生产效率，从而导致产出下降（Mendoza and Yue，2012）。如果主权信用利差的变化包含关于主权违约概率和程度的信息，投资者对国内产出的预期将跟随主权信用利差的变化而变化。因此，这种预期会影响国内的金融指标。同时，主权信用违约互换市场的变化可能会影响各国的借贷成本（Delatte et al.，2012），进而影响国内经济。关于内生性的另一个潜在来源是主权债务危机的严重后果可能在全球金融市场产生反馈效应，因而需要将各种潜在的内生性来源纳入解释主权 CDS 利差决定因素的模型中。忽略这些潜在的内生性来源可能会导致估计结果发生偏差，从而产生误导性的实证结果。笔者将考虑协变量存在内生性问题的可能性，为此将使用 Kim（2009）提出的两步估计法，即使用这种方法估计一个包含工具变量的区制转换模型并检验内生性。

本章安排如下：第 2 节介绍解释变量并描述数据；第 3 节展示用于确定主权信用违约互换利差的 OLS 估计和模型中区制转换的测试结果；第 4 节为协变量外生情形下的标准区制转移模型的估计结果；第 5 节为包含工具变量和内生性检验的区制转移模型的估计结果；第 6 节提供金融传染推动区制变化的证据；第 7 节进行总结。

5.2 变量和数据描述

5.2.1 因变量：主权 CDS 利差

在本书的实证分析中，因变量是主权 CDS 利差。CDS 合同是对合同中所规定的信用事件提供保险的合同。[①] 利差（以基点表示）是买方需支付的"保险费"。例如，信用违约互换利差为 20 个基点意味着信用保护的买方必须每年向卖方支付相当于标的债务名义金额 0.2% 的"保险费"。[②] 主权信用违约互换合同可以对不同的信用事件进行保险。根据 Dieckmann 和 Plack（2011）的研究，本书只考虑"全面重组"的信用违约互换合同，因为"全

[①] 具体而言，信用违约互换是一种准保险工具。关于主权信用违约互换合约更加详细的讨论，请参见 Pan 和 Singleton（2008）、Dieckmann 和 Plank（2011）的研究。

[②] 笔者所指的标的债务是主权债券。

面重组"是欧洲主权 CDS 合同中的标准信用事件。合同期限为 10 年，因为 10 年期合同在欧洲市场的流动性最强。利差以美元报价，美元是欧洲主权 CDS 合约的标准货币。本书的样本涵盖了 2008 年 9 月 15 日至 2011 年 12 月 19 日，希腊、爱尔兰、意大利、葡萄牙和西班牙 10 年期政府债券 CDS 利差的周度数据。尤其是 2010 年 4 月之后，之前的研究并没有包含这一时间段。由于在这一时间段国家的主权债务问题受到公众广泛关注，扩大样本期间使得对这一问题的研究变得更加有趣（OECD, 2012）。

5.2.2 协变量

表 5-1 总结了本书在回归分析中使用的协变量。在回归分析中，笔者将那些可能影响一国偿还其债务可能性的变量作为协变量，这与最近基于高频数据的实证研究中使用的协变量相一致（Pan and Singleton, 2008; Fontana and Scheicher, 2010; Longstaff et al., 2011; Dieckmann and Plank, 2011; Fender et al., 2012）。

表 5-1　　　　　　　　变量名称及定义

名称	定义
$forex$	欧元兑美元名义汇率，即每 100 美元可以兑换的欧元
$stoxx$	EuroStoxx 50 收益率（正交化），单位为百分比
gbi	10 年期德国国债利率，基点
$itraxx$	iTraxx 欧洲 10 年期 CDS 利差（正交化），基点
vp	波动率风险溢价，单位为百分比
$fgro$	MSCI 全球金融指数收益率（正交化），单位为百分比
$sdri$	DJTM 国内股票市场收益率（正交化），单位为百分比
$svol$	由 GARCH (1, 1) 得到的国内股票市场波动率，单位为百分比
$fdri$	DJTM 金融指数收益率（正交化），单位为百分比

注：所有数据来源于 Datastream，波动率风险溢价等于 EuroStoxx 50 隐含波动率和 Garman - Klass 实现波动率的差值。

理论上讲，一国经济状况和波动性会影响其偿还债务的能力。当经济已经陷入困境，通过财政改革措施以履行政府债务可能会增添额外的压力。

因此，当国内经济疲弱且不稳定时，决策者实施改革的意愿就会下降，并且一国政府可能通过减少税收以改善疲软的经济形势，而这也会对它的支付能力产生负面影响。之前的研究发现股票收益率包含了国内宏观经济动态和政策变化的信息（Fama and French，1989；Flannery and Protopapadakis，2002；Barro，2006；Bjørnland and Leitemo，2009；Gabaix，2012；Belo et al.，2013；Wachter，2013；Charles and Darne，2014）。股市投资者也经常更新他们所拥有的宏观经济信息（Gilbert，2011）。因此，笔者参考之前的文献，用一国股票市场收益率和波动率来代表其经济状态和波动性（CollinDufresne et al.，2001；Ericsson et al.，2009；Fontana and Scheicher，2010；Longstaff et al.，2011；Dieckmann and Plack，2011；Fender et al.，2012）。虽然Dieckmann和Plack（2011）使用国内股票指数的收益率，但笔者参照Longstaff等人（2011）的研究使用包括股利在内的总收益率，这是因为股利的变化也包含了企业业绩的信息，而这些信息会影响经济形势。

笔者考虑的另一个国内变量是金融类企业在股市中的表现，即道琼斯全市场（DJTM）金融指数。Dieckmann和Plack（2011）认为，考虑到帮助金融业摆脱困境的成本，这一变量衡量了从私人部门到公共部门的风险转移。风险转移假说表明当金融业遭受危机时，政府可能提供救助，从而形成政府的或有债务。这类或有债务的增加会降低政府偿还债务的能力。因此，投资者会要求政府债券提供更高的回报以补偿违约风险的增加。这意味着当DJTM金融指数较低时，预期主权CDS利差会更高。

Longstaff等人（2011）研究表明，全球股票和债券市场的变化可以解释一国主权CDS利差变动的很大一部分。关于欧洲主权CDS市场的实证研究也得到了同样的结果（Fontana and Scheicher，2010；Dieckmann and Plank，2011）。因此，本书将全球股票和债券市场的发展指标作为协变量，并按照Dieckmann和Plack（2011）的做法，使用EuroStoxx 50收益率和MSCI全球金融指数作为全球股市发展的指标，使用10年期德国国债利率和iTraxx欧洲企业CDS利差作为全球债券市场发展的指标。Dieckmann和Plack（2011）使用企业债利差而非iTraxx指数来代表欧洲企业信用利差，并且企业信用利差的分析结果是不显著的，而Fontana和Scheicher（2010）研究发现，iTraxx指数对欧洲主权CDS利差具有很强的解释力。因此，本书使用

iTraxx 欧洲指数作为欧洲企业信贷利差的代理变量。

理论上讲，通过将全球变量纳入分析中可以探究国际溢出效应（Longstaff et al., 2011；Dieckmann and Plack, 2011）。EuroStoxx 50 收益率体现了整个欧洲货币联盟（EMU）的股市状况，是欧元区整体经济状况的代理变量。一国的经济状况通过贸易联系受到其他成员国的影响，更重要的是，在货币联盟中，一国发生主权违约的概率在一定程度上取决于其他成员国提供救助的意愿，而其他成员国的救助意愿取决于自身的经济状况。在这种情况下，欧盟经济的衰退会增加主权 CDS 利差。同样，全球金融行业的糟糕表现会降低国际社会帮助某一主权国家摆脱债务问题的意愿。[①] 因此，世界金融指数下降可能会增加一国主权 CDS 的利差。

德国国债利率上升可能意味着德国经济增长率提高，这一结果有助于改善其他欧洲货币联盟国家的经济状况，从而增加它们救助遭受债务问题成员国的意愿。即使德国的经济增长不会影响其他成员国的经济状况，但仅德国自身经济的改善就可以显著地影响市场对欧元区外围成员国违约的预期。这种溢出效应是因为德国在救助计划的谈判中发挥着主导作用。因此，提高德国国债利率可能会降低外围成员国的主权 CDS 利差。所以，德国国债利率前的系数应该是负的。

iTraxx 欧洲企业 CDS 利差指数用于衡量欧洲企业信贷利差，它反映了欧洲经济的整体状况，因为违约公司债券的回收率随着整体经济环境的改善而提高（Collin-Dufresne et al., 2001）。由于较低的回收率导致公司 CDS 利差上升，iTraxx 指数上升意味着宏观经济状况恶化。从这种意义上讲，笔者认为主权 CDS 利差与 iTraxx 指数正相关。iTraxx 指数也反映了投资者的风险偏好。当投资者变得更加厌恶风险时，他们将要求更高的公司债券和主权债券信用利差，这也表明 iTraxx 与主权 CDS 利差之间存在正向关系。

如果 iTraxx 指数的变化能够完全反映投资者风险偏好的变动，那么就不需要在回归分析中引入风险偏好的其他代理变量。Fontana 和 Scheicher（2010）研究发现，当回归模型包含 iTraxx 指数，通过芝加哥期权交易所市

---

① 考虑到可得性，本书使用一个全球范围而非欧元区指标来衡量金融部门的表现，Dieckmann 和 Plack（2011）也使用了相同的指标。

场波动率指数（VIX）所构建的风险偏好变量变得不显著。尽管如此，本书还是增加了一个额外的指标来衡量投资者的稳健性风险偏好。具体而言，本书使用 EuroStoxx 50 收益率的隐含波动率和实现波动率的差值作为全球风险溢价的代理变量。该变量体现了对波动性风险的定价，因此包含了投资者风险偏好的信息（Longstaff et al., 2011）。隐含波动率，即 VSTOXX 指数，可以直接从 Datastream 数据库中获得，而实际波动率按照 Garman 和 Klass（1980）提出的方法使用 20 天滚动窗口进行估计。

最后，本书将欧元兑美元的名义汇率作为协变量，即每 100 美元可以兑换的欧元。因此，汇率升高意味着欧元对美元的贬值。笔者认为汇率与主权 CDS 利差间存在正向关系。换言之，欧元贬值增加了主权 CDS 的利差。汇率是一个整体变量，因为它是由欧洲货币联盟而非单一成员国的宏观经济基本面决定的。

5.2.3 正交化

金融资产收益率之间具有高度相关性（见表 5-2），这意味着将不同的资产收益率纳入回归分析中可能导致多重共线性问题。因此，在将这些变量引入回归模型前，最好将它们正交化。笔者按照 Dieckmann 和 Plack（2011）的方法，将一个变量的正交化值构造为该变量在其他相关协变量上回归后的截距项和残差之和。具体而言，一国金融指数收益率对国内股市收益率和世界金融指数收益率进行回归；全球金融指数收益率对全球股市收益率进行回归。Dieckmann 和 Plack（2011）并未将国内股市收益率和欧洲企业信用利差正交化。而 Fontana 和 Scheicher（2010）则认为将国内股市收益率正交化同样有助于提高识别效果。因此，我们将国内股市收益率对全球股市收益率进行回归，并用正交化后的时间序列构造国内股市波动性指标。Alexander 和 Kaeck（2008）研究发现，iTraxx 指数的变化可以用 VSTOXX 的变化以及全球股票和债券市场状况的变化来解释。因此，为了提高识别效果，笔者将 iTraxx 指数的变化对 VSTOXX 指数、全球股市收益率、全球金融指数和 10 年期德国国债利率的变化进行回归，从而对其进行正交化处理。

表 5–2　　　　　　　　股票市场收益率之间的相关性

	stoxx	fgro	sdri	fdri
希腊				
stoxx	1.00			
fgro	0.84	1.00		
sdri	0.68	0.59	1.00	
fdri	0.61	0.53	0.95	1.00
爱尔兰				
stoxx	1.00			
fgro	0.84	1.00		
sdri	0.77	0.77	1.00	
fdri	0.59	0.63	0.74	1.00
意大利				
	stoxx	fgro	sdri	fdr
stoxx	1.00			
fgro	0.84	1.00		
sdri	0.95	0.81	1.00	
fdri	0.89	0.78	0.96	1.00
葡萄牙				
stoxx	1.00			
fgro	0.84	1.00		
sdri	0.78	0.64	1.00	
fdri	0.58	0.51	0.73	1.00
西班牙				
stoxx	1.00			
fgro	0.84	1.00		
sdri	0.92	0.77	1.00	
fdri	0.88	0.78	0.97	1.00

注：通过没有正交化的数据计算相关系数。

5.3 OLS 回归分析

如前文所述，之前的文献大多通过 OLS 模型来研究主权 CDS 利差的决定因素，这种方法假定主权信用风险的变化不会对国内经济和金融发展产生金融传染和反馈效应。含有内生变量的区制转移模型放松了这些假设。为了探究这些假设对估计结果的影响，需要对不同模型的结果进行比较。本节主要介绍 OLS 模型的结果。表 5-3 为描述性统计结果。

表 5-3 描述性统计

	CDS	forex	stoxx	gbi	itraxx	vp	fgro	sdri	svol	fdri
希腊										
平均值	42.81	0.05	-0.02	-1.39	0.12	0.00	-0.01	-0.03	-0.31	-0.04
中位数	8.00	-0.01	-0.68	-1.5	0.22	0.18	0.03	-0.32	3.87	0.19
最大值	3648.50	5.18	26.16	35.20	19.67	20.43	14.85	16.50	294.61	22.43
最小值	-1622.96	-4.20	-13.44	-36.20	-30.00	-22.04	-11.72	-16.09	-393.21	-15.00
标准差	397.60	1.40	5.88	12.59	7.19	5.34	3.83	6.89	47.40	3.88
爱尔兰										
平均值	3.47	0.05	-0.02	-1.39	0.12	0.00	-0.01	0.06	-4.28	-0.10
中位数	2.94	-0.01	-0.68	-1.5	0.22	0.18	0.03	-0.05	-0.67	-0.35
最大值	291.44	5.18	26.16	35.20	19.67	20.43	14.85	27.36	6.35	74.67
最小值	-305.68	-4.20	-13.44	-36.20	-30.00	-22.04	-11.72	-26.38	-54.16	-76.52
标准差	51.99	1.40	5.88	12.59	7.19	5.34	3.83	4.93	10.41	17.04
意大利										
平均值	2.66	0.05	-0.02	-1.39	0.12	0.00	-0.01	0.01	0.05	0.00
中位数	1.25	-0.01	-0.68	-1.5	0.22	0.18	0.03	-0.02	-2.71	0.25
最大值	132.22	5.18	26.16	35.20	19.67	20.43	14.85	7.35	156.34	8.48
最小值	-101.55	-4.20	-13.44	-36.20	-30.00	-22.04	-11.72	-7.43	-19.96	-6.49
标准差	25.85	1.40	5.88	12.59	7.19	5.34	3.83	1.99	16.34	2.64

续表

	CDS	forex	stoxx	gbi	itraxx	vp	fgro	sdri	svol	fdri
葡萄牙										
平均值	5.48	0.05	-0.02	-1.39	0.12	0.00	-0.01	-0.01	-1.46	-0.05
中位数	2.69	-0.01	-0.68	-1.5	0.22	0.18	0.03	-0.05	-1.45	0.20
最大值	354.84	5.18	26.16	35.20	19.67	20.43	14.85	13.81	25.08	22.95
最小值	-287.39	-4.20	-13.44	-36.20	-30.00	-22.04	-11.72	-10.21	-22.73	-22.36
标准差	56.81	1.40	5.88	12.59	7.19	5.34	3.83	3.38	5.78	5.79
西班牙										
平均值	2.04	0.05	-0.02	-1.39	0.12	0.00	-0.01	-0.01	-0.74	0.01
中位数	1.50	-0.01	-0.68	-1.5	0.22	0.18	0.03	-0.13	-1.83	-0.01
最大值	91.06	5.18	26.16	35.20	19.67	20.43	14.85	9.35	41.26	6.33
最小值	-107.15	-4.20	-13.44	-36.20	-30.00	-22.04	-11.72	-9.95	-16.17	-7.60
标准差	24.52	1.40	5.88	12.59	7.19	5.34	3.83	2.48	7.16	2.06

注：所有数据经过一阶差分处理。

表 5-4 对线性 OLS 回归模型 (5.1) 的估计结果进行了总结。

$$\Delta CDS_t = \Delta \chi_t' \beta + \epsilon_t \tag{5.1}$$

其中 CDS_t 表示主权 CDS 利差，χ_t 表示表 5-1 中的协变量向量，ϵ_t 是服从 i.i.d. 的误差项，Δ 是一阶差分算子。OLS 回归假设 ϵ_t 与 χ_t 无关。我们参考之前的方法使用一阶差分后的数据进行回归。

表 5-4　　　　　　　　　OLS 回归结果

	希腊	爱尔兰	意大利	葡萄牙	西班牙
constant	0.40 (0.30)	0.02 (0.04)	0.02 (0.02)	0.07 (0.04)	0.02 (0.01)
forex	-2.70 (26.43)	3.99 (3.29)	2.98** (1.32)	1.23 (3.16)	2.43** (1.28)
stoxx	-10.07 (7.26)	-0.35 (0.87)	-0.69** (0.36)	-1.28 (0.87)	-0.80** (0.34)
gbi	-0.46 (2.81)	-0.75** (0.35)	-0.55*** (0.14)	-0.63 (0.34)	-0.40*** (0.13)
itraxx	10.01** (4.49)	1.18** (0.55)	0.77*** (0.24)	0.55 (0.55)	1.01*** (0.21)

续表

	希腊	爱尔兰	意大利	葡萄牙	西班牙
vp	2.05 (8.16)	1.75 (0.99)	0.60 (0.40)	1.56 (0.97)	0.57 (0.39)
$fgro$	4.24 (8.27)	1.43 (1.07)	0.48 (0.42)	2.71*** (0.99)	0.74 (0.40)
$sdri$	-8.04 (4.52)	-0.27 (0.83)	-2.41*** (0.92)	-5.76*** (1.20)	-2.45*** (0.67)
$svol$	-0.00 (0.66)	0.06 (0.36)	0.18 (0.10)	1.74*** (0.66)	0.53** (0.23)
$fdri$	-4.19 (8.06)	-0.24 (0.23)	-1.64*** (0.61)	-2.12*** (0.63)	-0.85 (0.76)
调整 R 方	0.29	0.16	0.43	0.32	0.42
序列独立性	0.56	0.00	0.00	0.13	0.03

注：括号中的数值表示标准差，*** 表示 $p<0.01$，** 表示 $p<0.05$，序列独立性为包含二次项的序列相关性拉格朗日乘子检验的 p 值。

本书的 OLS 结果与之前的研究相一致，全球债券市场状况的变化对主权 CDS 利差的变化具有很强的解释力。具体而言，德国 10 年期国债利率的提高显著降低了爱尔兰、意大利和西班牙的主权 CDS 利差；欧洲企业信用利差的增大显著增加了希腊、爱尔兰、意大利和西班牙的主权 CDS 利差；欧元区良好的经济状况（EuroStoxx 50 收益率较高）显著降低了意大利和西班牙的主权 CDS 利差。与私人部门—公共部门风险转移假说相一致，地方金融企业业绩的改善可以降低主权 CDS 利差，并且采用意大利和葡萄牙数据的回归结果具有统计上的显著性。全球金融指数的系数为正，这不仅与 Dieckmann 和 Plack（2011）的研究结果不同[①]，也与本章上一节中所讨论的理论结果相悖。然而，由于模型（5.1）存在计量上的缺陷，点估计和基于该估计所做的推断都是不可靠的。表 5-4 中的序列独立性检验结果表明，即使只存在一种区制，基于标准误差的推断也是不准确的。在只存在一种区制的情况下，利用序列相关稳健标准误差进行推断可以修正序列相关问

[①] 虽然笔者使用的估算方法与 Dieckmann 和 Plack（2011）相同，但根据其他文献的研究结果对他们的设定进行了修改（请见本章 5.2.2 协变量），得到了与 Dieckmann 和 Plack（2011）不完全相同的结论。

题。然而，如果上述假设是不成立的，表5-4中的序列独立性检验结果同样是不可靠的。

由于某些参数只在两个区制的备择假设下可识别，而在一个区制的原假设下不可识别，所以对区制转移的检验是非常困难的。具体而言，单一区制模型可以用三种不同的方式来表示。首先，它可以是一个具有相同回归系数的两区制模型。在这种情况下，每个区制的概率是不可估计的。在另外两种情况下，单一区制模型可以被看作为回归系数不同但其中一个区域的概率为零的两区制模型。在这种表示方法中，零概率区制的回归系数是不可识别的。此外，由于概率不能大于1，因此在区制转移模型的估计中存在一个边界条件。这些条件使得似然比检验统计量不服从一般的 χ^2 极限分布。Cho 和 White（2007）针对区制转移和5%置信水平临界值提出了准似然比检验。Carter 和 Steigerwald（2011）指出 Cho 和 White（2007）得出的临界值是基于1万次重复计算得到的结果，但是低于10万次重复计算无法得到稳定的临界值，所以他们进一步给出了基于10万次重复计算所得到的5%置信水平的临界值。表5-5给出了原假设是单一区制而备择假设是两区制的准似然比检验结果，该统计量远远大于 Carter 和 Steigerwald（2011）研究中的临界值。因此，拒绝了零假设，不应基于OLS模型结果进行推断。

表5-5　　　　　　　　区制转移检验结果

	希腊	爱尔兰	意大利	葡萄牙	西班牙
统计量	462.6	115.1	75.96	157.8	75.48

注：根据 Cho 和 White（2007）提出的准似然比检验方法构造统计量，原假设为只存在一种区制。

5.4 不存在内生性的区制转移模型

本书已经对样本期间内主权 CDS 利差确定过程中存在区制转移进行了

检验。在本节中，仍然假定协变量是外生，并对区制转移模型（5.2）进行估计。

$$\Delta CDS_t = \Delta \chi'_t \beta_{S_{0t}} + u_t, S_{0t} = 1,2 \tag{5.2}$$

其中S_{0t}是一个不可观测的状态变量，u_t为误差项并且其方差依赖于所处的区制$\sigma^2_{u,S_{0t}}$。模型（5.2）与模型（5.1）相似，但是现在系数随着不可观测状态变量S_{0t}而变化。如前文所述，状态间的转移可能是由金融传染引起的。本章中，笔者假定存在两种状态，这与传统金融传染文献中假设存在两个区制（动荡/危机区制和平稳/非危机区制）相对应（Dungey et al.，2005）。状态数量少降低了维度，从而显著地提高了估计效率。[①] 在本节中，仍然假设主权信用风险变化与国内经济和金融发展之间不存在反馈效应。

表5-6总结了区制转移模型（5.2）的估计结果。不同的区制下，市场波动率$\sigma^2_{u,S_{0t}}$的估计值是不同的。样本中的每个国家都存在波动率较低的区制和波动率较高的区制。本书将低波动率的区制定义为"平稳区制"，高波动率的区制定义为"动荡区制"。值得注意的是，之前文献所考虑的决定因素在希腊和爱尔兰动荡区制中并不显著。希腊在平稳区制下不存在显著的全球变量，这与之前的研究结果相悖（Fontana and Scheicher，2010；Dieckmann and Plack，2011）。国内股市收益率是希腊唯一显著的解释变量。具体而言，希腊较高的股市收益率降低了希腊主权CDS利差。欧元兑美元贬值增加了除希腊以外所有样本国家的主权CDS利差，但在相对动荡的区制下没有任何影响。全球股市收益率的提高，在平稳区制下减少了爱尔兰的主权CDS利差，但在其他区制下和其他样本国家中没有显著影响。在OLS模型中，全球股市收益率前的系数在意大利和西班牙中显著为负。德国国债利率的提高大大降低了在平稳区制下的意大利、葡萄牙和西班牙的主权信用违约掉期（CDS）利差。动荡区制下，这种影响在意大利和西班牙依然存在，而在葡萄牙则变得不那么显著。与OLS结果相比，iTraxx指数在希腊的两种区制下都是不显著的。同样，iTraxx指数在葡萄牙的两种区制下也是不显著的，但是在爱尔兰、意大利和西班牙至少一种区制下是显著的，并

[①] 在含有内生变量的区制转移模型中，如果可能的状态从两种增加到三种，转移矩阵的维度从12增加到72。

且符号为正，这与笔者的理论推测、Fontana 和 Scheicher（2010）的研究结果相一致。全球金融指数 fgro 在意大利和葡萄牙的平稳区制下为负，这与 Dieckmann 和 Plank（2011）的结果相同。然而，当意大利和葡萄牙处于动荡区制下，其符号为正，这与 Dieckmann 和 Plank（2011）的研究结果相悖。对于每一个国家，国内因素至少在一种区制下对主权 CDS 利差存在显著影响，其符号也符合笔者的理论预期。然而，所有国内金融指标前的系数都严重依赖于所处的区制，这对 OLS 结果的可靠性提出了质疑。

表 5-6　　　　　　　　　　　　区制转移模型回归结果

	希腊		爱尔兰		意大利		葡萄牙		西班牙	
constant	0.06 (0.04)	2.38 (3.54)	0.01 (0.02)	0.00 (0.16)	0.00 (0.01)	0.02 (0.03)	0.01 (0.01)	0.06 (0.07)	0.01 (0.01)	0 (0.02)
forex	5.57 (3.61)	-71.02 (391.1)	4.13*** (1.53)	-0.52 (21.61)	2.96*** (0.7)	0.83 (3.18)	2.62*** (0.69)	-4.54 (8.48)	2.84*** (0.76)	1.38 (2.55)
stoxx	-1.44 (1.08)	-57.27 (85.44)	-0.93** (0.41)	2.74 (6.35)	-0.05 (0.27)	0 (0.68)	-0.01 (0.23)	-0.19 (1.86)	0.05 (0.26)	-0.89 (0.68)
gbi	-0.67 (0.35)	12.32 (42.35)	-0.22 (0.17)	-1.72 (1.91)	-0.21** (0.09)	-1.13*** (0.28)	-0.2** (0.10)	-1.34 (0.73)	-0.21** (0.1)	-0.84*** (0.26)
itraxx	0.89 (0.71)	27.56 (33.75)	1.08*** (0.26)	1.94 (3.77)	0.32 (0.18)	2.46*** (0.47)	0.2 (0.12)	2.21 (1.23)	0.27 (0.14)	2.19*** (0.32)
vp	-0.44 (1.06)	31.49 (78.79)	-0.09 (0.45)	5.6 (4.79)	-0.1 (0.33)	1.80*** (0.53)	-0.18 (0.27)	3.11 (2.05)	-0.15 (0.29)	0.85 (0.68)
fgro	-0.10 (1.13)	-17.01 (86.49)	-0.06 (0.48)	7.14 (8.12)	-0.96*** (0.22)	2.33** (1.06)	-0.51** (0.24)	5.08** (2.43)	-0.5 (0.32)	1.39 (0.93)
sdri	-1.37** (0.6)	-40.86 (46.31)	-0.06 (0.38)	1.33 (10.32)	-0.83 (0.62)	-6.67*** (1.32)	-0.31 (0.27)	-10.25*** (2.36)	-0.86 (0.58)	-2.6** (1.19)
svol	0.24 (0.15)	0 (5.56)	-0.13 (0.16)	9.98 (22.72)	-0.01 (0.06)	0.83*** (0.29)	0.06 (0.19)	1.05 (1.11)	0.09 (0.2)	0.42 (0.29)
fdri	0.49 (1.5)	-4.41 (52.46)	-0.29*** (0.12)	-0.06 (1.16)	-0.34 (0.36)	0.07 (1.09)	-0.09 (0.16)	-2.02 (1.39)	-0.25 (0.55)	1.67 (2.07)
p_{ii}	0.97	0.90	0.98	0.96	0.94	0.93	0.99	1	0.99	1
σ_u	0.27	5.12	0.14	0.53	0.06	0.13	0.05	0.36	0.06	0.13

注：括号中的数值表示标准差，*** 表示 $p<0.01$，** 表示 $p<0.05$，p_{ii} 表示当期为状态 i 时下期仍为状态 i 的概率。

5.5 含有工具变量的区制转移模型

与 OLS 模型一样，上述区制转移模型也假设误差项与协变量不相关，然而这种假设可能是不成立的。主权借贷的保险费可能影响借贷成本，从而影响国内经济（Delatte et al., 2012）。CDS 利差变化所隐含的主权风险预期变化也可以通过各种渠道影响国内经济（Sandleris, 2008; Brutti, 2011; Mendoza and Yue, 2012）。在这些情况下，国内变量不再是外生的，并且区制转移模型的标准极大似然估计结果是存在偏差的。Kim（2009）提出了基于工具变量的两步极大似然估计方法来解决这个问题。具体模型如下：

$$\Delta CDS_t = \Delta \chi'_t \beta_{S_{1t}} + e_t, S_{1t} = 1, 2, \cdots, J_1 \tag{5.3}$$

$$\Delta \chi_t = Z'_t \gamma_{S_{2t}} + \sum\nolimits_{v, S_{2t}}^{1/2} v_t, S_{2t} = 1, 2, \cdots, J_2 \tag{5.4}$$

其中，S_{1t} 和 S_{2t} 为不可观测状态变量；$Z_t = I_k \otimes z_t$，I_k 为 $k \times k$ 的单位矩阵，k 等于 χ_t 的维度，$\otimes$ 表示克罗内克积[①]，z_t 为 $q \times 1$ 的工具变量向量；$\sum_{v, S_{2t}}$ 为 $k \times k$ 的矩阵；J_1 和 J_2 为状态数目；e_t 和 v_t 的联合分布为：

$$\begin{pmatrix} v_t \\ e_t \end{pmatrix} \sim i.i.d. N \left(\begin{pmatrix} 0 \\ 0 \end{pmatrix}, \begin{pmatrix} I_q & \rho_{S_{1t}} \sigma_{e, S_{1t}} \\ \rho'_{S_{1t}} \sigma_{e, S_{1t}} & \sigma^2_{e, S_{1t}} \end{pmatrix} \right)$$

$\rho_{S_{1t}}$ 表示由相关系数构成的向量，$\sigma_{e, S_{1t}}$ 为 e_t 的标准差。Lucas（1976）批判表明当决定公式（5.3）的政策过程发生变化，CDS 利差决定因素的变动也会发生区制转移。因此，我们同样允许公式（5.4）存在区制转移。根据卢卡斯批判，不可观测状态变量 S_{2t} 与 S_{1t} 相关。一种用于估计由公式（5.3）和公式（5.4）所构成的系统的方法是通过事先确定 S_{1t} 和 S_{2t} 的联合路径，并利用

[①] 设 a_{ij} 为 $m \times n$ 矩阵 A 的第 i 行第 j 列的元素，$A \otimes B$ 为 $\begin{pmatrix} a_{11}b & \cdots & a_{1n}b \\ \vdots & \ddots & \vdots \\ a_{m1}b & \cdots & a_{mn}b \end{pmatrix}$。

联合极大似然法对模型进行估计。然而，正如 Kim（2009）所指出的那样，这种联合估计方法需要估计的参数过多，并且存在"维数诅咒"。此外，如果政策不是完全可信的，并且代理人在对政策做出反应的过程中需要不断学习，那么 S_{2t} 与 S_{1t} 只存在相关关系，而不是完全相同的。Kim（2009）认为，忽略状态变量之间相关性的两步估计方法受"维数诅咒"的影响较小，并且当 S_{1t} 和 S_{2t} 之间不是完全相关时，它比联合极大似然估计法对有限样本的估计效果更好。对于弱工具变量，该方法也更加稳健。Kim（2009）的两步法首先按照标准区制转移模型的估计方法对公式（5.4）进行估计。由于公式（5.4）中不存在内生的协变量，该步骤能够得到 $\gamma_{S_{2t}}$ 和 $\sum_{v,S_{2t}}$ 的一致估计。残差向量 $\hat{v}_t$ 的元素被当作在第二步对模型（5.3）的估计中的控制变量。① Kim（2009）证明，这种方法能够得到公式（5.3）中参数的一致估计。②

为了节约自由度，本书将 S_{1t} 和 S_{2t} 的可能状态限制在两种以内。金融传染文献也常常设置为两种状态（Dungey et al.，2005）。笔者将国内变量（$\Delta sdri_t$、$\Delta svolt_t$ 和 $\Delta fdri_t$）的二期和三期滞后值以及因变量 ΔCDS_t 的滞后的变量 ΔCDS_{t-2} 和 ΔCDS_{t-3} 当做工具变量。

公式（5.3）的两步估计结果如表 5-7 所示。全球债券市场状况的变化（gbi 和/或 itraxx）至少在一种区制下对各国主权 CDS 利差的变化具有显著的解释力，并且 gbi 和 itraxx 的符号与我们的理论预期相一致。具体而言，当10年期德国国债利率（gbi）的影响为显著时，其符号为负，这意味着德国国债利率作为德国经济表现的指标，当德国经济表现较好时，投资者预期欧洲外围国家的主权信用风险会下降。一方面，德国良好的经济表现可能会增加这些国家从欧洲货币联盟获得救助的可能性，因为德国在救助计划的谈判中发挥着主导作用。另一方面，德国较好的经济状况可能会影响其他欧洲货币联盟国家，并提高它们对遭遇债务危机的成员国的援助意愿。当 iTraxx 指数存在显著影响时，其符号为正。如上文所述，欧洲国家经济环

---

① 第二步估计的主要步骤请见本章附录。
② 第二步中标准误的偏差是由"生成自变量"问题导致的，表中的标准误差已经通过 kim（2009）提出的方法进行了修正。

境变得更加低迷和风险厌恶程度的增加都可能导致 iTraxx 指数上升。因此，无论是欧盟的经济状况恶化，还是风险厌恶程度增加，都会提高主权债券的保险价格。与 Fontana 和 Scheicher（2010）的研究结果相似，将 iTraxx 指数作为解释变量时，另一个衡量投资者风险偏好的指标 vp 将变得不显著。当意大利处于平稳区制下，全球金融指数显著为负。这表明意大利存在从私人部门到公共部门的风险转移。在这一区制下，当全球金融业表现糟糕时，外国会增加救助其国内金融企业的可能性，而降低帮助其他国家的意愿。因此，主权 CDS 利差会增加。全球金融业的表现而非国内金融业的表现更加重要。这一结果表明，与意大利政府不得不救助国内金融企业的可能性相比，市场更关心的是，如果意大利陷入困境，是否会有国际金融援助。在动荡区制下，$\Delta fgro_t$ 的影响在意大利微乎其微，而国内经济的影响则变得显著。这表明，在这一区制下，投资者更关心意大利的国内经济，而不是政府为纾困金融部门而存在的或有债务。在某种区制下，全球金融指数的系数在一些样本国家中是正的，却不显著。因此，全球金融指数对主权 CSD 利差没有影响而非正向影响。有趣的是，除了意大利以外，国家特定因素对主权 CDS 利差的影响很小。这一结果表明，全球因素和欧洲货币联盟整体因素是欧债危机期间主权风险变化的主要驱动力。

表 5-7　　　　　　　　包含工具变量的区制转移模型结果

	希腊		爱尔兰		意大利		葡萄牙		西班牙	
	1	2	1	2	1	2	1	2	1	2
$constant$	0.06 (0.04)	2.01 (3.64)	0.01 (0.03)	0.38 (6.05)	-0.01 (0.01)	0.03 (0.06)	0.04 (0.02)	0.22 (1.31)	0.01 (0.02)	0.00 (0.03)
$forex$	5.47 (4.25)	-38.25 (395.50)	3.93 (2.20)	3.82 (653.70)	2.47*** (0.88)	2.19 (7.08)	1.63 (2.04)	12.94 (99.84)	2.67** (1.31)	2.26 (3.19)
$stoxx$	-1.23 (1.20)	-58.30 (89.51)	-0.56 (0.51)	-6.67 (195.20)	-0.17 (0.35)	-0.05 (1.51)	-0.58 (0.61)	-10.46 (25.06)	0.02 (0.50)	-1.10 (0.83)
gbi	-0.84** (0.41)	13.08 (36.99)	-0.34 (0.23)	-2.39 (68.41)	-0.27** (0.13)	-0.95 (0.53)	-0.62*** (0.19)	3.27 (10.20)	-0.28 (0.25)	-0.74** (0.34)
$itraxx$	0.94 (0.79)	30.43 (33.88)	1.23*** (0.32)	-3.70 (199.50)	0.64*** (0.23)	1.79 (0.96)	0.72** (0.36)	4.51 (10.29)	0.39 (0.27)	1.94*** (0.47)
vp	-0.30 (1.20)	16.76 (140.90)	0.05 (0.54)	2.14 (267.00)	-0.16 (0.44)	1.67 (1.13)	0.29 (0.58)	2.36 (36.34)	0.10 (0.59)	0.87 (0.87)

续表

	希腊		爱尔兰		意大利		葡萄牙		西班牙	
	1	2	1	2	1	2	1	2	1	2
$fgro$	0.25 (1.25)	6.18 (104.10)	0.18 (0.65)	5.10 (192.00)	-0.97*** (0.32)	1.30 (2.15)	0.84 (0.70)	-1.61 (28.37)	-0.45 (0.54)	1.34 (1.12)
$sdri$	0.02 (1.93)	-36.01 (74.62)	-1.89 (1.08)	21.13 (746.50)	1.04 (1.48)	-16.78** (8.61)	-2.17 (1.64)	2.76 (84.37)	1.06 (1.61)	1.49 (3.36)
$svol$	0.24 (0.25)	-0.69 (6.99)	-0.22 (0.28)	101.60 (781.00)	-0.06 (0.09)	1.21 (1.11)	0.65 (0.70)	-11.70 (39.40)	0.15 (0.51)	0.02 (0.67)
$fdri$	0.76 (4.82)	-6.64 (64.09)	0.26 (0.34)	-16.33 (102.80)	0.18 (1.02)	2.98 (5.22)	-0.99 (0.76)	-3.00 (45.02)	-0.21 (1.44)	-0.98 (5.74)
p_{ii}	0.97	0.91	0.97	0.89	0.93	0.94	0.97	0.87	0.98	1.00
σ_u	0.39	7.00	0.22	0.55	0.08	0.16	0.20	0.49	0.08	0.18

注:括号中的数值表示标准差,*** 表示 $p<0.01$,** 表示 $p<0.05$,p_{ii} 表示当期为状态 i 时下期仍为状态 i 的概率。

5.5.1 内生性和序列独立性检验

Kim(2009)提出,解释变量的内生性可以通过对第二步的估计输出进行 Wald 检验进行判断。具体而言,在两步法估计中,内生性主要体现在第一步内生变量对工具变量的回归残差项,该残差项在第二步中当作控制变量以消除内生性。因此,我们可以通过检验第一步的残差项在第二步回归中的显著性来检验内生性。第二步估计方程可以写成:

$$\Delta CDS_t = \Delta\chi_t'\beta_{S_{1t}} + \hat{v}_t'\theta_{S_{1t}} + \omega_t, S_{1t} = 1,2,\cdots,J_1 \tag{5.5}$$

其中,$\theta_{S_{1t}}$ 是区制依赖系数的向量,$\hat{v}_t$ 是第一步中对 v_t 的估计值,ω_t 是给定状态值 S_{1t} 时的服从 $i.i.d.$ 正态分布的随机变量,其方差 $\sigma_{\omega,S_{1t}}$ 也是区制依赖的。① 不存在内生性意味着 $\theta_1 = \theta_2 = \cdots = \theta_{J_1} = 0$。在不存在内生性的零假设下,Wald 统计量 $\hat{\theta}'\widehat{\text{cov}}(\hat{\theta})^{-1}\hat{\theta}$ 的渐近服从分布 $\chi^2(h)$,其中 cov 表示协方差;$\hat{\theta} = [\hat{\theta}_1' = \hat{\theta}_2' = \cdots = \hat{\theta}_{J_1}']'$ 是向量 $\theta_{S_{1t}}$ 的估计值,其中 $S_{1t} = 1,2,\cdots,J_1$;

---

① 具体细节请见 Kim(2009)的研究。

h 为 $\hat{\theta}$ 的维度。

表 5-8 为 Wald 检验的结果。除希腊外，其他样本国家均拒绝变量为外生性的零假设，这说明控制潜在内生性的重要性。具体而言，当我们控制了内生性，所有样本国家的国内股市波动率 $svol$ 和国内金融指数 $fdri$ 的变化都会变得不显著。相比之下，葡萄牙和西班牙的 $svol$ 在 OLS 模型下是显著的，意大利的 $svol$ 在没有控制内生性的区制转移模型下且处于动荡区制时是显著的；意大利和葡萄牙的 $fdri$ 在 OLS 模型下是显著的，爱尔兰的 $fdri$ 在没有控制内生性的区制转移模型下且处于平稳区制时是显著的。当假定希腊的国内股市收益率为外生的，它是希腊处于平稳区制时唯一显著的协变量，并且一旦消除了内生性偏差，它就变得不显著了。对于葡萄牙和西班牙，国内股市收益率为外生且处于动荡区制时是（伪）显著的。总而言之，当存在内生性偏差时，国内经济和金融指标对主权 CDS 利差的作用被高估了。表 5-7 的结果表明，除意大利外，欧洲外围国家的经济发展对其主权信用风险的变化几乎没有影响，然而内生性的存在表明主权信用风险的上升的确对国内经济发展造成了影响。主权信用风险与国内宏观经济基本面之间存在正向而非反向因果关系，这与那些只关注危机以前时期的研究结果相矛盾。

表 5-8　　　　　　　　　内生性检验结果（国内变量）

	希腊	爱尔兰	意大利	葡萄牙	西班牙
Test statistics	462.6	115.1	75.96	157.8	75.48
p value	0.97	0.00	0.03	0.03	0.01

注：此处只检验国内变量的内生性，假定全球变量为外生的。

由于我们无法将 Hamilton（1996）提出的自相关检验直接用于含有内生变量的区制转移模型，所以只能通过将因变量的滞后值 ΔCDS_{t-1} 纳入第二步方程中并且检验自回归项的显著性，从而检验自相关性。并且考虑到 ΔCDS_t 和 ΔCDS_{t-1} 的高阶滞后项之间存在相关性，我们将它们从原始的工具变量中排除。换言之，我们只使用局部变量的滞后项作为工具变量。表 5-9 展示了 ΔCDS_{t-1} 的系数及其标准误。在两种区制下，因变量的滞后项在所有样本国家中都是不显著的，这表明原始模型不存在序列相关性。

表5-9　　　　　　　区制转移模型下序列相关性检验

	希腊	爱尔兰	意大利	葡萄牙	西班牙
Regime1	0.01 (0.05)	-0.03 (0.09)	0.08 (0.10)	0.07 (0.06)	0.09 (0.12)
Regime2	-0.21 (0.73)	1.40 (27.4)	-0.33 (0.27)	0.35 (0.22)	-0.02 (0.34)

注：括号中的数值为 ΔCDS_{t-1} 前系数的标准差。

5.5.2　全球金融行业表现的内生性

在之前的分析中，我们只考虑了国内变量的潜在内生性，现在我们考虑全球变量，即全球金融部门绩效的变化 $fgro_t$ 的潜在内生性。如果一国的主要 CDS 合约交易涉及诸多国外的金融企业，这种内生性就可能出现（OECD，2012）。

笔者将 $fgro$ 作为内生变量，对区制转移模型进行了重新估计，并将 $\Delta sdri_t$、$\Delta svol_t$、$\Delta fdri_t$、$\Delta fgro_t$ 的二期和三期滞后值以及因变量的滞后值 ΔCDS_{t-2} 和 ΔCDS_{t-3} 作为潜在内生变量（$\Delta sdri_t$、$\Delta svol_t$、$\Delta fdri_t$、$\Delta fgro_t$）的工具变量。基于新的估计结果，检验 $fgro$ 的内生性，即对第一步中的残差项进行显著性检验。表5-10 为检验结果，从中可以看出爱尔兰和葡萄牙主权 CDS 利差的变化至少在一种区制下对本国以外金融企业的业绩变化产生了显著影响。

表5-10　　　　　　　　$fgro$ 的内生性检验

	希腊	爱尔兰	意大利	葡萄牙	西班牙
Regime1	-0.11 (0.14)	-0.01 (0.04)	0.00 (0.02)	0.07** (0.03)	-0.01 (0.02)
Regime2	-2.14 (8.08)	1.18** (0.06)	0.00 (0.06)	0.09 (0.34)	-0.06 (0.05)

注：括号中的数值为标准差，** 表示 $p < 0.05$。

表5-11 展示了将 $fgro$ 作为内生变量后的爱尔兰和葡萄牙的估计结果。

与表 5-7 结果相一致,我们发现备选决定因素的变化并不能解释爱尔兰或葡萄牙在动荡区制下主权 CDS 利差的变化,欧元兑美元汇率和 iTraxx 指数的变化显著影响了爱尔兰在平稳区制下主权 CDS 利差的变化。具体而言,欧元相对于美元的贬值和欧洲公司 CDS 利差增加导致爱尔兰主权 CDS 利差增加。iTraxx 指数的系数为正表明低迷的经济环境增加了主权信用风险或者

表 5-11　区制转移模型结果(国内变量和 *fgro* 的工具变量)

	爱尔兰		葡萄牙	
	Regime1	Regime2	Regime1	Regime2
constant	0.01 (0.02)	0.02 (1.11)	0.02 (0.02)	0.11 (0.43)
forex	4.38*** (1.68)	-0.86 (122.8)	3.22 (1.79)	-5.26 (35.73)
stoxx	-0.71 (0.48)	1.40 (34.61)	-0.37 (0.54)	-4.36 (12.61)
gbi	-0.34 (0.18)	-1.67 (10.85)	-0.49** (0.20)	-0.91 (4.02)
itraxx	1.07*** (0.29)	0.74 (21.62)	0.59 (0.32)	4.85 (6.75)
vp	-0.10 (0.48)	4.51 (27.53)	0.24 (0.56)	3.57 (13.63)
fgro	-0.87 (0.79)	25.38 (201.3)	-1.14 (1.51)	7.25 (25.01)
sdri	-0.16 (0.20)	-1.00 (132.1)	0.57 (0.61)	-3.35 (11.37)
svol	-0.30 (0.21)	5.39 (51.48)	-0.91 (0.96)	-1.37 (33.96)
fdri	0.16 (0.94)	-40.80 (188.7)	-0.60 (1.02)	1.55 (39.63)
p_{ii}	0.98	0.95	0.96	0.92
σ_ω	0.20	0.65	0.15	0.55

注:括号中的数值表示标准差,*** 表示 $p<0.01$,** 表示 $p<0.05$,p_{ii} 表示当期为状态 i 时下期仍为状态 i 的概率。

更高的风险厌恶程度，增加了主权借贷的保险费。当葡萄牙处于平稳区制时，10 年期德国国债利率是主权 CDS 利差唯一显著的影响因素。gbi 的符号为负与本书的理论预期相一致。

5.6 金融传染与区制转移

本书已经对样本中的欧元国家主权 CDS 利差确定过程中的区制变化进行了详细的讨论。下一个问题便是，区制为什么会发生变化。这一节将证明金融传染是区制变化的重要驱动力。为了更加清晰地了解这一点，笔者使用了两种不同类型的回归方法。首先，我们运行 logit 模型：

$$\tilde{p}_t = \frac{1}{1 + \exp(-\alpha_0 - X'_{t-1}\alpha_1)}, \tag{5.6}$$

其中，$\tilde{p}_t$ 表示在给定时间 t 的信息下处于动荡区制的滤波概率，$X_t = \{\Delta CDS^2_{t-1}, JR_{t-1}\}$ 表示由解释变量滞后值所构成的向量，[1] ΔCDS^2_t 是主权 CDS 利差变动的平方值，JR_t 是全球（美国）跳跃性风险。跳跃风险与股票价格大幅下降的概率有关，并且被当作存在金融困境的市场指标。笔者使用 30 天 VIX 指数和 3 个月 VIX 指数的差值衡量美国股市的跳跃性风险，这是因为与长期波动率相比，短期波动率的下降表明股价在短期内下跌的可能性低于长期（Alexander and Kaeck, 2008）。

具体的估计结果见表 5 – 12 和表 5 – 13 的 Logit 列，其中标准差是 Newey – West 估计量[2]，这是因为 LM 检验拒绝了所有样本国家不存在序列相关性的零假设且 p 值为 0.000。美国股市跳跃性风险的上升，显著地增加了样本国家进入动荡区制的概率。这一结果表明，全球跳跃性风险的变化改变了欧

---

[1] Alexander 和 Kaeck（2008）使用了类似的方法来研究企业 CDS 市场区制转移的驱动因素，他们还将 CDS 利差的其他决定因素作为区制转移的潜在驱动因素。笔者也做了类似的尝试，但是没有发现主权 CDS 利差的其他决定因素是显著的。

[2] 为了修正异方差和自相关问题。

表 5-12 全球跳跃性风险和区制变化

国家		Logit	分位 0.1	0.2	0.3	0.4	0.5	0.6	0.7	0.8	0.9
希腊	常数项	1.92*** (0.44)	0.01 (0.05)	0.21** (0.09)	0.95*** (0.02)	1.00*** (0.00)	1.00*** (0.01)	1.00*** (0.01)	1.00*** (0.01)	1.00*** (0.00)	1.00*** (0.07)
	DCDSsq(-1)	-1.12*** (0.38)	0.00 (0.00)	-0.00 (0.00)	-0.01*** (0.00)	-0.01*** (0.00)	-0.004*** (0.000)	-0.004*** (0.000)	-0.004*** (0.000)	-0.004*** (0.000)	0.00 (0.18)
	jr(-1)	0.23** (0.09)	0.04*** (0.01)	0.04*** (0.01)	0.003** (0.001)	0.00 (0.00)	0.00 (0.00)	0.00 (0.00)	0.00 (0.00)	0.00 (0.00)	0.00 (0.00)
爱尔兰	Constant	1.11*** (0.39)	0.01 (0.04)	0.07 (0.05)	0.23** (0.12)	0.87*** (0.04)	0.99*** (0.04)	1.00*** (0.03)	1.00*** (0.03)	1.00*** (0.03)	1.00*** (0.02)
	DCDSsq(-1)	-4.57*** (1.20)	0.00 (0.02)	-0.02 (0.03)	-0.11 (0.21)	-0.24 (0.24)	-0.12*** (0.02)	-0.12*** (0.02)	-0.11*** (0.02)	-0.11*** (0.02)	-0.11*** (0.01)
	jr(-1)	0.12** (0.06)	0.04*** (0.01)	0.05*** (0.01)	0.05*** (0.01)	0.01** (0.00)	0.00 (0.00)	0.00 (0.00)	0.00 (0.00)	0.00 (0.00)	0.00 (0.00)
意大利	Constant	0.68** (0.34)	0.02 (0.04)	0.09 (0.06)	0.28*** (0.11)	0.64*** (0.11)	0.85*** (0.06)	0.94*** (0.04)	0.99*** (0.04)	0.99 (0.03)	1.00*** (0.04)
	DCDSsq(-1)	-12.39*** (3.45)	-0.22 (0.21)	-0.42 (0.39)	-0.99 (0.93)	-1.92 (1.10)	-1.56 (1.81)	-1.16 (0.29)	-0.95 (0.15)	-0.92*** (0.13)	-0.28 (2.43)
	jr(-1)	0.17*** (0.07)	0.04*** (0.01)	0.04*** (0.01)	0.04*** (0.01)	0.02*** (0.01)	0.01*** (0.00)	0.01 (0.00)	0.00 (0.00)	0.002 (0.00)	0.00 (0.00)

注:括号里面是标准差。***,**,分别代表 1%和 5%水平上显著。

表 5-13　全球跳跃性风险和区制变化（续）

国家		Logit	分位								
			0.1	0.2	0.3	0.4	0.5	0.6	0.7	0.8	0.9
葡萄牙	常数项	2.19*** (0.40)	0.34 (0.30)	0.96** (0.03)	0.99*** (0.01)	0.99*** (0.00)	0.99*** (0.00)	1.00*** (0.00)	1.00*** (0.00)	1.00*** (0.00)	1.00*** (0.00)
	DCDSsq(-1)	-3.25*** (0.69)	-0.25 (0.52)	-0.40*** (0.05)	-0.31 (0.34)	-0.25*** (0.01)	-0.12*** (0.00)	-0.12*** (0.00)	-0.08*** (0.00)	-0.08*** (0.00)	-0.08*** (0.00)
	jr(-1)	0.13** (0.07)	0.02*** (0.01)	0.00 (0.00)	0.00 (0.00)	0.00 (0.00)	0.00 (0.00)	0.00 (0.00)	0.00 (0.00)	0.00 (0.00)	-0.00 (0.00)
西班牙	Constant	0.14 (0.33)	0.00 (0.03)	0.03 (0.04)	0.09 (0.05)	0.22*** (0.07)	0.51*** (0.12)	0.78*** (0.07)	0.93*** (0.05)	0.99*** (0.04)	1.00*** (0.03)
	DCDSsq(-1)	-16.60*** (5.26)	-0.11 (0.13)	-0.17 (0.21)	-0.27 (0.36)	-0.64 (0.47)	-1.52** (0.75)	-2.11*** (0.65)	-1.62** (0.71)	-0.86*** (0.20)	-0.86*** (0.16)
	jr(-1)	0.23*** (0.08)	0.04*** (0.01)	0.04*** (0.01)	0.05*** (0.01)	0.05*** (0.01)	0.04*** (0.01)	0.02** (0.01)	0.01 (0.00)	0.00 (0.00)	0.00 (0.00)

注：括号里面是标准差。***、**分别代表1%和5%水平上显著。

元区外围国家主权 CDS 市场的不确定性，而主权 CDS 市场不确定性的变化导致了国际溢出效应的变化，这是全球金融危机"传染"给欧洲主权信贷市场的证据。在最近一段时间内，CDS 利差的增加导致处于动荡区制的概率下降。这一结果表明，尽管主权债务危机十分严重，但主权 CDS 市场不确定性的增加是有限的。

金融传染意味着全球金融危机对欧洲主权信贷市场的影响可能在不同的组别中存差异（Coprin et al. , 2013）。表 5 – 12、表 5 – 13 中的分位列展示了各个组别（每 0.1 一组）$\tilde{p}_t$ 对 X_{t-1} 的回归结果。有趣的是，在所有样本国家中，全球跳跃性风险的变化只有在低分位数组别内才是显著的，而上一期 CDS 利差的变化仅在较高分位数组别内是显著的。这些结果表明，在不确定性较低的情况下，全球金融市场跳跃性风险的上升增加了欧洲主权信贷市场的不确定性。当欧洲主权信贷市场的不确定性较高时，全球金融市场的传染对主权信贷市场的不确定性几乎没有影响。当主权信贷市场的不确定性较低时，没有相反力量来降低这种不确定性。然而，在不确定性较高的情况下，存在相反力量来降低市场的不确定性。

5.7 结论

本章研究了雷曼兄弟公司破产后欧元区 5 个国家（希腊、爱尔兰、意大利、葡萄牙和西班牙）主权 CDS 利差的决定因素。现有文献发现，主权信用风险的定价在危机时期与正常时期不同。之所以关注危机时期，是因为面临危机的决策者必须了解危机期间主权债务风险的来源，才能成功地进行危机管理。

笔者发现，全球金融市场的传染是影响样本中欧元国家主权信用风险定价的重要因素。在欧洲货币联盟外围国家的主权 CDS 市场上存在着从平静区制到动荡区制的显著变化，并且国际溢出效应在不同区制内也会发生变化。区制变化受到全球金融市场日益增加的危机风险的影响，该结论为全球金融市场向欧洲主权信贷市场传染提供了证据。

另一个有趣的发现是，样本期间内主权风险的变化主要受全球和（或）欧洲货币联盟范围的因素驱动。危机期间，希腊、爱尔兰、葡萄牙和西班牙国内经济和金融发展对其主权信用风险几乎不存在任何影响。与只关注危机之前时期的文献相比，笔者发现因果关系与他们的研究结果相反。根据内生性检验结果，危机期间内主权信用风险对国内经济和金融发展具有显著影响。

本章得到的主要启示是，研究主权信用风险定价时，应认真考虑区制转移和内生性问题。如果不考虑区制转移，金融传染作为主权风险的重要因素就会被忽略；而如果不考虑内生性问题，主权信用风险对国内经济和金融发展的反馈效应同样也会被忽略。更重要的是，忽略潜在的区制变化和内生性问题会导致估计结果偏差和错误的决策。比如，OLS 模型和假定协变量为外生的区制转移模型都表明国内经济和金融指标是欧洲外围国家主权信用风险的重要驱动因素。然而，这一推论是错误的，因为正确的模型估计结果表明国内因素的影响并不显著。

附录

第二步估计中的主要步骤

在本附录中，笔者展示了两态模型第二步估计的主要步骤，目的是估计 $\beta_{S_{1t}}$、$\theta_{S_{1t}}$、$\sigma_{e,S_{1t}}$ 和 p_{ij}，即状态 i 到状态 j 的转移概率。由公式（5.4），我们得到：

$$\hat{v}_t = \text{inv}\left(\hat{\sum}_{v,S_{2t}}^{\frac{1}{2}}\right)(\Delta \chi_t - Z'_t \hat{\gamma}_{S_{2t}}), \quad (5.7)$$

其中，$\text{inv}(\cdot)$ 表示矩阵的逆，$\hat{\sum}_{v,S_{2t}}^{1/2}$ 和 $\hat{\gamma}_{S_{2t}}$ 分别表示第一步中 $\sum_{v,S_{2t}}^{1/2}$ 和 γ_{S_t} 的估计值。

由公式（5.5）和（5.7），我们可以得到给定 S_{1t} 和 S_{2t} 时 ΔCDS_t 的条件密度函数。具体而言，对于 $j_1 = 1,2$ 和 $j_2 = 1,2$，密度函数可以表示为：

$$f(\Delta CDS_t \mid \Delta Z_t, \Delta \chi_t, S_{1t} = j_1, S_{2t} = j_2; \lambda_1, \hat{\lambda}_2) = \frac{1}{\sqrt{2\pi \sigma_{\omega,j_1}^2}} \exp\left\{-\frac{1}{2\sigma_{\omega,j_1}^2}\right.$$

$$\{\Delta CDS_t - \chi'_t \beta_{j_1} - [\text{inv}(\hat{\sum}_{v,S_{2t}}^{1/2})(\Delta \chi_t - Z'_t \hat{\gamma}_{j_2})]' \theta_{j_1}\}^2$$

其中，λ_1 表示第二步中需要估计的参数向量，$\hat{\lambda}_2$ 表示第一步中估计的参数向量。

通过对区制转移模型的标准平滑化，我们可以从第一步的估计得到 $\text{Prob}(S_{2t}=1 \mid \Delta \tilde{\chi}_T)$ 和 $\text{Prob}(S_{2t}=2 \mid \Delta \tilde{\chi}_T)$，其中 $\Delta \tilde{\chi}_t$ 表示时间点 t 所拥有的历史信息，T 表示样本期间最后的时间点。① 我们可以计算条件密度：对于 $j_1 = 1,2$ 有：

$$f(\Delta CDS_t \mid \Delta Z_t, \Delta \chi_t, S_{1t}=j_1; \lambda_1, \hat{\lambda}_2) = f(\Delta CDS_t \mid \Delta Z_t, \Delta \chi_t, S_{1t}=j_1, S_{2t}=1; \lambda_1, \hat{\lambda}_2) \times \text{Prob}(S_{2t}=1 \mid \Delta \tilde{\chi}_T) + f(\Delta CDS_t \mid \Delta Z_t, \Delta \chi_t, S_{1t}=j_1, S_{2t}=2; \lambda_1, \hat{\lambda}_2) \times \text{Prob}(S_{2t}=2 \mid \Delta \tilde{\chi}_T)$$

我们将时间点 $t-1$ 之前关于 ΔCDS_t 的历史信息表示为 $\Delta \widetilde{CDS}_{t-1}$。如果已知 $\text{Prob}(S_{1t}=j_1 \mid \Delta \widetilde{CDS}_{t-1}, \Delta \tilde{\chi}_T)$，我们可以通过以下公式计算 ΔCDS_t 的预测密度函数：②

$$f(\Delta CDS_t \mid \Delta \widetilde{CDS}_{t-1}, \Delta \tilde{\chi}_T; \lambda_1, \hat{\lambda}_2) = f(\Delta CDS_t \mid \Delta Z_t, \Delta \chi_t, S_{1t}=1; \lambda_1, \hat{\lambda}_2) \times \text{Prob}(S_{1t}=1 \mid \Delta \widetilde{CDS}_{t-1}, \Delta \tilde{\chi}_T) + f(\Delta CDS_t \mid \Delta Z_t, \Delta \chi_t, S_{1t}=2; \lambda_1, \hat{\lambda}_2) \times \text{Prob}(S_{1t}=2 \mid \Delta \widetilde{CDS}_{t-1}, \Delta \tilde{\chi}_T)$$

然而，我们并不知道 $\text{Prob}(S_{1t}=j_1 \mid \Delta \widetilde{CDS}_{t-1}, \Delta \tilde{\chi}_T)$。给定初始值 $\text{Prob}(S_{1,0}=j_1 \mid \Delta \widetilde{CDS}_{t-1}, \Delta \tilde{\chi}_T)$，我们可以通过以下公式计算滤波概率：

$$\text{Prob}(S_{1t}=1 \mid \Delta \widetilde{CDS}_{t-1}, \Delta \tilde{\chi}_T) = p_{11} \text{Prob}(S_{1,t-1}=1 \mid \Delta \widetilde{CDS}_{t-1}, \Delta \tilde{\chi}_T) + p_{21} \text{Prob}(S_{1,t-1}=2 \mid \Delta \widetilde{CDS}_{t-1}, \Delta \tilde{\chi}_T)$$

同理：

$$\text{Prob}(S_{1t}=2 \mid \Delta \widetilde{CDS}_{t-1}, \Delta \tilde{\chi}_T) = p_{12} \text{Prob}(S_{1,t-1}=1 \mid \Delta \widetilde{CDS}_{t-1}, \Delta \tilde{\chi}_T) + p_{22} \text{Prob}(S_{1,t-1}=2 \mid \Delta \widetilde{CDS}_{t-1}, \Delta \tilde{\chi}_T)$$

---

① 关于标准区制转移模型的细节请参见 Hamilton（1994）的研究。
② 在笔者的模型中，Z_t 包括 CDS_t 和 χ_t 的历史值。

则对于 $j_1 = 1,2$：

$$\text{Prob}(S_{1t} = j_1 \mid \Delta \widetilde{CDS}_t, \Delta \tilde{\chi}_T)$$

$$= \frac{f(\Delta CDS_t \mid \Delta Z_t, \Delta \chi_t, S_{1t} = j_1, S_{2t} = 1; \lambda_1, \hat{\lambda}_2) \times \text{Prob}(S_{1t} = j_1 \mid \Delta \widetilde{CDS}_{t-1}, \Delta \tilde{\chi}_T)}{f(\Delta CDS_t \mid \Delta \widetilde{CDS}_{t-1}, \Delta \chi_t; \lambda_1, \hat{\lambda}_2)}$$

本章参考文献

Aizenman, J., Hutchison, M., Jinjarak, Y., 2013. "What is the Risk of European Sovereign Debt Defaults? Fiscal Space, CDS Spreads and Market Pricing of Risk." *J. Int. Money Financ.* 34 (C): 37–59.

Alexander, C., Kaeck, A., 2008. "Regime Dependent Determinants of Credit Default Swap Spreads." *J. Bank. Financ.* 32 (6): 1008–1021.

Arora, V., Cerisola, M., 2001. "How does U.S. Monetary Policy Influence Sovereign Spreads in Emerging Markets?" *IMF Staff Pap.* 48 (3), 3.

Baek, I.-M., Bandopadhyaya, A., Du, C., 2005. "Determinants of Market-assessed Sovereign Risk: Economic Fundamentals or Market Risk Appetite?" *J. Int. Money Financ.* 24 (4): 533–548.

Baldacci, E., Gupta, S., Mati, A., 2011. "Political and Fiscal Risk Determinants of Sovereign Spreads in Emerging Markets?" *Rev. Dev. Econ.* 15 (2): 251–263.

Barro, R. J., 2006. "Rare Disasters and Asset Markets in The Twentieth Century?" *Q. J. Econ.* 121 (3): 823–866.

Beirne, J., Fratzscher, M., 2013. "The Pricing of Sovereign Risk and Contagion During the European Sovereign Debt Crisis." *J. Int. Money Financ.* 34 (C): 60–82.

Belo, F., Gala, V. D., Li, J., 2013. "Government Spending, Political Cycles, and The Cross Section of Stock Returns." *J. Financ. Econ.* 107 (2): 305–324.

Bjørnland, H. C., Leitemo, K., 2009. "Identifying the Interdependence between US Monetary Policy and The Stock Market?" *J. Monet. Econ.* 56 (2): 275–282.

Boehmer, E., Megginson, W. L., 1990. "Determinants of Secondary Market Prices for Developing Country Syndicated Loans?" *J. Financ.* 45 (5): 1517–1540.

Brutti, F., 2011. Sovereign Defaults and Liquidity Crises? J. Int. Econ. 84 (1): 65–72.

Cantor, R., Packer, F., 1996. "Determinants and Impact of Sovereign Credit Ratings?" *J. Fixed Income* 6 (3): 76 – 91.

Caporin, M., Pelizzon, L., Ravazzolo, F., Rigobon, R., 2013. "Measuring Sovereign Contagion in Europe, NBER Working Papers 18741." *National Bureau of Economic Research*, Inc.

Carter, A., Steigerwald, D., 2011. "Markov Regime – switching Tests: Asymptotic Critical Values." University of California at Santa Barbara, *Economics Working Paper Series* 08 – 12 – 2011, Department of Economics, UC Santa Barbara.

Charles, A., Darne, O., 2014. "Large shocks in the volatility of the Dow Jones industrial average index: 1928 – 2013." *J. Bank. Financ.* 43 (0): 188 – 199.

Cho, J. S., White, H., 2007. Testing for regime switching? Econometrica 75 (6): 1671 – 1720.

Collin – Dufresne, P., Goldstein, R. S., Martin, J. S., 2001. "The Determinants of Credit Spread Changes?" *J. Financ.* 56 (6): 2177 – 2207.

D'Agostino, A., Ehrmann, M., 2014. "The Pricing of G7 Sovereign Bond Spreads: The Times, They are A – changin." *J. Bank. Financ* 47 (C): 155 – 176.

Dailami, M., Masson, P. R., Padou, J. J., 2008. "Global Monetary Conditions Versus Country – specific Factors in The Determination of Emerging Market Debt Spreads?" *J. Int. Money Financ* 27 (8): 1325 – 1336.

Danilov, D., Magnus, J. R., 2004. "On The Harm That Ignoring Pretesting can Cause." *J. Econom* 122: 27 – 46.

Delatte, A. – L., Gex, M., López – Villavicencio, A., 2012. "Has the CDS Market Influenced The Borrowing Cost of European Countries during The Sovereign Crisis?" *J. Int. Money Financ* 31 (3): 481 – 497.

Dieckmann, S., Plank, T., 2011. "Default Risk of Advanced Economies: An Empirical Analysis of Credit Default Swaps During The Financial Crisis." *Rev. Financ.*, 1 – 32.

Dungey, M., Fry, R., Gonzalez – Hermosillo, B., Martin, V., 2005. "Empirical Modelling of Contagion: A Review of Methodologies?" *Quant. Financ.* 5 (1): 9 – 24.

Edwards, S., 1984. "LDC Foreign Borrowing and Default Risk: An Empirical Investigation, 1976 (80). Am." *Econ. Rev* 74 (4): 726 – 734.

Eichengreen, B., Mody, A., 1998. "What Explains Changing Spreads on Emerging Market Debt: Fundamentals or Market Sentiment?" NBER Working Papers 6408, *National Bureau of Economic Research*, Inc.

Ericsson, J. , Jacobs, K. , Oviedo, R. , 2009. "The Determinants of Credit Default Swap Premia?" *J. Financ. Quant. Anal* 44 (01): 109 – 132.

Fama, E. F. , French, K. R. , 1989. "Business Conditions and Expected Returns on Stocks and Bonds?" *J. Financ. Econ.* 25 (1): 23 – 49.

Fender, I. , Hayo, B. , Neuenkirch, M. , 2012. "Daily Pricing of Emerging Market Sovereign CDS Before and During The Global Financial Crisis?" *J. Bank. Financ* 36 (10): 2786 – 2794.

Flannery, M. J. , Protopapadakis, A. A. , 2002. Macroeconomic Factors do Influence Aggregate Stockreturns? Rev. Financ. Stud. 15 (3): 751 – 782.

Fontana, A. , Scheicher, M. , 2010. "An Analysis of Euro Area Sovereign CDS and Their Relation with Government Bonds." *Working Paper Series* 1271, European Central Bank.

Forbes, K. , 2012. "The 'Big C': Identifying Contagion, NBER Working Papers 18465." *National Bureau of Economic Research*, Inc.

Forbes, K. J. , Rigobon, R. , 2002. "No Contagion, Only Interdependence: Measuring Stock Market Comovements." *J. Financ.* 57 (5): 2223 – 2261.

Gabaix, X. , 2012. "Variable Rare Disasters: An Exactly Solved Framework for Ten Puzzles in Macro – finance?" *Q. J. Econ* 127 (2): 645 – 700.

Garman, M. B. , Klass, M. J. , 1980. "On the Estimation of Security Price Volatilities From Historical Data?" *J. Bus.* 53 (1): 67 – 78.

Gilbert, T. , 2011. "Information Aggregation Around Macroeconomic Announcements: Revisions Matter?" *J. Financ. Econ.* 101 (1): 114 – 131.

Hamilton, J. D. , 1994. *Time Series Analysis.* Princeton University Press.

Hamilton, J. D. , 1996. "Pecification Testing in Markov – switching Time – series models?" *J. Econom* 70 (1): 127 – 157.

Hilscher, J. , Nosbusch, Y. , 2010. "Determinants of Sovereign Risk: Macroeconomic Fundamentals and The Pricing of Sovereign Debt?" *Rev. Financ* 14 (2): 235 – 262.

IMF, 2013. Global Financial Stability Report: Old Risks, New Challenges, Technical Report, International Monetary Fund.

Kamin, S. B. , von Kleist, K. , 1999. "The Evolution and Determinants of Emerging Market Credit Spreads in the 1990." International Finance Discussion Papers 653, *Board of Governors of the Federal Reserve System.*

Kim, C. – J. , 2009. Markov – Switching Models with Endogenous Explanatory Variables ii: a two – step MLE procedure? J. Econom. 148 (1): 46 – 55.

Koop, G., Korobilis, D., 2014. "A New Index of Financial Conditions." *Eur. Econ. Rev* 71 (C): 101 – 116.

Longstaff, F. A., Pan, J., Pedersen, L. H., Singleton, K. J., 2011. "How Sovereign is Sovereign Credit Risk?" *Am. Econ. J. Macroecon* 3 (2): 75 – 103.

Lucas, R., 1976. "Econometric Policy Evaluation: A Critique. Carnegie – Rochester Conf." Ser. *Public Policy* 1, 19 – 46.

Mendoza, E. G., Yue, V. Z., 2012. "A General Equilibrium Model of Sovereign Default and Business Cycles?" *Q. J. Econ* 127 (2): 889 – 946.

Min, H. G., 1998. "Determinants of Emerging Market Bond Spread: Do Economic Fundamentals Matter?" *Policy Research Working Paper Series 1899*. The World Bank.

OECD, 2012. *OECD Sovereign Borrowing Outlook 2012*. OECD Publishing.

Pan, J., Singleton, K. J., 2008. "Default and Recovery Implicit in the Term Structure of Sovereign CDS Spreads?" *J. Financ* 63 (5): 2345 – 2384.

Pericoli, M., Sbracia, M., 2003. "A Primer on Financial Contagion?" *J. Econ. Surv* 17 (4): 571 – 608.

Sandleris, G., 2008. Sovereign Defaults: Information, Investment and Credit. J. Int. Econ. 76 (2): 267 – 275.

Wachter, J. A., 2013. "Can Time – varying Risk of Rare Disasters Explain Aggregate Stock Market Volatility?" *J. Financ* 68 (3): 987 – 1035.

第6章 基于混频向量自回归模型的宏观经济预测

摘要：本章研究了混频（MF-）相对于季度同频（QF-）向量自回归模型在预测中国宏观经济指标的比较优势。实证结果表明，十四变量MF-BVAR模型在短期动态预测和长期静态预测的表现上均显著优于QF-BVAR模型、QF-VAR模型以及基于同频数据的随机游走模型；在宏观变量模型中添加金融市场变量之后，季度内不同时点的区间预测显示MF-BVAR模型对于季度内新增信息的获取能力以及对短期走势的捕捉和拟合能力优于QF-BVAR模型，体现出新增信息对于混频模型预测能力的重要影响。

6.1 引言和文献综述

在宏观经济分析中，由于微观基础数据的难以获得性和随机外生冲击对宏观指标的影响（例如通货膨胀率，尹力博和韩立岩，2014），加之经济各部门本身的复杂性和不确定性，宏观经济指标的预测非常困难，政策制定者的决策所依据的宏观指标预测如果存在较大误差则可能做出错误的决定。在该问题上，Litterman（1986）指出此类错误除了归咎于获取可靠基础数据的困难，缺乏准确的计量手段建立模型同样是一个重要原因。因此，本书致力于探讨如何通过改良的计量经济学模型从而更加科学准确地对宏观经济变量，尤其是宏观经济管理部门如人民银行所重点关注的物价指标

(CPI、RPI)和 GDP 增长率指标进行样本外预测,为政策制定提供具备前瞻性的理论工具和实证证据。

目前,被各国中央银行所广泛使用的基准宏观预测模型是由 Sims(1980)提出的向量自回归模型(Vector Auto – regression,VAR)。相比其他结构化模型而言,VAR 模型的构造使其规避内生性问题并具有预测精度高和估计简便的优势。例如,英格兰银行为准确预测关键宏观经济指标分别构建了差分 VAR、递归 VAR、贝叶斯 VAR(BVAR)、包含货币政策的 BVAR 等模型,并将各个模型的预测值进行加权平均求得终值,用以指导前瞻性政策的制定;中国人民银行参考传统的季度同频 VAR 模型(QF – VAR)以及 Logit – VAR 月度模型进行基准预测。在对中国的宏观经济预测方面,最前沿的尝试是应用 BVAR 模型对中国宏观经济变量进行预测。典型文献可参考周建、况明(2015)的研究,该研究基于 BVAR 模型理论上的优越性和准确性,将其引入中国宏观经济系统的动态传导机制分析,首次建立中型宏观系统的季度同频模型(QF – BVAR),并与传统 VAR 模型进行对比,发现 QF – BVAR 模型的动态预测误差显著小于 QF – VAR 模型且结果稳健。因此,以 QF – BVAR 模型作为基准模型应用于中国宏观政策分析和预测中具有更高的可靠性。

然而,传统意义上基于同频宏观数据的模型和其若干增广形式,在实证应用时存在诸多局限和与实际数据生成过程的背离。首先,与更容易观测和收集的集中交易数据(例如股票、债券、外汇价格等)相比,宏观变量只能以较低的时间频率进行收集汇总(例如国民经济各部门核算指标)。其原因在于:一方面,数据本身的收集链条长、成本高,即使想要生成高频数据,时效性也难以保证;另一方面,生产企业存货去化速率具有随机性,即使能够进行较短时间窗口的收集处理,最终的汇总数字也并不能保证精确性,反而不如时间窗口较长的低频数据。其次,对于不同频率的数据,传统的计量方法是通过加总法或均值法将较高频率数据(例如日度数据)转化为低频数据(例如月度、季度或年度数据),抑或是通过插值法进行反方向处理(低频变高频),然后建立同频模型加以分析预测。近年来的研究指出,传统模型的同频转化方式存在模型预测效率方面的挑战,考虑低频宏观指标在高频的市场化指标建模中往往以损失高频信息为代价,同时也会失去模型预测的时效性及精确性,从而无法及时满足经济行为人的迫切要求(尚玉皇、郑挺国,2016)。

在过往文献中,为突破同频 VAR 模型的局限,Zadrozny(1988,1990,2008)首次提出了混频向量自回归移动平均模型(MF – VARMA),并将模型表达为状态空间的形式。从原理上来说,MF – VARMA 模型是把低频数据看作有缺失的高频数据,运用卡尔曼滤波的方法对缺失值进行估计。在实证中,该模型预测美国国民生产总值的效果显著好于同频自回归模型。类似方法相继在 Brockwell 等人(1987)、Mariano 和 Murasawa(2003,2010)以及 Foroni 等人(2013)的研究中被采用,但这种估计方法在高维 VAR 模型的大参数空间下会出现似然方程的非正态性等问题,给参数估计和统计检验带来麻烦。Chiu 等人(2011)和 Eraker 等人(2015)提出在贝叶斯估计的基础上使用吉布斯抽样的改进方法,避免上述问题,因而在一定程度上提高了估计效果。Schorfheid 和 Song(2012)进一步基于明尼苏达先验分布(Minnesota prior)的贝叶斯估计方法建立混频向量自回归模型(MF – BVAR),该模型对美国宏观经济的预测结果得到进一步改善[①]。

在绝大部分实证分析中,多数研究主要关注模型参数估计以及变量间的影响机制而非预测,并希冀通过"全信息"形式的实证数据更加深入地研究经济变量之间的影响效应。Schorfheid 和 Song(2012)比较了十一维 MF – BVAR 模型与 QF – VAR 模型在美国 2008 年金融危机期间对 GDP、通胀及失业率的预测表现,发现月度变量的加入带来显著预测改善;Pirschel(2015)发现 MF – BVAR 模型在 2008—2009 年经济衰退以及 2011—2013 年欧债危机期间表现出对 GDP 极优的预测能力,因而对罕见的经济事件有更好的捕捉和预报能力。Chiu 等人(2011)针对经济增长、工业产值及利率指

---

① 在其他类别的混频方法中,最被广泛研究的是由 Ghysels 等人(2004)提出的 MIDAS 模型。MIDAS 模型基于分布滞后特征,本质是将参数化的、不同频率抽样的单方程回归。在预测的表现方面,Kuzin 等人(2011)研究并比较了 MF – BVAR 模型与 MIDAS 模型对欧洲地区 GDP 增长的预测能力,提出两种模型更类似于互补而非替代关系,即 MIDAS 模型适用于短期预测,而 MF – BVAR 模型在长期预测表现更佳。该类模型在中国宏观经济中的应用包括:刘汉和刘金全(2011)、郑挺国和尚玉皇(2013)、龚玉婷等(2014)、李正辉和郑玉航(2015),等等。另外,混频方法还包含:Baffigi(2004)的桥接方程法、Creal 等(2014)、Blasques 等(2016)的混频动态因子模型。笔者限于篇幅和研究重点,不再对上述方法进行详细描述。

标建立混频模型,对比了季度同频 QF-VAR 模型和 MF-BVAR 模型的估计参数以及二者的脉冲响应函数,得到的结论是 MF-BVAR 模型参数的后验分布对实际值的偏离更小,估计更准确。Götz 等人(2016)提出贝叶斯方法对混频模型下格兰杰因果检验效果存在改善。

  本章的重点是对中国主要宏观指标的预测,分析 Schorfheid 和 Song(2012)的 MF-BVAR 模型,对于中国宏观经济指标的预测效果,并通过加入资本市场数据进行拓展分析,探索混合频率模型对于中国宏观经济指标的影响。本章模型中允许较多变量共存的同时提高模型估计过程的自由度,从而实现高精度预测。具体来说,本章尝试突破经典 VAR 模型屈服于数据频率和自由度不能处理复杂系统的局限,并规避对于变量选择的主观性问题(Yin and Han, 2016)尽可能减少不同频率数据之间必须进行妥协(混频变为同频)所造成的估计误差,进而改善预测效果并尽可能精确刻画中国宏观经济变量之间的动态机制。目前来看,在中国的宏观经济分析和预测中,尚无基于 MF-BVAR 模型的基础性尝试和拓展。然而,中国宏观经济数据的若干关键指标的统计频率普遍低于美国,例如国家统计局官方发布的中国国民经济核算各指标数值,普遍依季度频率,与美国普遍的月度频率有一定差距,如若按照传统方法建立大规模结构化方程组时使用季度频率,则其他月度频率的关键指标(通货膨胀率、M2 增速、社会消费品零售总额、金融机构贷款余额等)就不得不降月频为季频数据,从而丧失短期信息,人为平滑时间序列动态特征,给基于该模型的经济预测带来不可避免的测量误差。这样的数据现状使得能够基于混频数据的大规模结构化方程组和相应估计方法在中国变得尤其迫切,这也是本章研究的主要贡献。本章研究以分析中国宏观经济运行的文献(周建和况明,2015)中所采用的 QF-BVAR 为基准模型,并将其与笔者基于 MF-BVAR 建立的模型进行预测效果比较,从而检验 MF-BVAR 模型在分析中国宏观经济运行中的表现。具体来说,本章研究选取十四维混合频率变量进行短期动态预测和中长期静态预测,探讨 MF-BVAR 模型与传统 QF-BVAR 模型(周建和况明,2015)在预测中国宏观变量精度之间的差异;在此基础上,通过增加金融市场变量并改变季度内的预测时点进一步观察模型预测能力的改善,特别是对于 GDP 增长率和通货膨胀率的预测。实证结果显示,我们基于 MF-

BVAR 建立的中国宏观经济预测模型具有显著的比较优势：涵盖宏观变量的十四维 MF－BVAR 模型对于物价指数 CPI 和 RPI 以及 GDP 增长率的预测明显优于同频模型；通过添加金融市场变量，季度内不同时点的区间预测显示出 MF－BVAR 模型的预测更加平滑，另外对于季度内新信息的容纳能力以及对短期走势的捕获能力也明显优于同频模型。

本章余下部分将以如下顺序展开：第 2 节描述 MF－BVAR 模型与估计方法；第 3 节阐释变量的选择与实证数据的处理；第 4 节给出实证结果并比较混频与同频模型的预测效果差异；第 5 节为文章结论。

6.2 MF－BVAR 模型

传统的 p 阶滞后的向量自回归模型 VAR（p）可表示为如下形式：

$$X_t = \phi_1 X_{t-1} + \cdots + \phi_{t-p} X_{t-p} + \phi_c + u_t, u_t \sim N(0, \sum) \quad (6.1)$$

其中 t 为某一固定频率（季度或者月），X_t 为 n 维的内生变量向量，u_t 为误差项向量，$\sum$ 是方差协方差矩阵。在实证分析中，如果 X_t 中的变量能够全部以月度频率被观测，则统计推断和预测可以充分利用这些信息。但在实践中，部分变量会以季度频率进行统计汇总，如 GDP 等。在这种统计汇总频率不一致的情况下，如果要在实证模型中保留全部的变量，则只能将模型的频率降频为季度，从而放弃月度变量的很多信息；而如果使用月度模型，则必须剔除 GDP 或者寻找它的月度频率上的替代变量，这样一来，研究者就要承担使用替代变量所带来的度量误差，而且无从得知这个度量误差到底有多大。与传统的 VAR 模型相比，MF－VAR 模型的优势是能够将月度和季度数据混在一起做模型估计，从而避免上述问题。MF－VAR 模型处理混频数据的原则是将低频数据看作有缺失值的高频数据，利用状态空间模型对缺失值进行估计，进而最大程度地拟合出月度频率数据。现假设 X_m 是 $n_m \times 1$ 的月度频率向量，X_q 是 $n_q \times 1$ 的季度频率向量，则可将 X_q 看作有缺失值的月度频率变量，有：

$$x_t = (x'_{m,t}, x'_{q,t})', \quad n = n_m + n_q$$

进一步定义矩阵：

$$\phi = [\phi_1, \cdots, \phi_p, \phi_c]',$$
$$z_t = [x'_t, \cdots, x'_{t-p+1}]'$$

则式（6.1）可改写为：

$$z_t = F_1(\phi)z_{t-1} + F_c(\phi) + \nu_t, \quad \nu_t \sim N[0, \Omega(\Sigma)] \tag{6.2}$$

其中，$F_1(\phi)$ 与 $F_c(\phi)$ 为系数矩阵，$\Omega(\Sigma)$ 为方差协方差矩阵。式（6.2）构成了状态空间模型中的转移方程，描述状态变量的动态行为，也是状态变量的一阶差分方程。

接下来，需要建立状态空间模型中的量测方程。这里面主要考虑对缺失值的处理①，将观测变量向量维度进行调整和转换，并引入时间 t 从而考察时间序列的动态过程。假设可观测月度变量截止时间为 T，季度变量截止时间为 T^*，且有 $T^* \leq T$，那么对于月度变量的实际观测值（用 $y_{m,t}$ 表示），需满足：

$$y_{m,t} = x_{m,t}, \quad t \leq T^* \tag{6.3}$$

对季度变量 $x_{q,t}$，需满足：

$$\tilde{y}_{q,t} = \frac{1}{3}(x_{q,t} + x_{q,t-1} + x_{q,t-2}) = \Lambda_q z_t \tag{6.4}$$

其中，$n_q \times 1$ 向量 $\tilde{y}_{q,t}$ 包含了每三个月才能够被观测的季度频率数据的平均值。根据式（6.4），不可观测的潜在序列与能够观测的季度序列能够通过矩阵形式转化。引入选择矩阵 $M_{q,t}$，令其随 t 变化，取值分别为单位矩阵（预测时点为每季度末月，即 3、6、9、12 月）或空矩阵（预测时点非季度末月），可以构建月度时间序列：

$$y_{q,t} = M_{q,t}\tilde{y}_{q,t} = M_{q,t}\Lambda_q z_t, \quad t \leq T^* \tag{6.5}$$

对于 $t = T^* + 1, \cdots, T$，若没有可观测的季度频率数据，但月度频率数据可以观测，则令 $y_{m,t}$ 表示在此区间的月度变量时间序列：

$$y_{m,t} = M_{m,t}x_{m,t}, \quad t = T^* + 1, \cdots, T \tag{6.6}$$

其中 $M_{m,t}$ 为选择矩阵，式（6.3）至式（6.6）构成状态空间模型中的量测

---
① 参考 Durbin 和 Koopman（2001）的研究。

方程，用以描述观测变量和不可观测变量之间的关系。式（6.2）至式（6.6）共同构成 MF-VAR 模型的状态空间模型形式。模型的参数估计方法为贝叶斯推断，贝叶斯推断是以已知样本的似然函数和先验分布为基础，依次对矩阵 $F_1(\phi)$、$F_c(\phi)$、$\Omega(\Sigma)$ 以及潜在的月度观测序列进行估计的过程。本书沿用 Schorfheide 和 Song（2012）的贝叶斯方法估计上述模型，从而得到 MF-BVAR 模型。

本章在实证结果部分将给出基于基准模型的样本外预测（pseudo-out-of-sample），比较使用基于季度同频变量集的系列模型与混合频率系列模型的静态和动态预测能力，最终判断 MF-BVAR 模型使用全信息集对预测结果的改善程度。

6.3 数据及变量选取

本章研究的基准模型选取 14 个中国宏观经济变量，其中 4 个经济变量为季度频次数据，分别为：国内生产总值（GDP）、银行间隔夜同业拆借利率（IBWAR）、房地产开发企业商品房新开工面积同比增速（HSTARTS）、国房景气指数（RECI）。另 10 个变量为月度频次数据，分别为：居民消费价格指数（CPI）、商品零售价格指数（RPI）、货币和准货币期末同比增速（M2）、社会消费品零售总额同比增速（TRSCG）、金融机构人民币各项贷款余额期末同比增速（TLOAN）、进口额同比增速（IMPORT）、出口额同比增速（EXPORT）、工业增加值同比增速（INDVALADD）、发电量同比增速（ELEC）、宏观先行合成指数（LEADINGINDEX）。本章研究在稳健性分析中亦尝试将除 GDP 之外的所有指标均调整为月度数据并回归混频模型。本章研究在拓展模型中添加的金融市场变量是上证综指（SZIndex），并将其处理成为月度同比增长率。所有变量的时间跨度选取为 1997 年第一季度（1997Q1）至 2016 年第 4 季度（2016Q4），样本内预测期的选取将在后文实证部分详细说明。各变量的定义及其处理方式详见表 6-1，各变量的历史趋势见图 6-1。

表 6-1 宏观经济变量一览表

数据频率	变量名	定义	处理方式
季度	GDP	国内生产总值	
	IBWAR	银行间隔夜同业拆借利率	使用季度内月平均值作为季度变量值*
	HSTARTS	商品房新开工面积同比增速	使用季度内月平均值作为季度变量值*
	RECI	国房景气指数	同比月度数据减去100，使用季度内月平均值作为季度变量值*
月度	CPI	居民消费价格指数	月度数据减去100（同比增长率）
	RPI	商品零售价格指数	月度数据减去100（同比增长率）
	M2	货币和准货币期末同比增速	
	TRSCG	社会消费品零售总额同比增速	
	TLOAN	金融机构人民币各项贷款余额期末同比增速	
	IMPORT	进口额同比增速	
	EXPORT	出口额同比增速	
	INDVALADD	工业增加值同比增速	
	ELEC	发电量同比增速	
	LEADINGINDEX	宏观先行合成指数	月度数据减去100（同比增长率）
	SZIndex	上证综指	月度数据转化为同比增长率*

注：上表中，商品房新开工面积数据来自 CEIC 数据库，其他所有数据来自中经网统计数据库。

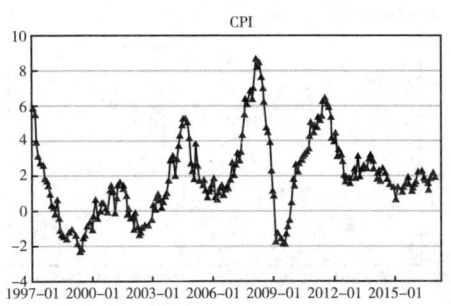

CPI

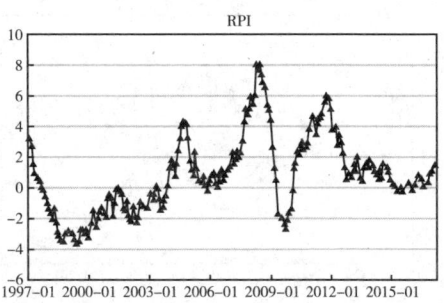

RPI

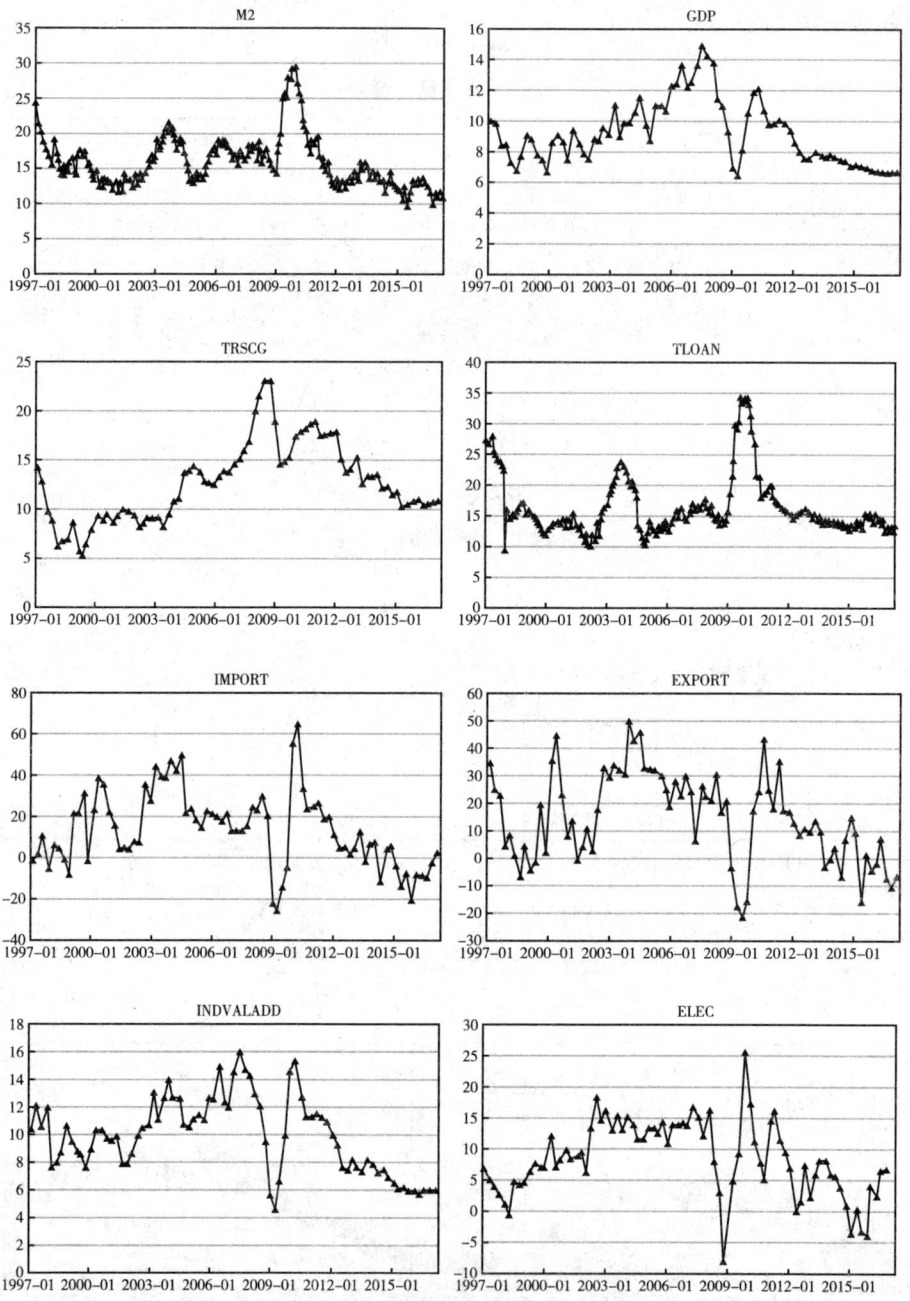

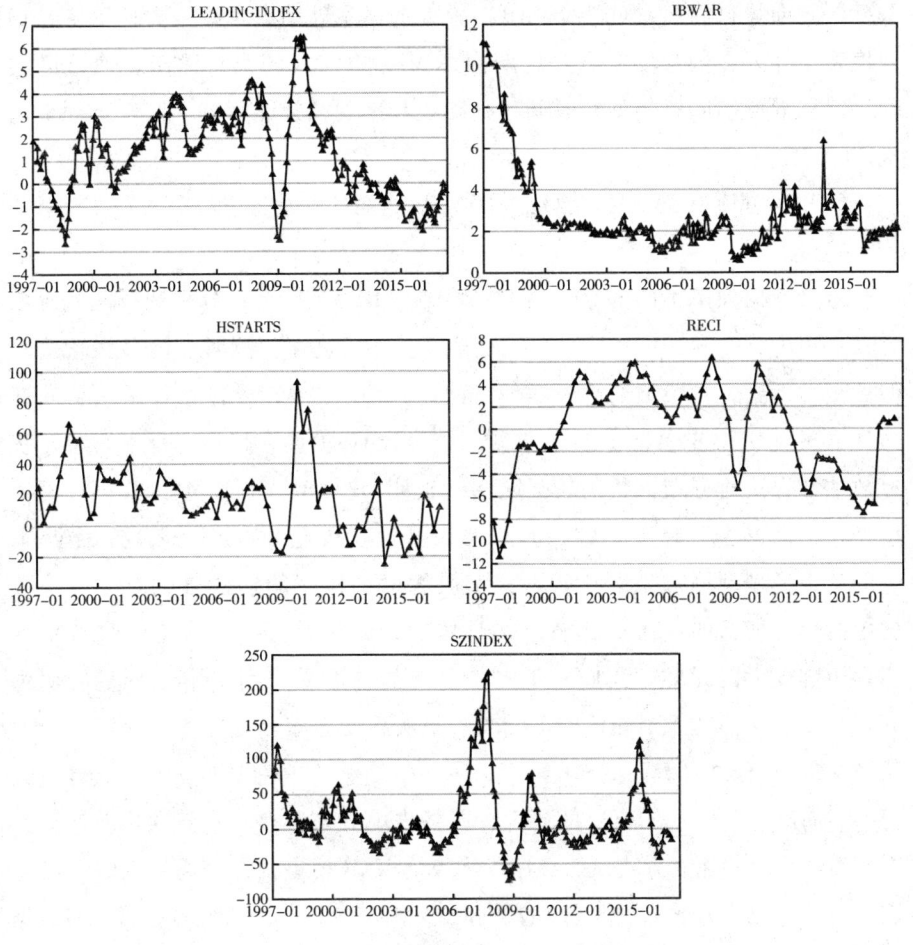

图 6-1 各变量时间序列描述

6.4 实证结果

实证研究部分从以下两个方面阐述实证结果：第一，通过展示拓展估计窗口条件下样本外预测的均方误差率（Mean Squared Error Ratio, MSE Ratio）并引入 D-M 检验，从而比较混频向量自回归（MF-BVAR）模型与季度同频向量自回归（QF-BVAR）模型的样本外动态预测能力；第二，拓展模型中加入金融市场变量并重新构建 MF-BVAR 模型；第三，通过区间预测对比混频和同频模型对时间序列随机趋势的捕捉能力。

6.4.1 MF-BVAR 与 QF-BVAR 模型的构建和预测效果比较

对于数据频率不同的 QF-VAR 及 MF-BVAR 模型，分别选择滞后阶数为 2 个季度（$p_q=2$）和 6 个月（$p_m=6$），并通过在预测时点的最大化边际似然函数得到各自模型的超参数值。此处的 QF-VAR 模型估计采取贝叶斯估计方法（QF-BVAR），这种方式不仅令 VAR 模型在估计过程中摆脱传统参数估计方法对分布函数的较强限制，也使 QF-BVAR 与 MF-BVAR 两种模型在估计方法上趋于一致，因而结果可比。从这个意义上来说，本小节中的两类模型预测效果的比较，其实质为两种模型的构建方式对于经济数据中的信息捕捉的完备性比较。在具体的系数估计过程中，为解决待估计系数矩阵庞大的问题，我们对于先验分布的选取采用引入虚拟变量的明尼苏达分布，从而使系数矩阵 $[F(\phi)]$ 服从高斯分布，方差协方差矩阵 Σ 服从逆 Wishart 分布（Schorfheide and Song，2012）。另一种先验分布的构建方式可参照周建、况明（2015）的研究，即将先验分布调整为自然共轭分布。然而，后者采取共轭的方式只能够在优化传统 VAR 模型估计上起到有效作用[①]，因为自然共轭分布的先决条件是数据频率相同，并不适用于频率不同的数据所构建的 MF-BVAR 模型。后验分布的形式则更为复杂，过往文献中通常采取马尔科夫链蒙特卡洛（MCMC）方法对后验分布进行抽样拟合（相关文献参见 Del Negro and Schorfheide，2011 和 Giordani，Pitt and Kohn，2011）。

对于样本外预测，我们首先选取了 1997Q1 至 2011Q4 作为测试区间［模型中各变量和数据时间的选取与周建、况明（2015）的研究一致］，随后在该时间范围之内进行拓展估计窗口的样本外预测（设定一个步距的预测期为 3 个月）。具体来说，本书对于待考察的若干经济变量所组成的经济向量的预测方法如下：首先，确定预测窗口宽度是从 2007Q1 开始至 2011Q4 止，共 20 个

[①] 详见周建、况明（2015）的研究。

待预测时间点;其次,为生成 2007Q1 的预测向量值,固定 1997Q1 至 2006Q4 作为模型估计窗口,随后进行首次预测,即通过估计的模型做向前一个步距(3 个月)的样本外预测,从而得到 2007Q1 的向量预测值,以此类推,每次均拓展估计窗口 3 个月,通过拓展后的窗口重新估计模型并得到下一个步距的预测值,直至最终得到全部 20 个时间点的向量预测值;最后,比较 MF - BVAR 模型和 QF - BVAR 模型的样本外预测能力,为了进一步验证 MF - BVAR 在预测能力上的优越性,本书也将其与经典 QF - VAR 模型和简单随机游走模型(RW)进行比较。同样,为便于比较,将混频模型变量的月度预测值取平均值处理成季度预测值,从而对应其他同频模型中的预测结果。

采用均方偏差(MSE)作为预测结果测度方法,其定义如下:

$$\mathrm{MSE} = \frac{1}{N}\sum_{\tau=t_0}^{t_{N-1}}\left[y_{obs,\tau+h} - E(y_{model,\tau+h}\mid\theta_\tau)\right]^2 \quad (6.7)$$

其中 $h=1$,$N=20$,$t_0=2007Q1$,$t_{N-1}=2011Q3$,θ_τ 为 1997Q1 至 τ 的面板数据。此处需注意式(6.7)为 MSE 的绝对取值。MSE 的取值大小虽然能够在一定程度上体现出预测效果的优劣,但为验证本研究中的 QF - VAR、QF - BVAR 与 MF - BVAR 三类模型是否随着模型结构和估计方法的复杂程度逐步提高而预测效果真实改善,采用上述模型的 MSE 与随机游走 MSE 的相对值来衡量每一个模型的预测精度并进行相互比较。具体来说,分别计算 QF - VAR、QF - BVAR 与 MF - BVAR 模型均方偏差与随机游走模型均方偏差的比值(MSE Ratio):

$$MSE\_Ratio_{i,j} = \frac{MSE_{i,j}}{MSE_{rw}} \quad (6.8)$$

其中 $i=1,2,3,\cdots,14$,分别代表系统中各个经济变量,此处的 VAR 系统共含有 14 个经济变量;$j=1,2,3$,分别代表 QF - VAR、QF - BVAR 与 MF - BVAR 三种模型形式。通过观察式(6.8),有如下推论:对于任意变量 i 和模型 j,若 $MSE\_Ratio_{i,j}=1$,则该模型预测效果等价于随机游走模型;若 $MSE\_Ratio_{i,j}<1$,则预测效果相对于随机游走模型改善;若 $MSE\_Ratio_{i,j}>1$,则预测效果相对于随机游走模型变差(效果不及随机游走模型)。除此之外,实证结果中另根据各模型的 MSE_Ratio 取值分别计算 QF - BVAR 和 MF - BVAR 模型相对于 QF - VAR 模型预测能力的提升百分比(见表 6 - 2

中第 4 列、第 6 列位置括号中的数值)。

除此之外,由于 MSE Ratio 是一个比率,并非严谨的统计检验,MSE Ratio 的提高在绝对数量上能够体现不同模型的预测效果的改善程度,但并不能在统计分布上检验改善的效果是否显著。因此本书在强调 MSE Ratio 的基础上引入目前检验预测效果的通行方法——D－M 检验(Diebold－Mariano Test, Diebold and Mariano, 1995)。D－M 检验以两种预测方法的预测误差之间无差异作为原假设,其检验统计量如下:

$$S = \frac{\bar{d}}{\sqrt{var(\bar{d})}} \sim N(0,1)$$

其中,S 为 D－M 检验的统计量;$\bar{d}$ 是两种预测方法下预测误差的平方之差;$var(.)$ 表示方差;$N(0,1)$ 表示标准正态分布。

最终预测结果见表 6－2、表 6－3 和图 6－2。

表 6－2　　　　动态预测 MSE Ratio 结果检验与 D－M 检验[①]

	MSE Ratio	D－M Test	MSE Ratio	D－M Test	MSE Ratio	D－M Test
	QF－VAR	QFVAR & QFBVAR	QF－BVAR[②]	QFBVAR & MFBVAR	MF－BVAR[③]	QFVAR & MFBVAR
CPI	1.1174	0.5143 (0.607)	0.9282 (16.93%)	2.5137 (0.012)	0.4013 (64.09%)	3.0034 (0.003)
RPI	1.0663	1.2275 (0.220)	0.6557 (38.51%)	2.1625 (0.031)	0.3426 (67.87%)	2.3806 (0.017)
M2	0.4719	0.5563 (1.422)	0.6785 (－43.78%)	1.2037 (0.229)	0.2879 (38.99%)	1.1854 (0.236)
TRSCG	1.3180	0.6307 (0.528)	1.1305 (14.23%)	1.6578 (0.097)	0.5985 (54.59%)	1.5604 (0.119)
TLOAN	0.6364	0.5015 (1.384)	0.9149 (－43.76%)	2.2920 (0.022)	0.2088 (67.19%)	1.4531 (0.146)
IMPORT	0.9800	1.3996 (0.162)	0.6036 (38.41%)	2.6796 (0.007)	0.2627 (73.19%)	3.3250 (0.001)

---

① D－M 检验结果部分括号外为检验统计量,括号内为 p 值。
② 括号中为 QF－BVAR 模型相对于 QF－VAR 模型的预测能力提升百分比。
③ 括号中为 MF－BVAR 模型相对于 QF－VAR 模型的预测能力提升百分比。

续表

	MSE Ratio	D-M Test	MSE Ratio	D-M Test	MSE Ratio	D-M Test
	QF-VAR	QFVAR & QFBVAR	QF-BVAR	QFBVAR & MFBVAR	MF-BVAR	QFVAR & MFBVAR
EXPORT	0.8396	2.6741 (0.007)	0.4288 (48.93%)	4.0284 (0.000)	0.1815 (78.38%)	1.5799 (0.114)
INDVALADD	1.1312	0.9843 (0.325)	0.7198 (36.37%)	1.9582 (0.050)	0.5397 (52.29%)	0.6017 (0.547)
ELEC	1.1871	1.5430 (0.123)	0.7713 (35.03%)	2.6181 (0.009)	0.6036 (49.15%)	0.6512 (0.515)
LEADIN-GINDEX	0.7029	0.4404 (0.660)	0.5770 (17.91%)	3.2000 (0.001)	0.1627 (76.85%)	1.7604 (0.091)
GDP	2.1473	0.9480 (0.343)	1.4726 (31.42%)	2.0212 (0.043)	0.5207 (75.75%)	2.5167 (0.012)
IBWAR	5.7860	0.4754 (0.635)	4.5726 (20.97%)	3.3163 (0.001)	1.2879 (77.74%)	1.6903 (0.091)
HSTARTS	2.4076	1.4521 (0.146)	1.0312 (57.17%)	1.4596 (0.144)	1.0570 (56.10%)	-0.0890 (1.071)
RECI	0.5444	-0.0215 (1.017)	0.5495 (-0.94%)	-0.8028 (1.578)	0.3037 (44.21%)	-1.9569 (1.95)

表6-3　动态预测（除 GDP 之外均为月度指标）MSE Ratio 结果检验与 D-M 检验①

	MSE Ratio	D-M Test	MSE Ratio	D-M Test	MSE Ratio	D-M Test
	QF-VAR	QFVAR & QFBVAR	QF-BVAR②	QFBVAR & MFBVAR	MF-BVAR③	QFVAR & MFBVAR
CPI	1.1174	0.5143 (0.607)	0.9282 (16.93%)	3.2334 (0.001)	0.1558 (86.06%)	3.5419 (0.000)
RPI	1.0663	1.2275 (0.220)	0.6557 (38.51%)	2.6065 (0.009)	0.1733 (83.74%)	2.7784 (0.005)

① D-M 检验结果部分括号外为检验统计量，括号中为 p 值。
② 括号中为 QF-BVAR 模型相对于 QF-VAR 模型的预测能力提升百分比。
③ 括号中为 MF-BVAR 模型相对于 QF-VAR 模型的预测能力提升百分比。

续表

	MSE Ratio	D – M Test	MSE Ratio	D – M Test	MSE Ratio	D – M Test
	QF – VAR	QFVAR & QFBVAR	QF – BVAR	QFBVAR & MFBVAR	MF – BVAR	QFVAR & MFBVAR
M2	0.4719	0.5563 (1.422)	0.6785 (-43.78%)	2.0298 (0.042)	0.1649 (65.06%)	1.5502 (0.121)
TRSCG	1.3180	0.6307 (0.528)	1.1305 (14.23%)	3.0569 (0.002)	0.1799 (86.35%)	3.6696 (0.000)
TLOAN	0.6364	0.5015 (1.384)	0.9149 (-43.76%)	2.2288 (0.026)	0.2110 (66.85%)	1.4243 (0.154)
IMPORT	0.9800	1.3996 (0.162)	0.6036 (38.41%)	2.3245 (0.020)	0.3124 (68.11%)	1.9227 (0.055)
EXPORT	0.8396	2.6741 (0.007)	0.4288 (48.93%)	2.7859 (0.005)	0.2757 (67.15%)	0.7574 (0.449)
INDVALADD	1.1312	0.9843 (0.325)	0.7198 (36.37%)	1.9604 (0.050)	0.4970 (56.06%)	0.6237 (0.532)
ELEC	1.1871	1.5430 (0.123)	0.7713 (35.03%)	3.1801 (0.001)	0.2059 (82.65%)	1.7098 (0.087)
LEADIN-GINDEX	0.7029	0.4404 (0.660)	0.5770 (17.91%)	3.0300 (0.002)	0.1877 (73.29%)	1.5897 (0.112)
IBWAR	5.7860	0.4754 (0.635)	4.5726 (20.97%)	4.2557 (0.000)	0.4975 (91.40%)	1.7595 (0.079)
HSTARTS	2.4076	1.4521 (0.146)	1.0312 (57.17%)	2.4079 (0.016)	1.0570 (95.03%)	3.6978 (0.000)
RECI	0.5444	-0.0215 (1.017)	0.5495 (-0.94%)	-0.6202 (1.465)	0.3037 (44.21%)	-1.4947 (1.865)
GDP	2.1473	0.9480 (0.343)	1.4726 (31.42%)	2.1054 (0.035)	0.3829 (82.17%)	2.4753 (0.013)

综合表 6 – 2、表 6 – 3 和图 6 – 2 展示的结果，归纳如下：

第一，表 6 – 2 中的第 2 列、第 4 列、第 6 列分别显示 QF – VAR、QF – BVAR、MF – BVAR 模型中各经济变量样本外预测值均方误差相对于随机游走模型预测值均方误差的比率，即 MSE Ratio。根据式 (6.2) 可知，各列取

第6章 基于混频向量自回归模型的宏观经济预测

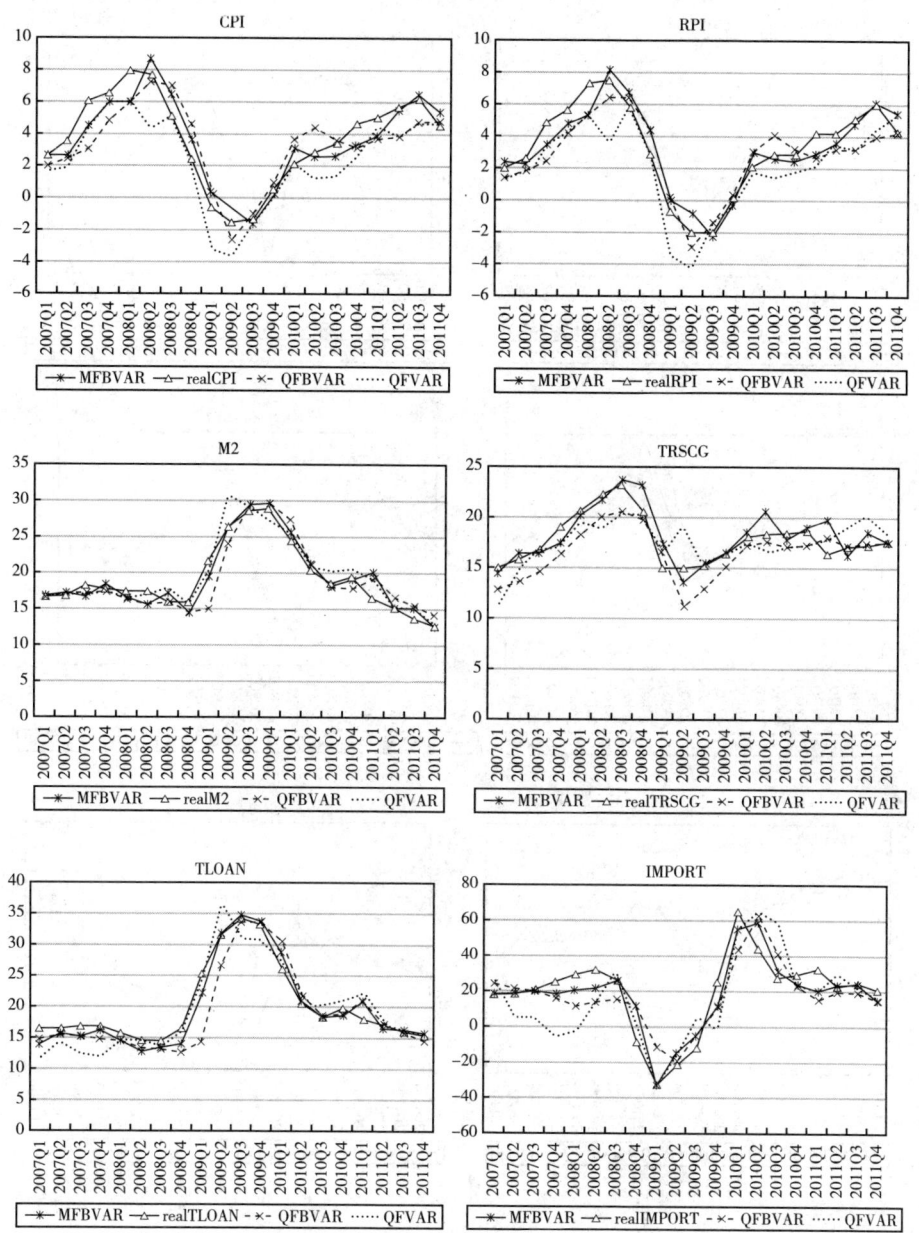

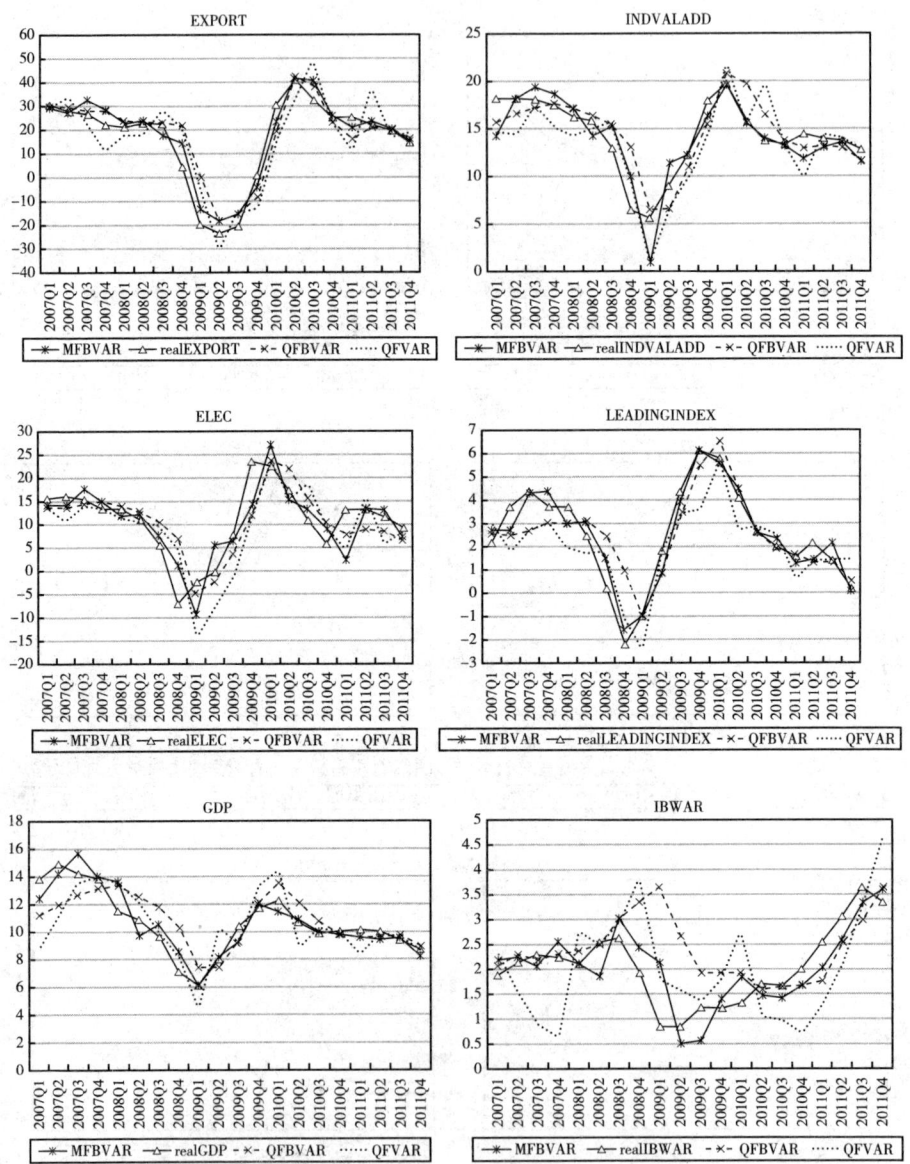

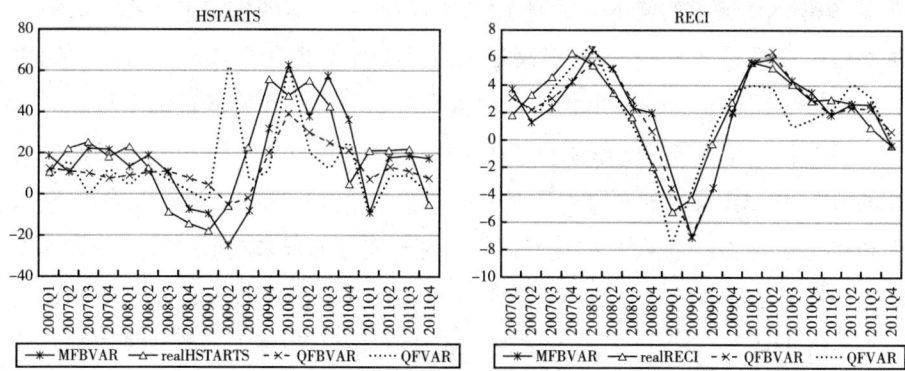

图 6-2 十四变量模型（拓展窗口）下各经济指标样本外预测
结果对比（纵坐标为 RMSE）

值相对于 1 的大小能够体现出各模型预测效果相对于随机游走改善与否。在设定的宽度为 20 的预测窗口内，QF-VAR 模型的预测表现并不稳定，其中，在该模型框架下仅 M2、TLOAN、LEADINGINDEX 和 RECI[①]4 个经济指标的预测表现优于随机游走模型（MSE Ratio 小于 1[②]），其余 10 个指标大部分劣于或等同于随机游走模型的预测效果。第 3 列展示的 QF-BVAR 模型下的各变量均方误差取值较随机游走模型有明显改善，但该模型仍对 6 个指标的预测不优于随机游走，其中对关键经济指标 GDP 的预测虽然相较 QF-VAR 模型改善 31%，但偏差仍然较大（MSE Ratio 取值为 1.47）。与前两者相比，第 4 列中的 MF-BVAR 模型样本外预测结果表现大幅度改善。在我们建立的十四维 MF-BVAR 模型中，有 8 个变量的预测精度相较于 QF-BVAR 提升 2 倍以上。特别的，该模型对于关键经济变量（如经济增长率、通货膨胀、进出口）的趋势捕捉都更加准确。需要指出的是，MF-BVAR 模型对于银行间同业拆借加权平均利率（IBWAR）的预测精度改善仍不够理想，虽然预测精度相对于同频模型提升 78%，但是其相对均方误差比率为 1.29，仍劣于随机游走模型。但除此变量之外，在设定的预测窗口内，MF-BVAR 模型对 14 个变量中 12 个的预测结果，都显著优于随机游走模型。结合表 6-2 的结果和

---

① 各变量经济学含义见表 6-1，下同。
② 为使预测评价结果真实可靠，此处将 MSE_Ratio 介于 [0.8, 1.2] 之间的取值视为与 1 无差别。

图 6-2 中的各变量的样本外预测序列，可以看到：与随机游走所隐含的不可预测假说不同[①]，MF-BVAR 模型通过同时捕捉低频和高频宏观数据，优化长、短期数据信息，能够更精确地预测未来中国宏观经济变量的走势。

第二，与经典同频（季频）VAR 模型（QF-VAR）相比，基于贝叶斯估计的 QF-BVAR 模型的预测表现有一定程度的提升。总的来说（结合图 6-2 中相应线段），QF-BVAR 的优势体现在对于变量的未来短期趋势的捕捉更加准确。但是对于个别变量 M2 和 TLOAN 的预测表现亦有较大程度下滑（精确性均下滑 44%）。除了个别变量之外，该模型对与其他绝大多数变量的预测精确程度（以 MSE Ratio 来衡量）提升水平都达到了 10% 以上（提升水平中位数 35%、均值 32%）。QF-BVAR 模型相对于 QF-VAR 模型在预测能力上的优势也被周建、况明（2015）的研究证实了，本章的结果因而完全支持周建、况明（2015）的结论，即 QF-BVAR 在预测中国宏观经济走势上是更为优越的模型。实证表明，贝叶斯估计方法对于 VAR 模型参数的选取和构建能够更符合经济变量的内在特征，因而做出了更准确的预测。

第三，与本章研究考虑的所有同频模型相比，基于贝叶斯估计的混频模型（MF-BVAR）的预测表现更优。MF-BVAR 模型的预测结果分别优于随机游走模型、QF-VAR 模型以及 QF-BVAR 模型。具体来说，混频模型对预测结果的改善表明月度频率的新信息加入对于宏观变量一个步距的样本外预测具有重要意义。混频模型相对于同频模型的优势表明，对给定的真实历史数据，选取数据信息损失最小的模型构建方式能够大幅度提升对实际宏观经济传导系统的拟合和预测能力，使模型本身更符合中国宏观经济的运行规律。这其实证明了传统的数据降频（月度变季度）方法人为抹去了对于样本外预测有价值的信息。理论上，表 6-2 和图 6-2 的结果也说明宏观经济变量的短期（月度）波动不能被简单地认为是随机扰动，而应当被看作是构造长期趋势的动态过程，因而在宏观经济预测层面，应当尽可能寻觅较高频宏观变量的完整数据，再利用混频模型进行预测。值得注意的是，利率、股票价格等市场化的数据的确存在超高频数据，但是日

[①] Lutz Kilian 和 Mark Taylor（2002）指出，传统理论建立的模型不可能战胜随机游走，原因为线性与非线性的冲突和长期与短期的冲突。

度或以上的数据频率的价格数据易受到金融市场短期供求的影响，所造成的短期波动和噪音会导致统计估计过程中方差—协方差矩阵的异动，进而扭曲基于长期基本面的宏观指标预测，所以对于极高频的市场化指标（频率在日度以上），采取降频（至月度）处理。笔者在文中尝试取得除GDP之外的所有变量的月度指标数据，并对原始模型（表6-2）进行增补并取得实证结果（见表6-3），结论一致稳健（见表6-2、表6-3中主要经济指标GDP、CPI、RPI预测的效果对比）。

第四，通过与MF-BVAR的预测值相比，QF-VAR的预测曲线呈现出滞后、波动性大且不平滑的特点。TRSCG、IMPORT、EXPORT、ELEC以及LEADINGINDEX变量的QF-VAR预测曲线峰值和最低点滞后2~4个季度，且对区域极值点的预测更粗糙，体现在对短期趋势的放大作用明显。相比QF-VAR模型，MF-BVAR、QF-BVAR模型能够进行更具时效性的拟合和预测。①

在固定估计窗口的静态预测上，本章研究选取1997Q1至2013Q4这个区间的固定时间序列，并设定预测窗口为36个月。此处为便于与季度同频模型比较，我们将月度预测值取平均值从而处理成季度值，从而对应QF-VAR模型中的12个季度预测结果（$h=1,2,\cdots,12$）。此处采用均方根误差（RMSE）作为预测结果的评价方法，因而预测步距为h的RMSE定义如下：

$$RMSE(h) = \sqrt{\frac{1}{h}\sum_{i=1}^{h}\left[y_{obs,T+h} - E(y_{model,T+h}|\theta_T)\right]^2} \quad (6.9)$$

其中$h=1,2,\cdots,12$；θ_T表示模型估计窗口宽度为T的固定面板数据集合（如前所述，此处的估计窗口宽度为1997Q1至2013Q4这一时间区间）；$y_{obs,T+h}$代表在估计窗口为T的情况下，向前步距为h的各变量观测值；$E(y_{model,T+h}|\theta_T)$表示在估计窗口为$T$的情况下，向前步距为$h$的各变量预测值。MF-BVAR模型与QF-BVAR模型预测的实证结果对比见图6-3。图6-3中的居民消费价格指数（CPI）、进口额（IMPORT）、M2以及

---

① 由于宏观经济指标的选取需要考虑其重要性及经济意义。考虑到我国经济的实际情况，在月度指标的选择方面，投资变量可能对我国宏观经济运行态势具有重要影响，因此笔者亦尝试在各个模型中加入投资指标并做对比，结果与文中表6-2、表6-3的结果相比并没有显著改善（主要指标的D-M检验在5%水平下不显著，即不论加入总投资与否，两种混频模型的差异在统计上均不显著）。篇幅所限，详细结果可从作者处获取。

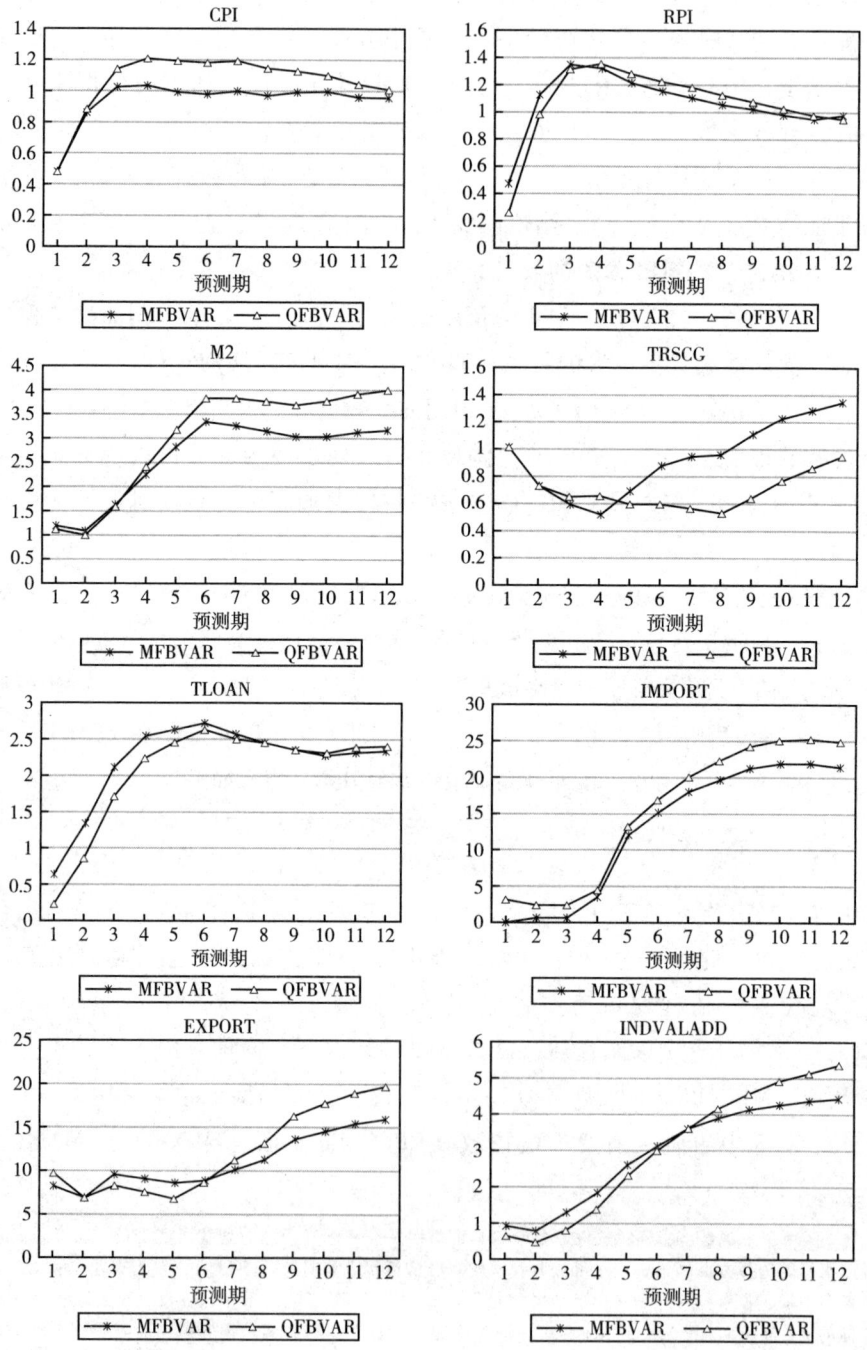

第6章 基于混频向量自回归模型的宏观经济预测

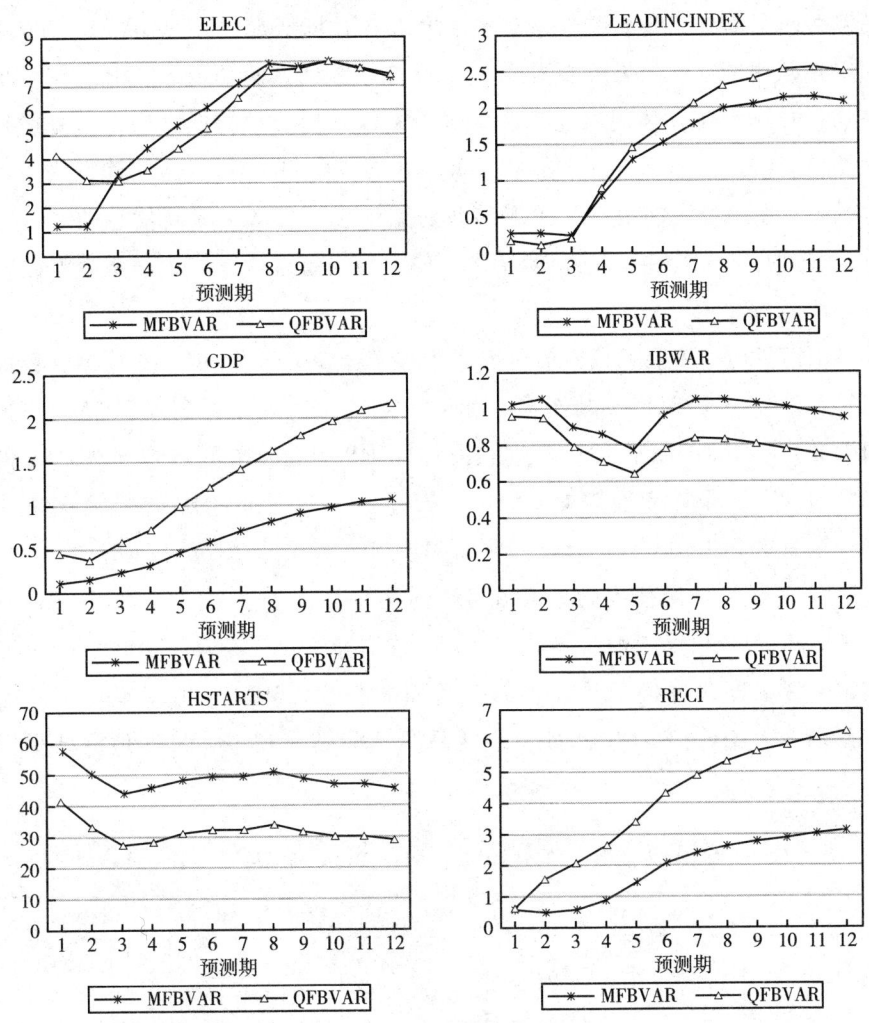

图6-3 十四变量模型下各经济指标静态预测结果对比（纵坐标为RMSE）

GDP同比增长率的静态预测显示：长期来看，MF-BVAR模型所暗示的预测效果明显优于同频QF-BVAR模型，体现在QF-BVAR模型的预测均方根误差与MF-BVAR模型预测均方根误差的差值增加，类似结果亦体现在EXPORT、INDVALADD、RECI增长率上。例如，对于M2增长率来说，混频模型对于中长期预测的提升显然比短期预测更明显，当$h \geqslant 9$时，两模型RMSE差值的提升比例能够达到20%~25%。进口额（IMPORT）增速原始数据呈现出明显的波动，MF-BVAR模型对其预测效果在12个季度的向前预测区间中都得到明显改善。对于季度宏观经济变量，MF-BVAR 模型对 GDP 增长率的预测效果改善明显。在 12 个季度的预测期内，GDP 预测效率平均提升约 54%，体现出混频模型对于十四维向量中的低频变量具有优越的拟合、估计及预测能力。在 QF-BVAR 与 MF-BVAR 模型估计方法与先验分布选取一致的前提下，预测误差的减小表明月度频率新信息的加入能够改善贝叶斯 VAR 模型的预测结果，使模型更符合中国宏观经济变量的现实特征。

由于目前基于混频数据的研究成果多基于单方程的 MIDAS 预测，例如刘汉和刘金全（2011）、郑挺国、尚玉皇（2013）、龚玉婷等（2014）均采用混频模型对 GDP 进行预测。笔者亦对 GDP 的混频预测结果与 MIDAS 做相应对比，结果体现在表 6-4 中。表 6-4 显示基于 MIDAS 预测结果改善程度（MSE Ratio）在 58%，然而 MF-BVAR 的预测改善在 82%，D-M 检验表明其改善程度的差异在 5% 的显著性水平上显著，因而，MF-BVAR 模型显著优于 MIDAS。这一实证结论与 Kuzin 等人（2011）的研究结论一致，即两种模型是互补的关系而非替代，MIDAS 适用于短期的简单预测，而 MF-BVAR 针对大维度系统预测结果和中、长期预测结果则表现更佳。

表 6-4　MIDAS 预测（13 Monthly）MSE Ratio 结果检验与 D-M 检验①

MSE Ratio	QF-VAR	QF-BVAR	MF-BVAR	MIDAS
GDP	2.1473	1.4726 (31.42%)	0.3829 (82.17%)	0.8929 (58.41%)
D-M Test	QFVAR&QFBVAR	QFBVAR&MFBVAR	QFVAR&MFBVAR	
GDP	0.9480 (0.343)	2.1054 (0.035)	2.4753 (0.013)	
	MIDAS&MFBVAR	MIDAS&QFVAR	MIDAS&QFBVAR	
	1.9610 (0.049)	1.6743 (0.094)	1.9285 (0.054)	

---

①　D-M 检验结果部分括号外为检验统计量，括号中为 p 值。

6.4.2 十五变量宏观经济模型预测

前文论述的若干模型是针对宏观经济变量做出相应的预测和解释，其中宏观先行合成指数是由工业领域产品销售率、房地产领域开发投资先行指数、货币供应 M2、物流指数等 6 个指标加权得到，体现对于经济走势的预判。除宏观变量之外，金融市场指标也有可能对经济周期和景气程度的预测提供更充分的信息。一直以来，金融市场与宏观经济的相关性问题始终是学者研究的重要问题，其中重要的研究结论包括：Fama（1990）提出，长期来看股票收益率的波动受到未来的经济运行状况影响；Hamilton（1996）发现总体经济变量有助于股票市场波动性的预测；Harris（1997）强调发达国家与发展中国家的区别，后者股票市场与宏观经济增长之间的联系非常弱；赵振全、张宇（2003）得到的结论是宏观经济波动对股票市场波动的预测能力要好于后者对前者的预测能力；尹力博、韩立岩（2015）也提出金融途径加强了信息的传递效应，从而导致通胀变动。

中国股票市场作为中国金融市场中比重较大、标准化程度最高、流动性最好的市场，其重要性不仅在于投资、融资等基础性功能，它越来越成为中国宏观经济状况的先行指标。因此，本章研究为进一步探究中国宏观经济预测与金融市场间的相关性，在上文中的十四变量宏观经济 MF-BVAR 模型的基础上增加了股票市场指数（上证指数，SZIndex）从而构建十五变量模型。本小节重点关注以下宏观经济关键指标的预测效果变化：GDP 增长率、通货膨胀水平（CPI、RPI、M2 增长率）以及股票市场收益率。预测方法仍然采取固定估计窗口之后对不同模型的预测效果进行比对。仍然选取 1997Q1—2013Q4 区间作为固定估计窗口，设定预测区间为未来 12 个季度，并以均方根误差（RMSE）作为预测结果的评价方法。比对模型中，除十五变量 MF-BVAR 模型之外，另选取十四变量 MF-BVAR 模型、十四变量 QF-BVAR 模型及十五变量 QF-BVAR 模型。以上若干模型的预测结果如图 6-4 和表 6-5 所示。综合图表结果，我们可以看到：金融市场变量的加入并未对预测结果造成实质性影响。图 6-4 中的少部分变量的预测效果在十五变量模型下有所改善（如 IMPORT、TRSCG 等），大部分变量的预测效果变化幅度太小可忽略不计（如 LEADINGINDEX、RECI 等）。

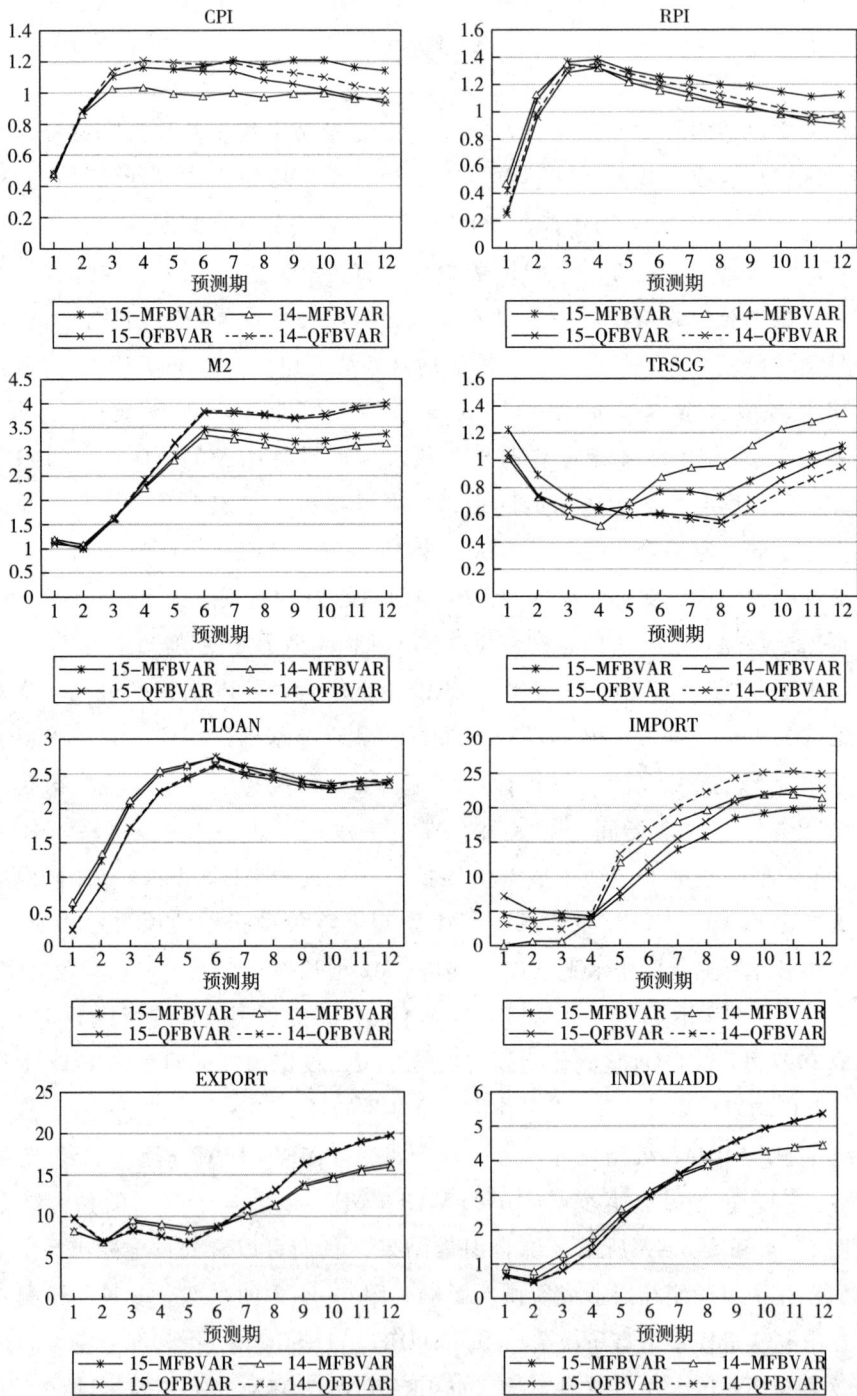

| 第6章 基于混频向量自回归模型的宏观经济预测 |

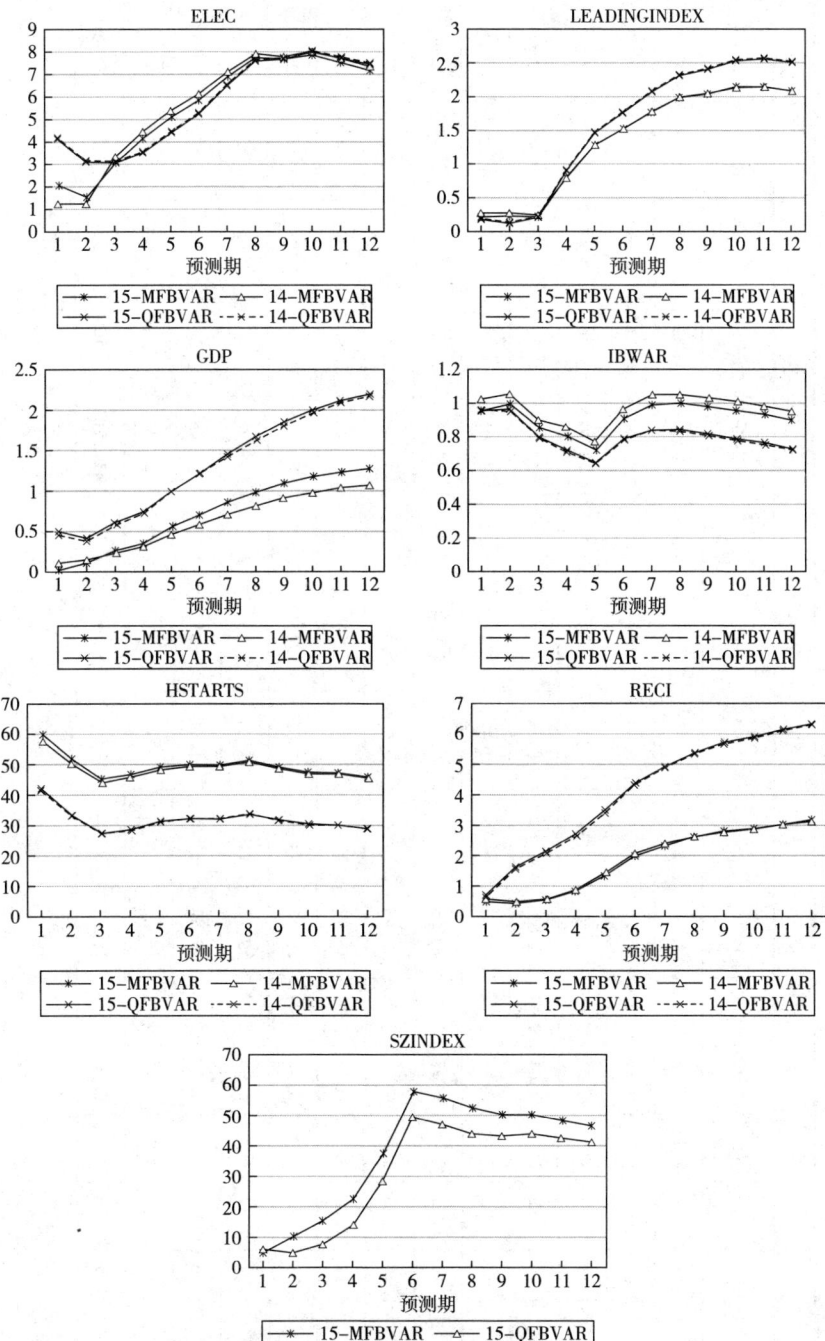

图6-4 十五变量模型下各经济指标静态预测结果对比（纵坐标为 RMSE）

表 6-5　十五变量 MF-BVAR 模型预测结果①

15 变量 MF-BVAR

预测期	CPI	RPI	M2	TRSCG	TLOAN	IMPORT	Export	IndValAdd	Elec	Leading Index	SZIndex	GDP	IBWAR	Hstarts	RECI
1	0.49	0.43	1.18	1.22	0.53	4.47	8.16	0.68	2.03	0.22	4.83	0.02	0.95	59.68	0.47
2	0.88	1.08	1.07	0.89	1.24	3.55	6.71	0.53	1.52	0.23	9.98	0.11	0.99	51.78	0.43
3	1.11	1.36	1.64	0.73	2.06	4.16	9.31	1.05	3.10	0.21	15.11	0.26	0.85	45.27	0.53
4	1.16	1.38	2.30	0.64	2.51	3.65	8.82	1.58	4.16	0.79	22.61	0.36	0.80	46.60	0.81
5	1.15	1.30	2.91	0.67	2.61	7.17	8.26	2.42	5.11	1.28	37.01	0.56	0.72	48.96	1.34
6	1.16	1.25	3.45	0.77	2.73	10.68	8.61	2.98	5.87	1.50	57.83	0.71	0.90	49.85	1.99
7	1.20	1.23	3.39	0.77	2.59	13.88	10.13	3.48	6.91	1.76	55.58	0.86	0.98	49.61	2.30
8	1.18	1.20	3.29	0.74	2.51	15.91	11.33	3.83	7.76	1.97	52.30	0.98	0.99	51.13	2.59
9	1.21	1.18	3.20	0.84	2.41	18.42	13.78	4.07	7.65	2.02	50.35	1.10	0.98	48.89	2.76
10	1.21	1.14	3.22	0.96	2.34	19.27	14.76	4.23	7.85	2.13	49.99	1.18	0.95	47.32	2.86
11	1.16	1.11	3.33	1.04	2.38	19.82	15.68	4.34	7.51	2.14	48.08	1.23	0.93	47.23	3.03
12	1.14	1.12	3.36	1.10	2.38	19.88	16.21	4.44	7.21	2.08	46.45	1.27	0.90	46.02	3.17
Mean	1.09	1.15	2.69	0.86	2.19	11.74	10.98	2.80	5.56	1.36	37.51	0.72	0.91	49.36	1.86

① 表格中数值为相应变量在对应预测期的 RMSE 值。

续表

14 变量 MF-BVAR

预测期	CPI	RPI	M2	TRSCG	TLOAN	IMPORT	Export	IndValAdd	Elec	Leading Index	SZIndex	GDP	IBWAR	Hstarts	RECI
1	0.49	0.47	1.21	1.01	0.64	0.17	8.27	0.92	1.23	0.28	n/a	0.11	1.02	57.72	0.57
2	0.86	1.13	1.11	0.73	1.34	0.70	6.86	0.78	1.26	0.28	n/a	0.15	1.05	50.19	0.48
3	1.02	1.35	1.63	0.60	2.13	0.77	9.57	1.28	3.34	0.24	n/a	0.24	0.90	44.04	0.59
4	1.03	1.32	2.25	0.52	2.55	3.53	9.08	1.82	4.47	0.80	n/a	0.32	0.86	45.70	0.89
5	0.99	1.22	2.82	0.68	2.64	12.13	8.57	2.59	5.38	1.29	n/a	0.47	0.77	48.29	1.45
6	0.98	1.15	3.33	0.88	2.72	15.30	8.76	3.13	6.12	1.53	n/a	0.59	0.97	49.26	2.09
7	1.00	1.11	3.25	0.94	2.56	18.00	10.15	3.58	7.09	1.78	n/a	0.71	1.04	49.14	2.38
8	0.97	1.05	3.14	0.96	2.46	19.68	11.23	3.90	7.90	1.99	n/a	0.82	1.05	50.71	2.64
9	0.99	1.03	3.03	1.11	2.35	21.38	13.58	4.12	7.81	2.05	n/a	0.91	1.03	48.46	2.80
10	0.99	0.99	3.04	1.23	2.28	21.83	14.55	4.26	7.99	2.14	n/a	0.98	1.01	46.89	2.88
11	0.96	0.95	3.14	1.29	2.33	21.87	15.40	4.36	7.66	2.14	n/a	1.05	0.98	46.82	3.02
12	0.95	0.98	3.17	1.34	2.35	21.37	15.86	4.43	7.35	2.08	n/a	1.07	0.95	45.64	3.13
Mean	0.94	1.06	2.59	0.94	2.19	13.06	10.99	2.93	5.63	1.38	n/a	0.62	0.97	48.57	1.91

6.4.3 基于 MF-BVAR 模型的区间预测分析

前文描述了不同的估计模型与方法的点预测结果。在经济学预测中，点预测较区间预测更为常见，但后者的存在亦有其必要性，体现在：区间预测较点预测能够更好地评估未来的不确定性，了解导致不同可能结果的各种情形，更为系统地比较不同预测方法的准确及有效程度（Chatfield，1993）。本书的这一部分补充描述混频经济模型与同频模型以预测百分位数衡量的区间预测效果，并给出比较。

另一方面，在实际操作上，国家统计局公布的数据往往与实际生成的宏观经济数据存在一定的时间差，因此还需要在预测中考虑历史数据的可用性问题，关注预测时点的不同对结果带来的影响及其程度大小。结合本章研究选取的变量来看，其中 GDP 为季度变量，其他均为月度变量。GDP 的公布时间为每年的 1 月、4 月、7 月、10 月；金融市场变量 SZIndex 的生成时间（与公布时间重合）为当月月末；CPI、RPI、M2、TRSCG 等其他变量的公布时间均滞后一个月。因此，暂假设考虑所处时点分别在 2014 年 1 月、2 月和 3 月，考虑在这三个时间点可获得的数据序列，可以得到表 6-6 中的组合。

表 6-6　　　　　　　　季度内特定时点信息集

	CPI	RPI	M2	TRSCG	TLOAN	IMPORT	EXPORT	INDVALADD
2014M1	0	0	0	0	0	0	0	0
2014M2	M1	M1	M1	M1	M1	M1	M1	M1
2014M3	M2	M2	M2	M2	M2	M2	M2	M2
	ELEC	LEADINGINDEX	SZIndex	GDP	IBWAR	HSTARTS	RECI	
2014M1	0	0	M1	2013Q4	0	0	0	
2014M2	M1	M1	M2	0	M1	M1	M1	
2014M3	M2	M2	M3	0	M2	M2	M2	

注：0 表示没有数据更新，M、Q 分别对应月度数据和季度数据的更新。

通过观察表 6-6 能够发现：站在 2014 年 1 月末（2014M1）时，除高频率的股票市场数据外，所有的宏观经济月度变量事实上都无法获得当月信息，需要等到下一个月才能获取数据。同样，处在 2014 年 3 月末

(2014M3),GDP数据也需等到当年4月才能获得官方公布数据。因此1月、4月、7月、10月这四个月份所获得的信息是相似的,同理递推2月、5月、8月、11月以及3月、6月、9月、12月。在前文中分析新季度所带来的信息对预测能力的影响时,忽略了季度内不同预测时点对MF-BVAR模型参数的调整和预测结果的影响。在基于十五变量MF-BVAR模型和QF-BVAR模型的基础上,本书分别选取了1997M1—2013M12,1997M1—2014M1以及1997M1—2014M2三个估计窗口,目的是能够分别站在2013年12月末、2014年1月和2月末的时点上进行未来7个季度的预测。最终得到的GDP增长率和通货膨胀率预测的比对结果如图6-5和图6-6所示。通过观测图6-5和图6-6可知,区间预测曲线的变化能够体现出预测时点的改变对于计量经济模型在预测期内拟合真实序列程度的影响。具体来说,图6-5、图6-6中各条虚线分别为GDP增长率和CPI同比增长率的实际发生值,为绘图方便,图中只截取了2011M7—2015M9的数据进行展示,2014M1为第一个预测区间。预测期内的曲线从上到下依次为预测值的90分位、75分位、50分位(贯穿实线)、25分位和10分位数。

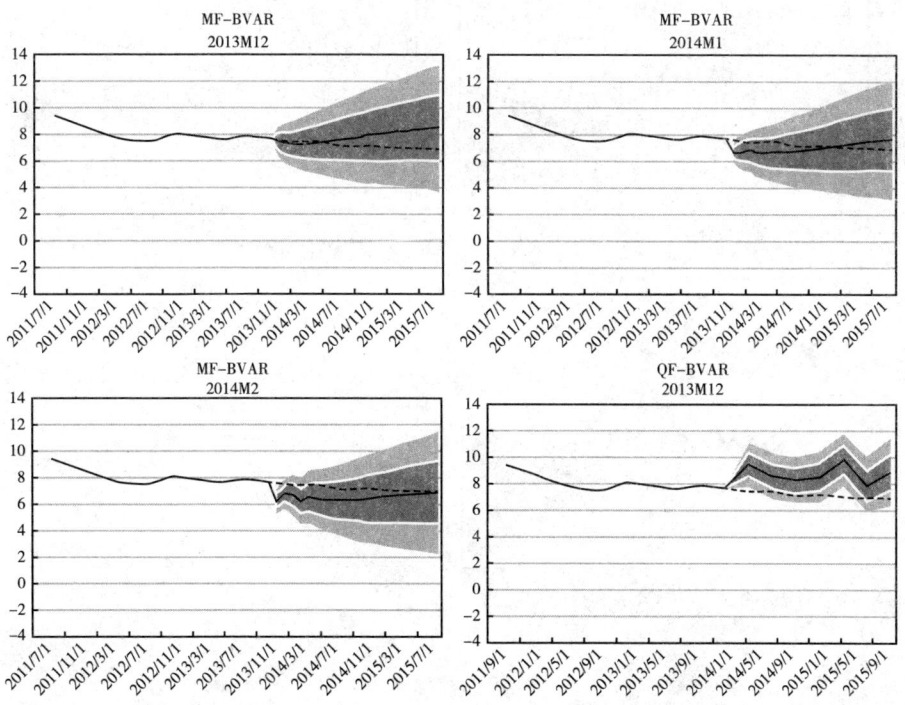

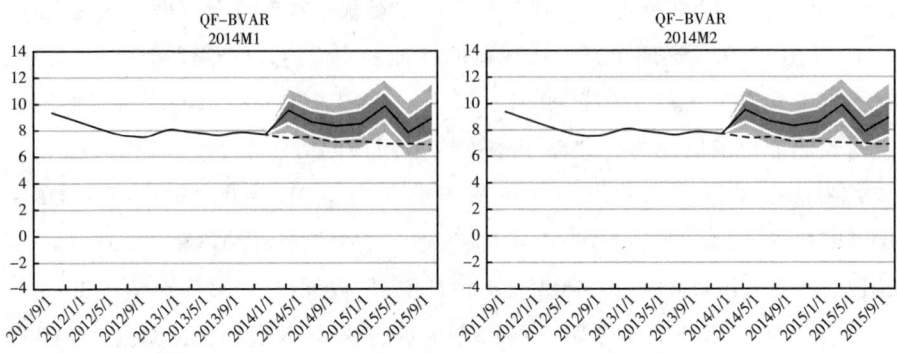

图 6-5　季度内不同起点的 GDP 增长率预测

注：预测期分别为 2014M1—2015M9、2014M2—2015M9 及 2014M3—2015M9。估计窗口为 1997M1 至各预测期前，虚线为预测期内 GDP 真实走势。预测期内的曲线从上到下依次为预测值的 90 分位、75 分位、50 分位（贯穿实线）、25 分位和 10 分位数。其中 MF-BVAR 预测曲线更为平滑、波动幅度更小，而 QF-BVAR 的预测产生了明显的上偏，向前一个季度的预测甚至偏离区间预测的 10 分位数。

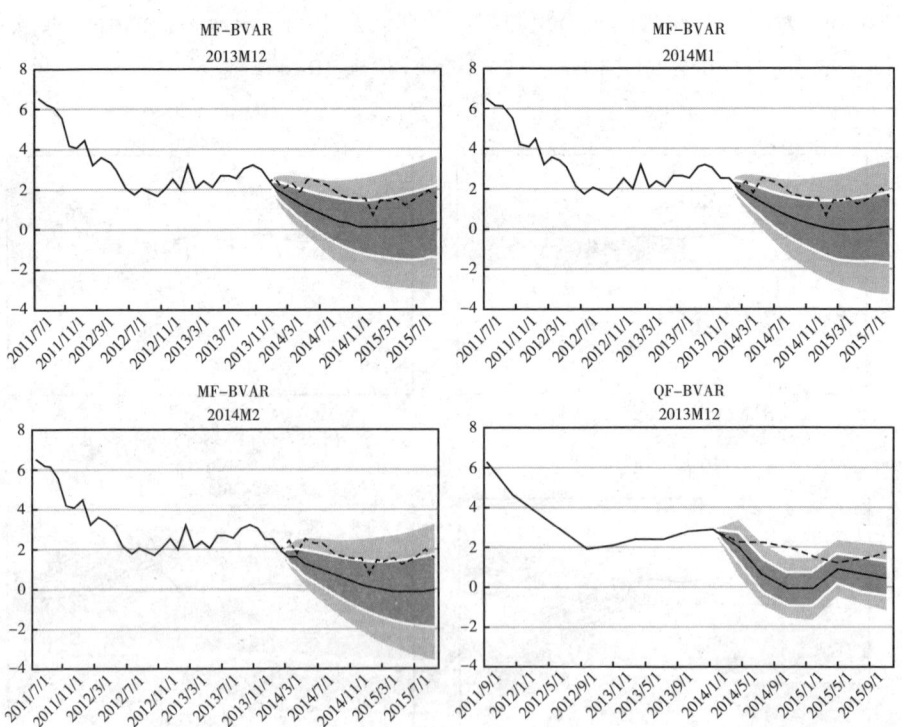

| 第 6 章　基于混频向量自回归模型的宏观经济预测 |

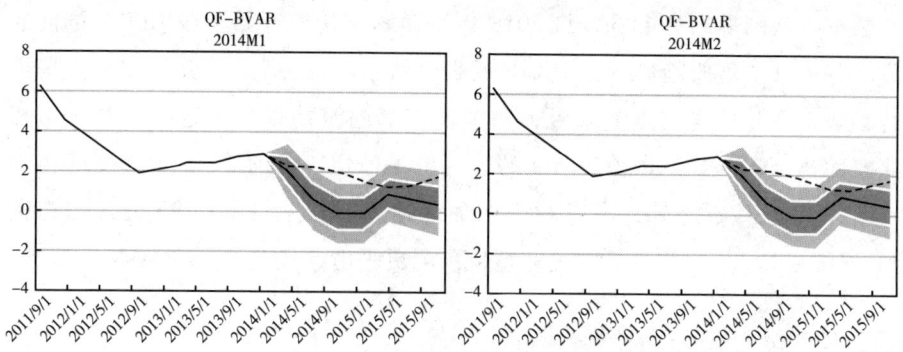

图 6-6　季度内不同起点的通货膨胀率（CPI 同比增长率衡量）预测

注：预测期分别为 2014M1—2015M9、2014M2—2015M9 及 2014M3—2015M9。样本 1997M1 至预测期前，虚线为预测期内 GDP 真实走势。预测期内的曲线从上到下依次为预测值的 90 分位、75 分位、50 分位（贯穿实线）、25 分位和 10 分位数。由 QF-BVAR 模型所得到的 CPI 预测曲线下行的趋势更加陡峭，且区间预测的相当一部分完全脱离真实数据。F-BVAR 的信息集则更完整，预测更平滑，优于 QF-BVAR 模型。

在图 6-5 对于 GDP 增长率的预测结果中，通过比较我们发现：QF-BVAR 与 MF-BVAR 两者，后者的预测曲线更为平滑、波动幅度更小，真实 GDP 增长曲线介于 25 分位和 75 分位区间预测曲线之间，能够被更大程度地拟合。QF-BVAR 的预测产生了明显的上偏，向前一个季度的预测甚至偏离区间预测的 10 分位数，其原因在于 QF-BVAR 模型对于变量的同频要求使较高频数据必须进行降频处理，因此不可避免地认为丢失短期信息，从而导致预测有偏。与同频模型相比，混频模型由于不需要做降频处理，因此对短期趋势具有更好的捕捉和拟合能力。通过对 MF-BVAR 模型的结果进行横向比较，我们发现，2014 年第一季度内随着其他高频经济指标新数据的加入，GDP 增长率的预测值转为愈加悲观的趋势，例如进口额增速几乎逐月降低以及 CPI、RPI 所衡量的通胀增速自 1 月到 2 月明显回落等悲观信号带来的影响。这在一定程度上说明，对于经济系统中的低频数据的预测，由于短期因素的影响，预期往往轻微偏离实际但程度可控（预测仍然在 25 分位和 75 分位之间）；然而在人为降频的情况下，由于信息缺失较严重，预测结果会变得更糟。

在图 6-6 对 CPI 同比增长率的预测结果中，由 QF-BVAR 模型所得到的预测曲线下行的趋势更加陡峭，且区间预测的相当一部分完全脱离真实数据,从图形趋势上看,自 2013 年第四季度初期开始,以 CPI 衡量的通货膨胀率有回落的趋势,真实 CPI 通胀序列在之后的 7 个季度内也成震荡下行趋势,因此从这一点上来说,两个模型都同时捕捉到了这一趋势。但相比较而言,QF-BVAR 预测曲线的表现更不稳定,向前 2~5 个季度的预测都落在 75 分位点之外,另有相当一部分预测值甚至没有被 90 分位点捕捉到。MF-BVAR 的信息集则更完整,预测更平滑,优于 QF-BVAR 模型。

6.5 结论

本章基于 Schorfheid 和 Song (2012) 的 MF-BVAR 模型,分析其对中国宏观经济指标的预测效果,并通过加入资本市场数据进行拓展分析,探索混合频率模型对中国宏观经济指标,尤其是通货膨胀和经济增长指标的预测能力。本章允许模型中较多变量共存的同时提高模型估计过程的自由度,从而实现高精度预测。本章详细比较了贝叶斯估计的混频向量自回归模型(MF-BVAR)相对于季度同频模型(QF-BVAR)在宏观经济变量预测方面的比较优势,在估计方法的选择上统一采取贝叶斯估计方法,在预测变量选取上选择同样的变量,在模型估计样本上选择同样的样本,使得两类模型预测效果可比,实质为两种模型的构建方式对于经济数据中的信息捕捉的完备性比较。实证结果显示,在宏观经济管理部门尤其是央行关注的核心经济变量 CPI、RPI 和 GDP 的预测方面,混频的 MF-BVAR 相对于同频的 QF-VAR 和 QF-BVAR 显著提高了预测精度。混频模型相对于同频模型的优势表明,传统的数据降频方法人为抹去了对样本外预测有价值的信息。我们在宏观变量模型中添加金融市场变量,发现新变量的加入并未对预测结果造成实质性影响;季度内不同时点的区间预测结果则显示,MF-BVAR 模型基于更加完整的信息集能够实现更平滑的预测,对于季度内新信息的容纳能力以及对短期走势的捕获拟合能力明显优于 QF-BVAR 模型,也体现出新增信息对混频模型预测效果的重要影响。由于现代宏观经济政策的制定需要有前瞻性,对宏观经济变量的预测能力对于宏观经济管理部门来说十分重要。本书的实证结果显示 MF-BVAR 模型能够有效提高决策部门的宏观预测能力,进而达到改善宏观经济管理的绩效。

本章参考文献

龚玉婷、陈强和郑旭:"基于混频模型的 CPI 短期预测研究",《统计研究》2014 年第 12 期,第 25-31 页。

刘汉和刘金全:"中国宏观经济总量的实时预报与短期预测——基于混频数据模型的实证研究",《经济研究》2011 年第 3 期,第 4-17 页。

李正辉和郑玉航:"基于混频数据模型的中国经济周期区制监测研究",《统计研究》2015 年第 1 期,第 33-40 页。

郑挺国和尚玉皇:"基于金融指标对中国 GDP 的混频预测分析",《金融研究》2013 年第 9 期,第 16-29 页。

郑挺国和尚玉皇:"短期利率波动测度与预测:基于混频宏观—短期利率模型",《金融研究》2016 年第 11 期,第 47-62 页。

周建和况明:"中国宏观经济动态传导、可靠性及货币政策机制",《经济研究》2015 年第 2 期,第 31-46 页。

赵振全和张宇:"中国股票市场波动和宏观经济波动关系的实证分析",《数量经济技术经济研究》2003 年第 6 期,第 143-146 页。

苏治、尹力博和方彤:"量化宽松与国际大宗商品市场:溢出性、非对称性和长记忆性",《金融研究》2015 年第 3 期,第 68-82 页。

尹力博和韩立岩:"中国输入型通货膨胀特征研究:程度、来源及渠道",《数量经济技术经济研究》2014 年第 7 期,第 52-67 页。

Baffigi, A., Golinelli, R., Parigi, G. 2004. "Bridge Models to Forecast the Euro Area GDP." *International Journal of Forecasting* 20 (3): 447-460.

Blasques, F., Koopman, F. J., Mallee, M., Zhang, Z. 2016. "Weighted Maximum Likelihood for Dynamic Factor Analysis and Forecasting with Mixed Frequency Data." *Journal of Econometrics* 193 (2): 405-417.

Brockwell, P. J., Davis, R. A. 1987. "Time Series: Theory and Methods." *Journal of the American Statistical Association* 42 (1): 159-181.

Chiu, C. W. J., Eraker, B., Forester, A. T., Kim, T. B., Seoane, H. D. 2011. "Estimating VAR's Sampled at Mixed Frequencies or Irregular Spaced Frequencies: Bayesian Approach." *Kansas City Federal Reserve Bank Economic Research Department Research Working Paper.*

Chatfield, C. 1993. "Calculating Interval Forecasts." *Journal of Business & Economic Statistics* 11 (2): 121 – 135.

Creal, D., Schwaab, B., Koopman, S. J., Lucas, A. 2014. "Observation – driven Mixed Measurement Dynamic Factor Models with an Application to Credit Risk." *The Review of Economics and Statistics* 96 (5): 898 – 915.

Clements, M., Galvão, A. B., 2008. "Macroeconomic Forecasting with Mixed – frequency Data." *Journal of Business & Economic Statistics* 26: 546 – 554.

Doan, T., Litterman, R. B. and Sims, C. A. 1984. "Forecasting and Conditional Projection Using Realistic Prior Distributions." *Econometric Reviews* 3 (1): 1 – 100.

Eraker, B., Chiu, C. W. J., Foerster, A. T., Kim, T. B., Seoane, H. D. 2015. "Bayesian Mixed – frequency VARs." *Journal of Financial Economics* 13: 698 – 721.

Foroni, C. and Massimiliano Marcellino. 2013. "A Survey of Econometric Methods for Mixed – frequency Data." *Norges Bank Research Working Paper.*

Foroni, C. and Marcellino, M., 2014. A comparison of mixed frequency approaches for nowcasting Euro area macroeconomic aggregates. International Journal of Forecasting, 30 (3): 554 – 568.

Fama, E. F. 1990. "Stock Return, Expected Returns, and Real Activity." *Journal of Finance* 45: 1089 – 1108.

Ghysels, E., Santa – Clara, P. and Valkanov R. 2004. "The MIDAS Touch: Mixed Data Sampling Regression Models." *Cirano Working Papers* 5 (1): 512 – 517.

Ghysels, E., 2016. "Macroeconomics and the reality of mixed frequency data." *Journal of Econometrics* 193 (2): 294 – 314.

Götz, T. B., Hecqb, A., Smeekesb, S. 2016. "Testing for Granger Causality in Large Mixed – frequency VARs." *Journal of Econometrics* 193: 418 – 432.

Giordani, P., Pitt, M. K. and Kohn, R., 2011. "Bayesian Inference for Time Series State Space Models." *Handbook of Bayesian Econometrics.* Oxford University Press.

Hamilton, J. D., Lin, G. 1996. "Stock Market Volatility and Business Cycle." *Journal of Applied Econometrics* 11: 573 – 593.

Harris, Richard D. F., 1997. "Stock market and development: A Reassessment." *European Economic Review* 1: 156 – 163.

Kong, D., Liu, H., Wang, L. 2008. "Is There a Risk – return Trade – off? Evidences from Chinese Stock Markets." *Frontiers of Economics in China* 3 (1): 1 – 23.

Kuzin, V., Marcellino, M., Schumacher, C. 2011. "MIDAS vs. Mixed – frequency VAR: Nowcasting GDP in the Euro Area." *International Journal of Forecasting* 27 (2): 529 – 542.

Kilian, L., Taylor, M. P., 2003. "Why Is It so Difficult to Beat the Random Walk Forecast of Exchange Rates?" *Journal of International Economics* 60 (1): 85 – 107.

Litterman, R. B., 1986, "Forecasting With Bayesian Vector Autoregressions—Five Years of Experience." *Journal of Business & Economic Statistics* 4 (1): 25 – 38.

Mariano, R. S. and Y. Murasawa., 2010. "A Coincident Index, Common Factors, and Monthly Real GDP." *Oxford Bulletin of Economics and Statistics* 72 (1): 27 – 46.

Mariano, R. S. and Y. Murasawa., 2003. "A New Coincident Index of Business Cycles Based on Monthly and Quarterly Series." *Journal of Applied Econometrics* 18 (4): 427 – 443.

Negro, M. D., and Schorfheide, F. 2011. "Bayesian Macro – econometrics." *The Oxford Handbook of Bayesian Econometrics* 293 – 389. Oxford University Press.

Schorfheide, F. and Song, D., 2012. "Real – Time Forecasting with a Mixed – Frequency VAR." *Federal Reserve Bank of Minneapolis Research Department Working Paper.*

Schorfheide, F. and Song, D., 2015. "Real – time forecasting with a mixed – frequency VAR." *Journal of Business & Economic Statistics* 33 (3): 366 – 380.

Sims, C. A. and Zha, T., 1998. "Bayesian Methods for Dynamic Multivariate Models." *International Economic Review* 39 (4): 949 – 968.

Sims, C. A. 1980. "Macroeconomics and Reality." *Econometrica* 48 (1): 1 – 48.

Yin, Libo 2016. "Macroeconomic impacts on commodity prices: China vs. the United States." *Quantitative Finance* 16 (3): 489 – 500.

Zadrozny, P. A. 2008. "Estimating a Multivariate ARMA Model with Mixed Frequency Data: An Application to Forecasting U. S. GNP at Monthly Intervals." *CESifo Working Paper.*

Zadrozny, P. A. 1988. "Gaussian Likelihood of Continuous Time AR – MAX Models When Data are Stocks and Flows at Different Frequencies." *Econometric Theory*, 4 (1): 108 – 124.

第7章 房地产驱动了中国经济周期吗？

摘要：本章通过构建一个带有名义价格刚性以及抵押约束的 DSGE 模型，对过去 20 年间中国房地产市场与宏观经济波动之间的关系进行了深入的分析。结果表明，房地产市场的冲击，如抵押贷款比例冲击和消费者对于房屋的偏好冲击深刻地影响中国的宏观经济。其中，本章认为政府行政性的宏观调控手段（如信贷调控、限售令等）加剧了抵押贷款比例冲击和房屋的偏好冲击对房地产价格以及宏观经济的影响。最后，本章的结论是，房地产价格和借贷约束的相互影响关系放大了各种经济冲击的影响，从而有效地解释了中国经济周期的波动。

7.1 引言

2014 年以来，关于中国房地产市场"崩盘"的言论此起彼伏。一方面，MGI Pacific、高纬环球（Cushman & Wakefield）等海外投资机构纷纷指出当前抛售在华地产是明智之举；另一方面，不少学者和专家（李稻葵[1]、秦虹[2]等）认为中国的房地产市场即将进入转折期，很可能出现销量下降、价

---

[1] 李稻葵：《地产业进入新转折点 房价不会现大跌》，凤凰网，http://finance.ifeng.com/a/20140511/12307824_0.shtml。

[2] 秦虹：《住建部专家：房价不会断崖式暴跌》，新浪网，http://news.dichan.sina.com.cn/2014/05/16/1106705.html。

| 第 7 章 房地产驱动了中国经济周期吗? |

格下跌等问题。

虽然房地产市场是否面临崩盘尚待考证,然而一个不争的事实则是伴随着房地产投资各项指标的下滑,中国经济持续放缓的压力逐渐增强。可以说,中国当前经济发展的许多问题都与房地产行业有关。一方面,若放任房地产行业的发展,会进一步推高房价,抑制其他产业的发展,加大房地产市场的泡沫和金融体系的风险,成为中国经济长期稳健增长的隐患;另一方面,自 1998 年实行全面住房制度改革以来,房地产行业经过近 20 年的蓬勃发展,与国民经济的各个部门息息相关,成为拉动经济增长、促进就业以及政府财政收入的重要组成部分(张晓晶、孙涛,2006)。房地产业投资占全国固定资产投资的比重从不足 5% 上升到 2013 年的 15% 左右。当前,如果对房地产行业采取过于严厉的调控政策,很可能会加剧相关产业和部门发展的困难,加大"稳增长"的风险。因此,如何调整、调控房地产市场,保证中国经济的平稳运行,不仅是当前政策制定者面临的重大难题,也是学术界亟待解决的问题。回答这一问题的关键在于深入了解中国房地产市场的发展规律,厘清中国房地产市场与国民经济其他部门的动态传导机制,这对政策制定者调控工具的选择和实施至关重要。

早在 20 世纪 80 年代,西方的经济学家开始意识到房地产市场在经济周期中的重要作用,并逐渐地将房地产市场加入宏观经济政策的研究中。不过,尽管学者普遍认为房地产市场对宏观经济有着深刻的影响,但是不同学者关于房地产市场影响宏观经济的具体机制存在分歧。首先,一些学者认为在财富效应下,房地产价格的上升可以增加居民的财富,放松居民的借贷约束,从而刺激居民增加消费,最终驱动经济增长(Born and Pyhrr,1994;Case,2000;Feldstein,2007)。其次,另一部分学者认为房地产投资的变动影响宏观经济波动。Green(1997)、Leamer(2007,2009)以及 Ferrara 和 Vigna(2009)分别利用美国和西班牙的数据来检验房地产与宏观经济的影响。他们的研究结果表明房地产投资驱动 GDP 的增长,因此房地产投资可以作为经济运行的先导指标。另外,Ghent 和 Owyang(2009)指出,大城市的房屋市场的准入可以在一定程度上预示失业率的变动。Stevenson(2000)利用 OLS 回归等方法对英国的房地产市场进行分析,认为房地产投资的上升以及房屋价格的上升会显著地引起通货膨胀。不过,也有学者不认同房地产价格变动影响宏观经济波动的观点。Leamer（2007）、Ghent 和 Owyang（2009）等人认为房价的变动并不能预测经济周期中诸如失业率等经济指标的变动，因此房价的波动并不是预测经济运行的先导指标。除了上述的维度，近年来不少国外的学者（Iacoviello，2005；Aspachs - Bracons and Rabanal，2009；Rubio，2009；Iacoviello and Neri，2010；Hirata et al.，2013）开始利用动态随机一般均衡模型，从货币政策传导机制的视角来研究房地产市场与经济周期的关系。其中，Iacoviello（2005）在一篇具有代表性的文章中指出，抵押约束的效应放大了房屋需求对房价冲击的影响，而名义贷款利率则使产出对通胀冲击的反应变得更为缓慢。

不过，尽管国外的学者对欧美发达国家的房地产周期与宏观经济周期的关系进行了较为深入的探讨，很少有学者对新兴市场国家的房地产市场以及宏观经济之间的关系进行深入的剖析。相比于发达国家，国内对于房地产与中国经济周期之间的传导机制尚无系统地研究。已有的研究着重于房地产周期与经济周期之间的关系。何国钊等（1996）的研究表明，在复苏和萧条时期，房地产周期变动滞后于宏观经济周期变动；在高涨和衰退时期，房地产周期变动则领先于宏观经济周期变动。张清勇和郑环环（2012）通过格兰杰因果关系的实证分析指出，经济增长可以促进住宅市场的发展，但是住宅市场的发展并不显著地促进经济增长。梁云芳等（2006）通过协整分析和 H - P 滤波，发现房地产投资的冲击对宏观经济有着显著的同向影响，而房地产价格对宏观经济仅存在短期而且不显著的同向影响。另外，还有部分学者仅仅指出房地产周期与经济周期之间存在互动关系，但是没有提出房地产周期影响经济周期的具体机制（沈悦和刘洪玉，2004；张晓晶和孙涛，2006；杨俊杰，2012）。

综上所述，尽管不少学者尝试对中国房地产市场与宏观经济的相互关系进行研究，但是两者相互影响的具体传导机制至今尚不清楚。在1998—2002年的通货紧缩期间和2008年全球金融危机爆发之后，中国政府都采用了相机抉择的货币和财政政策来熨平经济周期。与此同时，房地产市场得到了蓬勃发展。因此，要想深入地分析房地产周期与经济周期，必须将货币政策因素和政府部门纳入模型中。本章在 Iacoviello（2005）的基础上构建了一个带有微观基础的动态随机一般均衡模型（DSGE），引入抵押贷款比例冲击（loan-to-value ratio shock）和政府支出冲击（government spending shock）。其中，抵押贷款比率冲击用于刻画行政干预等因素对信贷扩张的影响，而政府支出冲击用于刻画财政政策对经济的影响。通过这个模型，我们能够更好地分析房地产市场与宏观经济波动的相互关系。本章的结果表明，借贷约束的放松和正向的住房偏好冲击会导致房价上升以及信贷扩张，从而加剧经济冲击对于宏观经济的影响。

本章的主要贡献在于以下三个方面：

首先，本章的模型能够较好地拟合中国房地产市场和宏观经济波动的特征事实。

其次，本章利用动态随机一般均衡的方法来分析中国的房地产市场影响宏观经济的具体途径，弥补了以往研究的不足。

最后，本章的结论对于相关政策制定具有借鉴意义。鉴于宽松的信贷政策对于房价的上涨有着明显的促进作用，有关部门必须谨慎制定信贷政策，抑制不合理的房贷需求，从而稳定房价。

本章余下的内容安排如下：第 2 节是房地产市场与宏观经济的典型事实，第 3 节是模型描述，第 4 节是参数校准，第 5 节是脉冲响应分析和方差分解，第 6 节是总结。

7.2 房地产市场与中国的经济周期

自 1998 年住房制度改革以来，中国房地产市场的市场化程度不断提高，房地产行业也经历了飞速发展，逐渐成为国民经济的支柱产业。1998—2012 年，中国完成房地产开发投资额从 3590 亿元上升到 71804 亿元，增长了约 19.9 倍。与此同时，根据中国指数研究院 2012 年的研究结果，房地产业对中国 GDP 的贡献率约为 10%，每年拉动 GDP 增长 1.5%~2%。

不过，在高速增长的同时，房地产投资也呈现了较高的波动性。图 7-1 和图 7-2 显示，尽管住宅开发投资自 1998 年住房制度改革以来保持着较快的增速，但是与 GDP 增速相比其波动率较高，波动的频率也比较高。1998—2006 年，住宅开发投资的增长率基本维持在 23% ~ 35%。然而，2008 年金融危机以后，住宅开发投资的增长率经历了两次波谷（分别是 2009 年的 14.14% 以及 2012 年的 11.41%）以及两次波峰（2007 年的 32.02% 和 2010 年的 32.84%）。其中，2007 年的波峰和 2009 年的波谷主要受到经济自身运行周期的影响，而 2010 年的波峰和 2012 年的波谷则主要受宏观调整政策松紧度的影响。另外，2007—2013 年，住宅开发投资增速与 GDP 增速的相关性为 0.692，远高于 1998—2013 年的 0.311。由此可见，随着房地产市场规模的逐年增加以及房地产市场与金融体系的关系日益密切，房地产市场对中国经济周期的变动产生了更为深刻的影响。

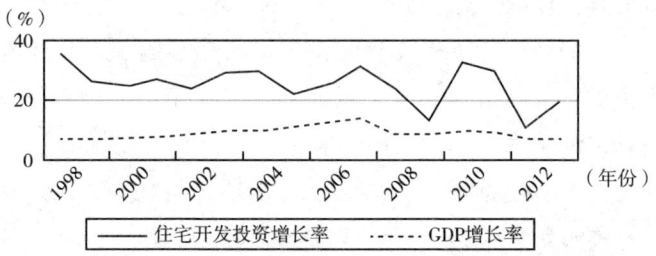

图 7-1　1998—2012 年住宅开发投资增长率与 GDP 增长率

数据来源：中国人民银行、CEIC 数据库。

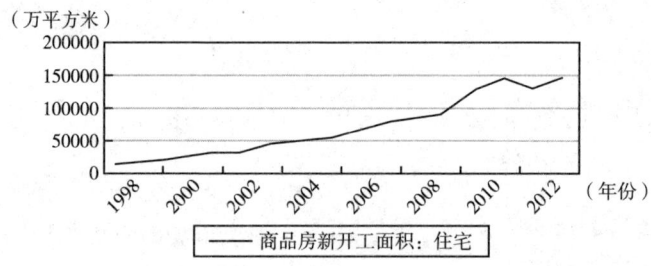

图 7-2　1998—2012 年住宅新开工面积

数据来源：中国人民银行、CEIC 数据库。

在规模快速增长的同时，房地产市场与金融体系的关系也变得更加紧密。如图 7-3、图 7-4 所示，1998 年住房制度改革以后，银行贷款成为个人购买商品房的重要资金来源，极大地驱动了房地产市场的发展。个人购房贷款余额从 1998 年的不足 1000 亿元上升到 2013 年的 98000 亿元,增长了约 100 倍。个人购房贷款余额占国内生产总值的比重也从不足 1%上升到 2013 年的 17.23%。值得注意的是,受金融危机的影响,2008 年的个人购房贷款余额占国内生产总值的比重出现了较为显著的下降。然而,随后的宽松货币政策刺激了个人购房贷款余额占国内生产总值的比重,在 2009—2010 年出现快速的上升。与此同时,从个人贷款余额与 M2 的关系来看,自 2002 年以来个人贷款余额的增速与 M2 的增速基本保持正相关关系,但是个人贷款余额的增速的波动性远高于 M2 的增速。在金融危机时期,个人贷款

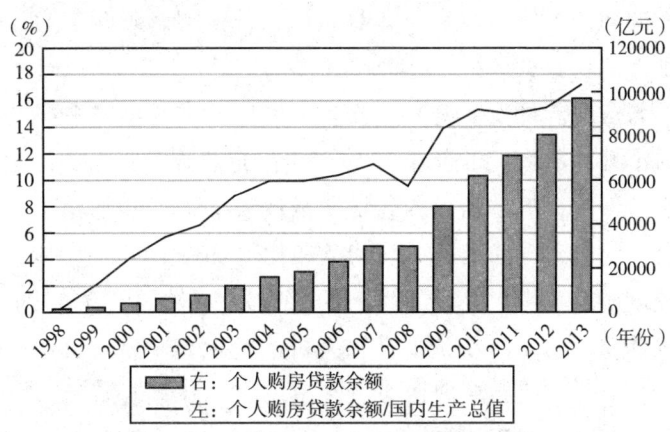

图 7-3 1998—2013 年个人购房贷款余额以及个人购房贷款余额占国内生产总值的比重

数据来源:中国人民银行、CEIC 数据库。

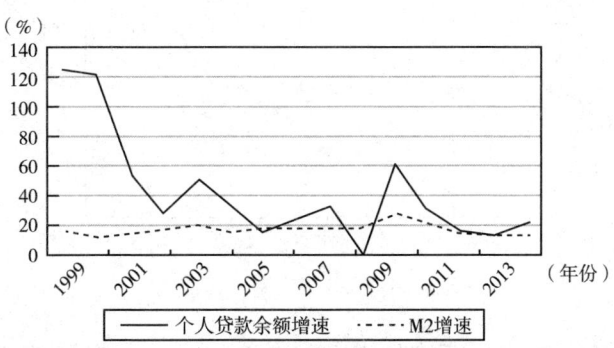

图 7-4 1999—2013 年个人购房贷款余额增速以及 M2 增速

数据来源:中国人民银行、CEIC 数据库。

余额的增速更是出现了负增长,而随后的宽松货币政策刺激了 2009 年的个人贷款余额较前一年增加 60%。

为了抑制房地产投资过热,2011 年以后,监管部门连续出台了紧缩性的货币政策以及相关的房地产调控政策,个人购房贷款余额占国内生产总值的比重的增长速度明显放缓。其中,监管部门多次通过提高存款准备金、提高第二套房的首付比例、加强信贷流向指导等手段来抑制资金过度流向房地产市场。由此可见,监管部门对于信贷干预政策在一定程度上控制个人购房贷款的规模,从而对房地产市场产生了深远的影响。另外,尽管官方没有公布确切的数字,但从媒体报道的情况来看,近年来通过信托等途径进入房地产的资金也是相当可观的。

不过,与房地产投资呈现剧烈波动不同,近十几年来中国的房地产价格基本保持上升的趋势。尽管在 2008 年金融危机爆发以后,房地产价格上升的速度有所回落,但是随后的经济刺激政策又进一步加剧了房地产价格上升的速度。同时,与同期的 CPI 指数相比(如图 7-5 所示),房地产价格上升的速度明显更快。然而,由于中国的 CPI 指数并没有直接将房价计算在内,居民感受到的实际物价上升水平可能远远高于官方公布的数字。其中,北京、上海、广州、深圳四个一线城市的上升幅度尤其明显。2013 年以来,北京、上海、广州、深圳这四个城市的房价出现了新一轮的涨价潮,如图 7-6 所示。

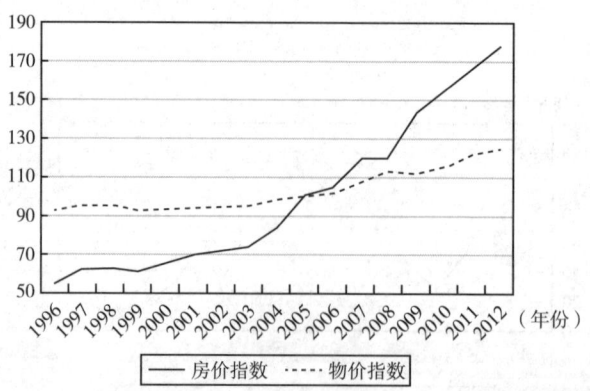

图 7-5　1996—2012 年全国房价指数和 CPI 指数(以 2005 为基期,基数为 100)

　　数据来源:国家统计局、CEIC 数据库。

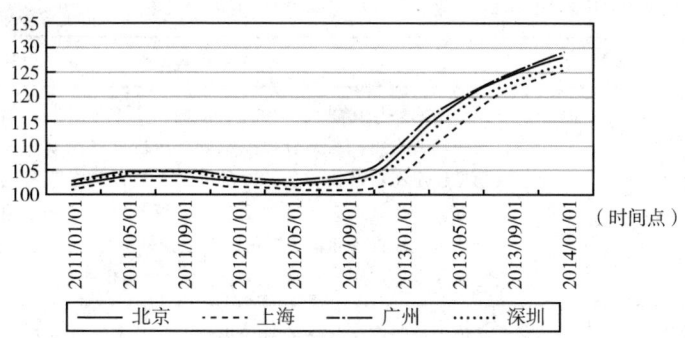

图 7-6　2011 年 1 月—2014 年 1 月 北京、上海、广州、深圳的房价指数
数据来源：国家统计局、CEIC 数据库。

房地产价格的快速上升对宏观经济运行以及社会稳定产生了一系列不利影响。首先，房地产价格的持续上涨，迫使购房者增加储蓄、减少消费，既不利于增加个人福利也不利于中国总需求结构的改善。其次，房价的持续上涨也导致了开发商乐意进行更多的房地产投资，不利于改善总需求结构失衡的局面。最后，房价的持续上涨带来的一系列影响加重了中低收入者的负担，加剧了民间的不满情绪，不利于社会稳定。

为了抑制房地产市场规模过度膨胀以及应对房地产价格的快速上涨，中央政府连续出台了"国八条""国六条""国四条"以及"国十一条"等宏观调控政策（如表 7-1 所示）。这一系列的调控政策的对象涉及购房者、银行、地方政府等主体，几乎涵盖了房地产市场供需的各个方面。然而，近年来的事实表明，这一系列政策在抑制房价方面作用并不明显。

表 7-1　　　　　2005—2013 年出台的重要房地产调控政策

时间	政策	主要内容
2005	国八条	一是高度重视稳定住房价格；二是将稳定房价提高到政治高度，建立政府负责制；三是大力调整住房供应结构，调整用地供应结构，增加普通商品房和经济住房的土地供应，并督促建设；四是严格控制被动型住房需求，主要是控制拆迁数量；五是正确引导居民合理消费需求；六是全面监测房地产市场运行；七是积极贯彻调控住房供求的各项政策措施；八是认真组织对稳定住房价格工作的督促检查

续表

时间	政策	主要内容
2006	国六条	一是切实调整住房供应结构；二是进一步发挥税收、信贷、土地政策的调节作用；三是合理控制城市房屋拆迁规模和进度，减缓被动型住房需求过快增长；四是进一步整顿和规范房地产市场秩序；五是加快城镇廉租房制度建设，规范发展经济适用房，积极发展住房二级市场和租赁市场，有步骤解决低收入家庭住房困难；六是完善房地产统计和信息披露制度，增强房地产市场信息透明度
2009	国四条	一是增加普通商品住房的有效供给；二是要继续支持居民自主和改善性住房消费，抑制投资投机性购房，加大差别化信贷政策执行力；三是要加强市场监管；四是要继续大规模推进保障性安居工程建设
2010	国十一条	严格二套房贷款管理，首付不得低于40%，加大房地产贷款窗口指导
2013	国五条	一是完善稳定房价工作责任制；二是坚决抑制投机投资性购房；三是增加普通商品住房及用地供应；四是加快保障性安居工程规划建设；五是加强市场监管

由于房地产市场、金融体系以及宏观经济之间存在复杂的关系，学术界和政策制定者无法从理论上进行清晰的分析，更难以制定合适的政策。首先，由于经济增长、适龄人口增加、城镇化加速等因素的存在，当前房地产市场存在较大的刚性需求。为此，政策过于严厉则很容易伤害刚性需求，从而损害社会总福利，进一步加剧中低收入人群的不满情绪。其次，再过去的10多年里，房地产的开发、投资、销售均以20%以上的速度高速增长，成为促进经济增长的重要因素，而房地产业高速发展的同时也带动了上下游产业的快速发展，从而增加了国民经济对于房地产及其上下游产业的依赖。因此，如果只针对单一环节实施宏观调控而不采取系统性的对策，那么政策将难以见效。最后，由于土地出让金是地方政府预算外收入的主要组成部分，而与房地产交易相关的税费也是地方政府的重要收入，各级地方政府缺乏严格执行房地产调控政策的积极性，导致了政策的失效。

由此可见，由于房地产市场规模的不断增加以及房地产市场与国计民生的关系日益密切，房地产市场已经无可避免地成为影响中国经济的重要因素。特别是在解释中国经济周期波动时，房地产市场的冲击更是至关重要。接下来,本书将通过构建数理模型来阐释房地产市场与宏观经济的相互联系。

7.3 模型描述

本章的模型包括四类经济个体:企业家、零售厂商、耐心的家庭以及不耐心的家庭。耐心的家庭是资金的出借方,而不耐心的家庭则是资金的借入方,零售厂商由资金的出借方拥有。根据 Iacoviello(2005)的做法,整个经济的供给被分为生产部门和零售部门。企业家掌控价格灵活变动的生产部门,但由于不完全合约的存在,被迫面临着借贷约束(Kiyotaki and Moore,1997)。零售部门没有不完全合约以及借贷约束的问题,而且名义价格具有黏性。

7.3.1 家庭部门

在给定预算约束的情况下,耐心的家庭部门最大化目标效应函数是:

$$E\sum_{t=0}^{\infty}\beta'^{t}\left(\ln c'_t + j_t \ln h'_t - \frac{L'^{\eta}_t}{\eta}\right) \quad (7.1)$$

预算约束是:

$$c'_t + q_t \Delta h'_t - b'_t = -\frac{R_{t-1} b'_t}{\pi_t} + w'_t L'_t + F_t + T'_t - \varepsilon'_{h,t} \quad (7.2)$$

其中,β' 是耐心家庭的贴现因子,c'_t 是在 t 时期的消费,h'_t 是实际房屋拥有量;在本文中 j_t 被假定为一个随时间变化的量,从而形成家庭对房屋的偏好冲击;L'_t 是工作时间;$q_t \equiv \frac{Q_t}{P_t}$ 是房屋的实际价格;R_{t-1} 是名义利率;$\pi_t \equiv \frac{P_t}{P_{t-1}}$ 是通胀率;$-b'_t$ 是实际的贷款总量;w'_t 是实际的工资率;F_t 是从零售厂商中获得的利润;T'_t 是重要银行的转移支付;$\varepsilon'_{h,t} = \phi_h (\Delta h'_t / h'_{t-1})^2 q_t h'_{t-1}/2$ 是家庭的调整成本;方程(7.2)表明,耐心的家庭在每一期都得到利息、工资、从零售厂商中获得的利润以及中央银行的转移支付并且利用这些资金来购买消费品、房屋以及发放贷款。

对于不耐心的家庭而言，由于他们的折现因子是 β''，且 $\beta'' < \beta'$，他们必须通过贷款来购买房子。如果一个借款人违反了合约，那么贷款人就可以获得扣除交易费用以后房屋的净值。因此，厂商的贷款总额不能超过房屋的净值乘以抵押贷款比例（loan-to-value ratio）。贷款合同只规定了贷款的名义利率。因此，通货膨胀会减少负债的净值。

不耐心的家庭在给定预算约束的情况下，最大化终身效用是：

$$E\sum_{t=0}^{\infty}\beta''^t\left(\ln c_t'' + j_t\ln h_t'' - \frac{L_t''^\eta}{\eta}\right) \tag{7.3}$$

预算约束是：

$$c_t'' + q_t\Delta h_t'' - b_t'' = -\frac{R_{t-1}b_{t-1}''}{\pi_t} + w_t''L_t'' + T_t'' - \varepsilon_{h,t}'' \tag{7.4}$$

借贷约束是：

$$b_t'' \leq m''E_t(q_{t+1}h_t''\pi_{t+1}/R_t)\xi_{LTV,t} \tag{7.5}$$

其中，b'' 是不耐心家庭的贷款总额；w_t'' 是工资率；T_t'' 是中央银行向不耐心家庭的转移支付；$\varepsilon_{h,t}'' \equiv \varphi_h(\Delta h_t'/h_{t-1}')^2 q_t h_{t-1}'/2$ 是调整成本；m'' 是抵押贷款比例；$\xi_{LTV,t}$ 是抵押贷款比例的冲击，笔者用它来度量央行信贷政策变化对房地产抵押贷款的影响。不耐心的家庭在每一期都得到贷款、工资以及中央银行的转移支付并且利用这些资金来购买消费品、房屋以及偿还贷款。

7.3.2 生产和零售部门

企业家生产批发产品。零售厂商以 P_t^w 的价格购买批发产品，然后以 P_t 的价格进行再销售。企业家每一期选择消费为 c_t，投资为 $I_t = K_t - (1-\delta)K_{t-1}$，住房是 h_t 以及两种雇佣劳动 L' 和 L'' 来最大化预期效用是：

$$E\sum_{t=0}^{\infty}\gamma^t\ln c_t \tag{7.6}$$

生产技术是：

$$Y_t = A_k K_{t-1}^{\mu} h_{t-1}^{\nu} L_t'^{\alpha(1-\mu-\nu)} L_t''^{(1-\alpha)(1-\mu-\nu)} \quad (7.7)$$

预算约束：

$$Y_t/X_t + b_t = c_t + q_t\Delta h_t + R_{t-1}b_{t-1}/\pi_t + w_t'L_t' + w_t''L_t'' + I_t + \varepsilon_{e,t} + \varepsilon_{K,t} \quad (7.8)$$

借贷约束是：

$$b \leq mE_t(q_{t+1}h_t\pi_{t+1}/R_t)\xi_{LTV,t} \quad (7.9)$$

其中，企业家的折现因子是 γ，且 $\gamma < \beta'$；δ 是资本的折旧率；K_t 是资本存量；A_t 是技术的参数；$X_t \equiv \frac{P_t}{P_t^w}$ 是零售价格相对于批发价格的加成（markup）；企业家的房屋调整成本是 $\varepsilon_{e,t} \equiv \phi_e (\Delta h_t/h_{t-1})^2 q_t h_{t-1}/2$；$\varepsilon_{K,t} \equiv \varphi(I_t/K_{t-1} - \delta)^2 K_{t-1}/(2\delta)$ 是资本的调整成本；m 是抵押贷款比例。企业家在每一期获得销售收入和贷款并用这些资金去购买消费品、房屋、偿还债务、支付工资以及进行投资。

零售部门是垄断竞争的，并且标准化为 1 的连续个体。设用 z 来表示零售厂商，那么最终厂商部门的产出是 $Y_t^f = (\int_0^1 Y(z)^{\zeta-1/\zeta}dz)^{\zeta/\zeta-1}$，且 $\zeta > 1$。假设每一期只有 $1-\theta$ 的厂商可以灵活改变价格，并假设改变后的价格为 $P_t^*(z)$，那么零售厂商的目标函数为：

$$\sum_{k=0}^{\infty} \theta^k E_t \left\{ \Lambda_{t,K} \left[\frac{P_t^*(z)}{P_{t+k}} - \frac{X}{X_{t+K}} \right] Y_{t+K}^*(z) \right\} = 0 \quad (7.10)$$

其中，$\Lambda_{t,K} \equiv \frac{\beta c_t'}{c_t''}$ 是随机贴现因子，$X \equiv \frac{\zeta}{\zeta-1}$ 是稳态情况下的价格加成。通过最优化目标函数，再结合 $P_t = [\theta P_{t-1}^e + (1-\theta)P_t^*]^{1/1-\zeta}$，并且对方程进行对数线性化，可以得到菲利普斯曲线 $\hat{\pi}_t = \beta \hat{\pi}_{t+1} + \kappa \hat{X}_t$，其中 $\kappa = (1-\theta)(1-\beta\theta)/\theta$。然后，本章在菲利普斯曲线的右边加入一个成本推动的冲击 μ_t，作为经济周期中波动中的另一个冲击。

7.3.3 均衡、货币政策及冲击过程

市场出清的条件是：

$$L_t' + L_t'' = L_t,$$

$$h_t + h'_t + h''_t = H,$$
$$c_t + c'_t + c''_t + I_t + G_t = Y_t$$
$$b_t + b'_t + b''_t = 0$$

货币政策规则如下：
$$R_t = (R_{t-1})^{r_R} [\overline{rr} \pi_{t-1}^{1+r_\pi} (Y_{t-1}/Y)^{r_Y}]^{1-r_R} e_{R,t},$$

其中，H 是房屋的固定供给；$\overline{rr}$ 和 Y 是稳态的利率和产出；$e_{R,t}$ 是货币政策冲击，其方差为 σ_R^2。

政府收支平衡方程是：
$$G_t = T_t$$

政府支出服从以下随机过程是：
$$lnG_t = (1-\lambda_g)ln\overline{G} + \lambda_g G_{t-1} + e_{g,t}$$

其中，$\overline{G}$ 是稳态的政府购买量，$e_{g,t}$ 是财政政策冲击，方差为 σ_g^2。

冲击的运动过程如下：
$$\hat{j}_t = \rho_j \hat{j}_{t-1} + e_{j,t} \tag{7.11}$$
$$\hat{\mu}_t = \rho_\mu \hat{\mu}_{t-1} + e_{\mu,t} \tag{7.12}$$
$$\hat{A}_t = \rho_a \hat{A}_{t-1} + e_{a,t} \tag{7.13}$$
$$\hat{\xi}_{LTV,t} = \rho_{LTV} \hat{\xi}_{LTV,t-1} + e_{ltv,t} \tag{7.14}$$

其中，^表示偏离稳态的百分比；$e_{j,t}$、$e_{\mu,t}$、$e_{a,t}$ 以及 $e_{ltv,t}$ 的方差分别是 σ_j^2、σ_μ^2、σ_a^2 以及 σ_{ltv}^2。

7.4 参数校准及估计

表7-2列出了模型的校准参数。其中，部分标准化参数的取值范围与大多数经济周期所选用的参数保持一致。耐心家庭和不耐心家庭的贴现因子分别是0.99和0.985，分别对应中国家庭储蓄利率和个人住房贷款利率

(CEIC)。企业家的贴现因子是0.95，对应21%的企业房地产抵押贷款利率。这里我们采用了温州民间融资房地产抵押贷款利率的调查数据（CEIC）。这是基于两方面的原因：一方面，中国非上市非国有企业从银行获取贷款困难，非正规金融实际上是这些企业融资的主要渠道（Allen et al.，2005）；另一方面，由于实践中存在利用中间业务绕开利率管制的现象，人民银行的贷款基准利率并不能很好地反映银行贷款利率。根据 He 和 Luk（2013）的研究，笔者取 Frisch 反弹性为1。季度折旧率 δ 是0.025，即年化折旧率为0.1（Bai et al.，2006）。房屋收入的份额（ν）和资本收入的份额（μ）分别是0.11和0.39，这两者之和为0.5（Bai et al.，2006）。其他参数则与 Iacoviello（2005）保持一致。

表 7-2　　　　　　　　　　校准参数

参数含义	参数	值
耐心家庭的折现因子	β'	0.99
不耐心家庭的折现因子	β''	0.985
企业家的贴现因子	γ	0.95
资本折旧率（季度）	δ	0.025
稳态的价格加成	X	1.05
房屋收入所占份额	ν	0.11
资本收入所占份额	μ	0.99
资本调整成本	φ	2

笔者采用了从1998年第1季度到2013年第4季度的实际 GDP（Y）、政府支出（G）、消费价格指数（π）、房地产价格（q）、投资（I）以及利率（R）。所有的实际变量都采用美国国家统计局 X12 法季度调整；本章利用了 HP 滤波来去除数据的趋势。所有参数采用基于 Metropolis – Hastings 的贝叶斯方法估计，我们进行了20000次的迭代，去除（burn – in）其中10000次模拟值。数据的先验分布和后验分布如表 7-3 所示。其中房屋偏好 j 的先验均值设为0.2，高于美国的水平0.1，这反映了我们对中国家庭相对于美国家庭更愿意持有住房的先验认识。货币政策参数的先验均值取自利用历史数据 OLS 估计的结果。房屋调整成本参数的先验均值为1，高于美国的水平，反映中国房地产存量调整面临更多的管制和交易成本。1998年第1季度到

2013 年第 4 季度的 5 个宏观变量 GDP、通胀以及消费数据是从 Wind 数据库搜集得到；投资额的数据从国家统计局搜集得到；利息率是从中国银监会的网站搜集得到。

表 7-3　　　　　　　　结构参数的先验分布和后验分布

参数	分布函数	先验分布		后验分布		
		标准差	均值	均值	10%	90%
房屋偏好 j	贝塔分布	0.05	0.2	0.3069	0.221	0.3866
抵押贷款比例（企业家）m	贝塔分布	0.05	0.6	0.4748	0.4076	0.5486
抵押贷款比例（耐心家庭）m''	贝塔分布	0.05	0.6	0.4332	0.3701	0.5063
耐心家庭的工资份额 α	贝塔分布	0.1	0.7	0.6881	0.5171	0.8518
房屋调整成本（企业家）ϕ_e	伽玛分布反函数	0.5	1	0.6988	0.4187	0.972
房屋调整成本（不耐心家庭）ϕ_h	伽玛分布反函数	0.5	1	0.3691	0.2878	0.4518
卡尔沃定价的价格调整概率 θ	贝塔分布	0.5998	0.67	0.5485	0.5119	0.5998
货币政策参数（产出缺口）ρ_Y	正态分布	6.38	6.74	5.5252	1.1764	9.8252
货币政策参数（通胀）ρ_π	正态分布	0.02	0.04	0.0389	0.0029	0.0701
货币政策参数（上一期利率）ρ_R	贝塔分布	0.1	0.75	0.9647	0.9402	0.9903
偏好冲击的一阶自相关系数 ρ_j	贝塔分布	0.1	0.8	0.6607	0.5505	0.7524
成本冲击的一阶自相关系数 ρ_u	贝塔分布	0.1	0.8	0.9434	0.9002	0.988
技术冲击的一阶自相关系数 ρ_a	贝塔分布	0.1	0.8	0.5208	0.412	0.6111

续表

参数	分布函数	先验分布		后验分布		
		标准差	均值	均值	10%	90%
信贷政策冲击的一阶自相关系数 ρ_{ltv}	贝塔分布	0.1	0.8	0.9232	0.8665	0.9751
货币政策冲击的标准差 σ_R	伽玛分布反函数	0.01	0.001	0.0046	0.0038	0.0053
偏好冲击的标准差 σ_j	伽玛分布反函数	0.01	0.001	2.1962	1.4492	2.8736
成本冲击的标准差 σ_u	伽玛分布反函数	0.01	0.001	0.0034	0.0009	0.0058
技术冲击的标准差 σ_a	伽玛分布反函数	0.01	0.001	0.0875	0.0708	0.1039
信贷政策冲击的标准差 σ_{ltv}	伽玛分布反函数	0.01	0.001	0.086	0.0678	0.1062

7.5 脉冲响应分析及方差分解

从脉冲响应的结果来看，本章有以下几点结论：

第一，外生技术进步导致物价下降和产出增长。物价下降来自技术进步的成本节约效应。而更低的成本带来更高的利润空间，进而刺激了生产的扩张。生产扩张需要增加各方面的投入，而房地产投资是其中的一个重要方面。从图7-7可以看出，产出的扩张拉动房地产需求，推高了房价。图7-7还显示外生技术进步引致名义利率的下降。这是因为物价下降降低了通货膨胀的压力，央行在这种情况下不需要通过高利率抑制通胀。

第二，正向的房地产需求冲击抬高了房价。房价的上升提高了居民和企业的财富水平，放松了外部融资约束。信贷规模的扩张推高了总需求。需求的扩张刺激企业扩大生产以从中获利。生产规模的扩大增加了对劳动、

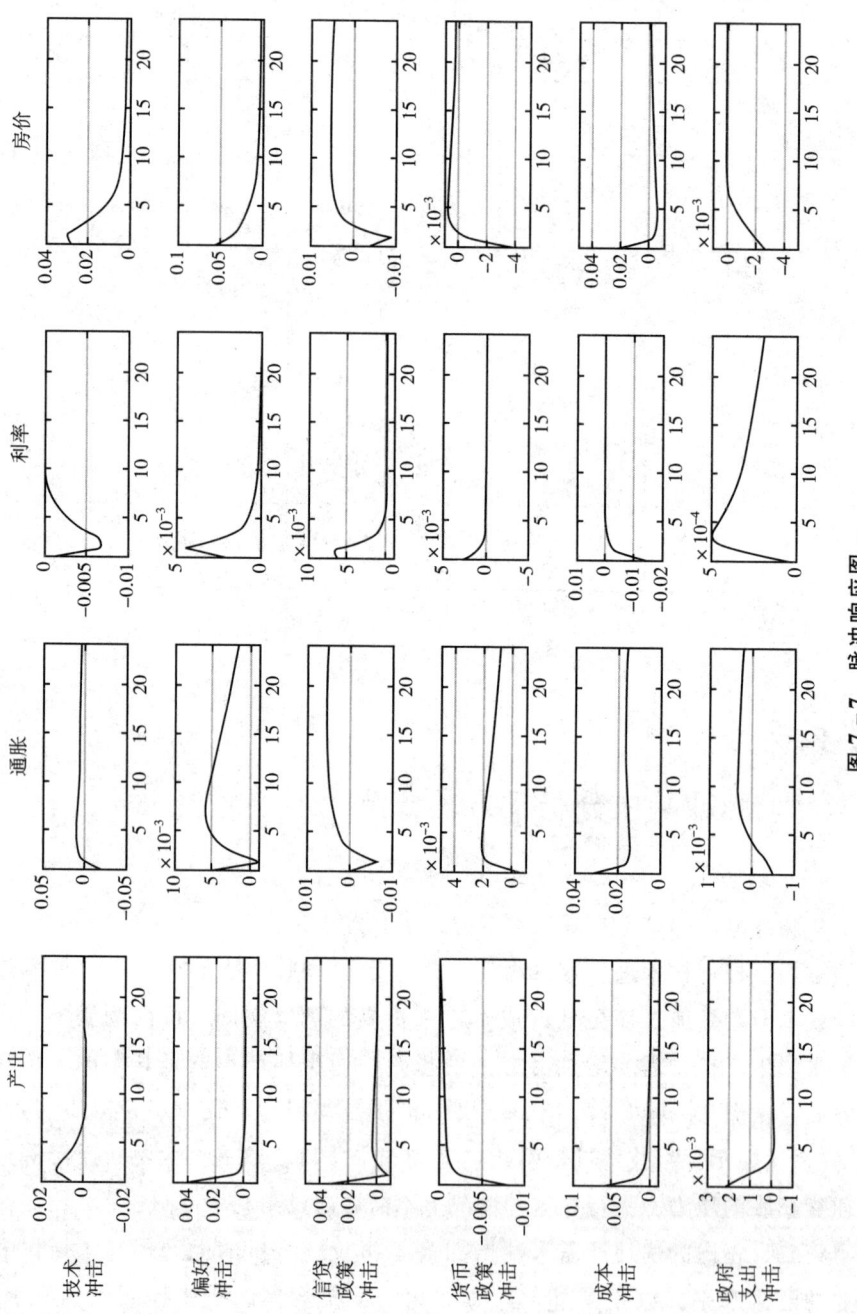

图 7-7 脉冲响应图

资本以及房地产的需求,进一步推高了物价和房价。物价的提升降低名义负债水平,房价的提升提高财富水平,这两个因素进一步增强了总需求的扩张势头。在通胀压力下,央行通过各种货币政策抑制总需求的过度扩张,而这些政策导致名义利率上升。

第三,正向的信贷政策冲击提高了贷款的可获得性,增加了总需求,推高了产出。模型结果(见图7-7)显示,央行对于信贷扩张带来的产出扩张采用了较为审慎的态度。具体而言,它提高了名义利率来防止经济过热和通货膨胀。较高的名义利率降低了储户的消费和住房需求,因此,尽管产出的扩张提高了生产性房地产需求,房价在短期内还是下降的,同时通货膨胀水平也出现了短暂的下降,但是随着总需求对物价上涨压力的扩大,通胀水平开始上升,同时生产性房地产需求扩张的影响逐渐超出储户住房需求下降的影响,房价也出现了持续的上涨。可以看到,在我们所考虑的所有经济冲击中,信贷政策冲击对房价和通货膨胀影响的持续性是最强的。图7-7显示在一个扩张性的信贷政策冲击之后的20个季度后房价和物价仍然处在上升过程中。

第四,负向的货币政策冲击抬高利率,进而降低了物价和产出水平。产出水平的下降导致生产性房地产需求下降,使房价也随之下跌。房价的下降降低居民和企业的财富水平,抑制外部融资,引致需求进一步下降。产出和房地产需求进一步下降,房价下降幅度加大。

第五,成本冲击抬高物价,同时降低了债务的实际水平,这对投资和房地产需求产生了两方面的影响。一方面,成本的上升降低了利润空间,抑制投资和生产性房地产需求的扩张。另一方面,物价上涨引致名义债务的实际价值下降,增加了实际财富水平。这不仅放松了外部融资约束,增加了投资和生产性房地产需求,还增加了消费性房地产需求。总需求的上升导致房价和产出都上升了。

第六,扩张性的财政政策增加总需求,提升产出水平。为抑制经济过热,央行采用稳健的货币政策来抑制总需求过度扩张。因此,名义利率提高了。这导致短期内通胀水平不升反降。短期内通胀水平下降的另一个原因是政府支出扩张产生了未来税收增长的预期,抑制了消费需求和消费性房地产需求的扩张。这导致了房价的下降和财富水平的下降,进一步抑制了总需求的扩张。因此,财政扩张对产生水平的正向影响是有限的。

从方差分解(见表7-4)可知,基于市场手段的中国货币政策对经济周期影响较弱,这一方面是因为利率管制和金融市场发展欠完善,导致货币政策传导渠道不畅;另一方面是一些大型国有企业公司治理有待完善,对融资成本不够敏感。与之形成对比的是行政性色彩浓厚的信贷政策对经济周期的影响显著。财政政策由于挤出效应的存在,实际影响也比较小。房地产需求冲击和成本冲击是中国经济周期的另一重要原因。其中房地产需求冲击和政府的限购政策密切相关。具体而言,政府限购导致居民的房地产需求外生地下降了。成本冲击对于中国经济周期的变动有着十分重要的作用。这一冲击可能来自各个方面。一方面,它可能来自改革过程中城乡二元结构转型过程中劳动力成本的波动;另一方面,它可能直接来自政府部门的价格管制。例如,2007年9月,国家发展和改革委员会、财政部和国家电力监督委员会发布通知,取消对高能耗企业的优惠电价,提高了水费并开征污水处理费。紧接着,国家发展和改革委员会从11月1日起提高燃油类价格。这些措施在短期内引致了企业成本上升,加剧了当时的通货膨胀。

表7-4　　　　　　　　　　方差分解　　　　　　　　　　单位:%

	货币政策冲击	房屋偏好冲击	成本冲击	技术冲击	信贷政策冲击	政府支出冲击
产出	1.07	26.37	-50.11	4.46	17.92	0.08
消费	0.68	40.31	36.82	1.40	20.71	0.07
投资	0.64	43.07	33.57	1.12	21.52	0.08
通胀	0.42	2.67	84.01	7.00	5.89	0.02
房价	0.20	59.67	7.13	23.8	8.95	0.15

7.6 结论

本章深入地研究了房地产市场与宏观经济的相互联系。研究结果表明,放宽居民的借贷约束会在一定程度上提高房价，而正向的住房偏好冲击会导致信贷的扩张。信贷约束和房地产价格的相互关系会加剧经济冲击的影响。其中，抵押贷款比例冲击和住房偏好冲击是中国经济周期波动的重要因素。因此，为了避免房地产市场过热，我国政府在制定货币政策的时候应该考虑房地产市场对宏观经济的冲击。

对未来的房地产宏观调控，笔者有以下几点建议。第一，鉴于房屋偏好冲击对房价的影响最大，政府在实施宏观调控的时候要差别化对待，既要避免抑制居民刚性的购房需求又要减少投机性的购房需求。为此，政府应该通过增加土地以及保障房的供应来满足居民的刚性需求，并通过开征房产税等手段来抑制投机性的需求。第二，要减少宏观调控的计划经济色彩，通过预期引导等手段来调节房价。房地产价格的变化表明，过去的十年的宏观调控手段（如限购、限售、调整首付比例等）对调节高房价并没有直接的作用。为此，政府未来应当通过价格机制来合理引导居民房地产消费的预期，减少行政命令式的调控，避免经济的大起大落。第三，房地产市场的宏观调控还需要财政政策以及法律制度的配合。当前，由于地方政府软预算约束以及财政收支不透明等因素，政府为了筹集资金而对房地产行业形成了较大的依赖。为此，为了避免地方政府过度依赖房地产行业，有关部门需要调整中央与地方的财政关系，通过法律的形式来完善财政收支制度。

需要指出的是，本章是从国家层面研究房地产市场对宏观经济的冲击。鉴于中国是一个具有较大地域差异的新兴市场国家，未来的研究可以从省级数据或者城乡差异的角度来考虑房地产市场与宏观经济的关系。

本章参考文献

何国钊、曹振良、李晟："中国房地产周期研究"，《经济研究》1996年第12期，第51-57页。

梁云芳、高铁梅、贺书平："房地产市场与国民经济协调发展的实证分析"，《中国社会科学》2006年第3期，第74-84页。

沈悦、刘洪玉："住宅价格与经济基本面：1995—2002年中国14城市的实证分析"，《经济研究》2004年第6期，第78-86页。

杨俊杰:"房地产价格波动对宏观经济波动的微观作用机制探究",《经济研究》2012 年第 1 期,第 117 – 127 页。

张清勇、郑环环:"中国住宅投资引领经济增长吗?",《经济研究》2012 年第 2 期,第 67 – 79 页。

张晓晶、孙涛:"中国房地产周期与金融稳定",《经济研究》2006 年第 1 期,第 23 – 33 页。

Aspachs, B, O. and P. Rabanal. , 2009, "The Drivers of Housing Cycles in Spain", *IMF Working Paper*, 09/203.

Bai, C. E. , Hsieh, C. T. , and Qian, Y. , 2006, . "The Return to Capital in China", *Brookings Papers on Economic Activity*, NO. 2, 61 – 88.

Born, W. L. , and S. A. Pyhrr, 1994, "Real Estate Valuation: The Effect of Market and Property Cycles", *Journal of Real Estate Research*, 9 (4): 455 – 485.

Case. K. E. , Glaeser, E. L. and , J. Parker, 2000, "Real Estate and the Macro Economy", *Brookings Papers on Economic Activity*, 119 – 162.

Feldstein, M. S, 2007, "Housing, Credit Markets and the Business Cycle", *NBER Working Paper*, No. 13471.

Ferrara, L. , and O. Vigna, (2009) . Cyclical Relationships between GDP and Housing Market in France: Facts and Factors at Play. *Banque de France*, *Working Paper*, (268).

Green, Richard K. , 1997, "Follow the Teader: How Changes in Residential and Non – residential Investment Predict Changes in GDP", Real Estate Economics, 25 (2): 253 – 270.

Ghent A. C. and M. T. Owyang, 2009, "Is Housing the Business Cycle? Evidence from U. S. Cities", *Federal Reserve Bank of St. Louis Working Paper Series*, 2009 – 007B, 1 – 38.

Hirata, H. , Kose, M. A. , Otrok, C. , and Terrones, M. E. , 2012, "Global house price fluctuations: Synchronization and determinants. ", *NBER Working Paper*, No. w18362.

Iacoviello, M. , 2005, "House Prices, Borrowing Constraints and Monetary Policy in the Business Cycle", *American Economic Review*, Vol. 95, NO. 3: 739 – 764.

Iacoviello, M. and Neri, S. , 2010, "Housing Market Spillovers: Evidence from an Estimated DSGE Model", *American Economic Journal: Macroeconomics*, Vol2, NO. 2: 125 – 164.

Kiyotaki, N. and Moore, J. , 1997, "Credit Cycles", *Journal of Political Economy*, Vol. 105: 211 – 248.

Leamer, E. E. , 2007, "Housing is the business cycle", Proceedings, *Federal Reserve Bank of Kansas City*, 149 – 233.

Leamer, E. E. 2009, "Homes and Cars: Why are the Cycles in Homes and Consumer Durables so Similar?", Advances in Economic Analysis & Policy, Berkeley Electronic Press, 9 (3).

Rubio, M., 2009, "Fixed and Variable Mortgages, Business Cycles and Monetary Cycle", *Working Paper* 0903, Banco de Espāna.

Stevenson, S., 2000, "International Real Estate Diversification: Empirical Tests Using Hedged Indices", *Journal of Real Estate Research*, 19 (1): 105–131.

第8章 中国系统性金融风险的度量
——基于实体经济的视角

摘要：本章综合考虑机构个体风险、联动和传染效应、波动和不稳定性以及流动性与信用等风险因素，采用主成分分析分位数回归法（PCQR）构造出可以全面反映实体经济运行情况的系统性金融风险指数，并对系统性风险影响实体经济的传导途径进行了探究。实证结果表明，该指数能准确、有效地预测未来宏观经济冲击的分布情形。系统性金融风险，主要是通过信贷这一渠道传导至实体部门，进而对宏观经济产生负面影响。依据本章构建的指数，当前中国的系统性金融风险处于中高位，防范和化解系统性风险，保持信贷的稳健，是当前中国宏观经济调控的重要任务。

8.1 引言

经济"新常态"的出现意味着中国经济在经过30多年的高速增长后，迎来了重大转折。到2019年，虽然中国的GDP增速仍维持在7%左右，但经济发展背后隐含着重重风险：经济结构失衡、产能过剩、房地产泡沫日趋严重、地方政府债务高筑、影子银行风险上升等一系列问题逐步凸显。其中，最为显著的表现就是"金融过热，实体经济遇冷"。缺乏良好经济基础支撑的金融体系脆弱性增强，同时金融过度自我创新，加剧经济泡沫化，也催生各种金融风险。李克强总理在世界经济论坛2015年新领军者年会上指出，最近国际金融市场发生新的波动，是2008年国际金融危机以来的延续。中国资本市场，特别是股市在2015年6—7月也发生异常波动，中国相关方面采取措施稳定市场，防止风险的蔓延，防范系统性金融风险的发生。中国下一步会继续推进发展多层次的资本市场，而且要坚持市场化和法治化的方向，努力培育公开透明、长期稳定健康发展的资本市场。周小川（2015）指出，要从严从实推动金融改革创新，进一步激发金融活力，促进金融资源优化配置，牢牢守住不发生系统性、区域性金融风险的底线。由此可见，如何防范和化解系统性金融风险是当前亟待解决的重大问题。

回答这一问题的关键在于，如何对整个金融体系的系统性风险进行准确的测度和识别。事实上自2008年全球性金融危机以来，系统性风险就成为学术界和政策制定者共同关注的焦点。学者们针对系统性风险的各种特质构建了多样化的测度方法，尝试预警系统性风险的触发事件，以期作为识别系统性风险的替代性指标。这些测度方法确实为监管当局提供了预判或识别系统性风险的技术手段，但大多数测度指标只反映了系统性风险的某个特定方面，再加上系统性风险本身的复杂特性，这些测度方法看似相互独立，实则在衡量内容上有所交叉，并不能全面准确地反映系统性金融风险。此外，这些测度和识别系统性风险的方法只着重于金融系统本身，而忽视了金融与实体经济之间的内在联系。事实上，当前我国经济发展的症结就在于：实体经济下行压力持续、金融风险不断聚集。若想实现"坚守不发生系统性风险底线"的政策目标，就需要构建出和实体经济紧密联系的系统性金融风险测度方法，并将可以有效识别金融风险对实体经济影响的信息纳入测度指标中。

本章以现有的系统性风险测度方法为基础，检验多个系统性风险测度指标的有效性以及它们对实体经济变动的预测能力，并构造出能准确、有效地预测经济衰退的系统性风险指数。由于系统性风险和实体经济之间存在明显的不对称关系：系统性风险的累积会加重对经济发展的不利冲击，导致经济下行甚至带来严重的经济危机，但系统性风险的缓和并不一定带来经济繁荣。因此，本章沿用Giglio等人（2016）的分析框架，首次采用分位数回归样本外预测的方法，确定各个系统性风险指标预测中国经济衰退的准确性。在此基础上，本章采用主成分分析分位数回归法，加总并提取这些测度中的有效信息构建系统性风险指数。利用该指数，本章进一步探究了系统性风险对中国实体经济传导的主要途径。

本章余下内容的安排如下：第 2 节对相关文献进行综述；第 3 节介绍构建中国系统性风险指数的方法；第 4 节进行实证分析；第 5 节给出结论和相关政策建议。

8.2 文献综述

8.2.1 系统性风险的内涵和范畴

早在 20 世纪 70 年代，国际清算银行已经开始认识到系统性风险（Systemic Risk）的重要性，并逐渐地将系统性风险的识别和测度纳入金融稳定政策的制定中（Borio，2003）。2008 年爆发的金融危机给全球金融体系带来了巨大冲击，也极大促进了对系统性风险的研究。然而，学术界和政策制定者对系统性风险所涉及的内容和范畴却存在一定的争议。从危害范围的角度，伯南克（Bernanke，2009）和 Billio 等人（2012）认为，系统性风险是威胁整个金融体系以及宏观经济稳定的一种风险。欧洲中央银行（ECB，2010）认为，系统性风险是导致金融体系极度脆弱、金融不稳定的风险，严重损害了金融体系运行的能力，进而影响经济增长和社会福利。从风险传染的角度，Schwarcz（2008）强调，随着金融脱媒的加剧，对系统性风险的定义应该更侧重于风险事件爆发后金融市场及机构和市场之间的一系列连锁反应。Hart 和 Zingales（2011）认为，系统性风险是指由于金融系统中机构或市场存在内在相关性或联动性，金融体系中单一或部分的机构倒闭及市场崩溃这种尾端事件在机构间传染、在市场间蔓延，导致损失在金融体系中不断扩散，最终使整个系统崩盘甚至对实体经济造成冲击的可能性。从影响实体经济的角度，G20 财长和央行行长报告（2011）认为，系统性风险是"可能对实体经济造成严重负面影响的金融服务过程受损或中断的风险"。作为全球金融监管机构，金融稳定委员会（FSB，2009）对系统性风险进行了更为具体的阐述："经济周期、宏观经济政策的变动、外部金融因素冲击等因素引发一国金融体系激烈动荡的可能性，且这种风险对国际金融体系和全球实体经济都会产生巨大的负外部性。"国际货币基金组织（IMF）、国际清算银行（BIS）和金融稳定委员会（FSB）在2011年共同出具的报告，将系统性风险定义为金融体系部分或全部受损时引发的大范围金融服务失效并且可能对实体经济产生严重冲击的风险。

从已有的研究成果来看，虽然出发角度不同，学者和监管当局对系统性风险却存在共同的认识：首先，系统性风险关注的对象不局限于单一的机构或市场，而是整个金融体系的全部或重要组成部分；其次，系统性风险具有传染性，个体的损失会引发整个体系的连锁反应，风险由金融系统内所有参与者共同承担；最后，系统性风险会对实体经济产生溢出效应。

8.2.2 系统性风险的测度和识别

系统性金融风险的测度和识别方法，大体上可以分为预警指标体系法和风险传染测度法。第一种方法通过分析发生过金融危机的国家的历史数据，找出影响和预测金融危机的指标，进而构建可以反映金融体系风险综合情况的预警指标体系。比如，国际货币基金组织开发的金融稳健指标采用企业层面的财务数据对金融体系的稳定性进行分析和预警。Illing 和 Liu（2006）构建的金融压力指数（FSI）则是运用高频的金融市场交易数据来预测金融危机。第二种方法主要侧重于多角度测量金融机构间的风险溢出和传导效应。一些学者基于银行间交易数据建立与资产负债表相关的风险敞口模型，比较具有代表性的是矩阵模型、网络模型和违约强度模型（Lehar，2003；Jeannette Muller，2003）。而另外一些学者则从金融机构收益率的相关性出发测度风险传染的可能性。例如，Billio 等人（2012）的动态因果指数基于主成分分析法和格兰杰因果检验测度金融机构收益率的相关性。而 Adrian 和 Brunnermeier（2016）提出的条件在险价值（CoVaR）和 Acharya 等人（2016）提出的系统性期望损失（SES）和边际期望损失

(MES)则强调金融机构收益的尾部相关性。

国内对系统性风险测度的研究起步较晚,主要是参考国外的测度方法,结合我国的经济金融数据进行单一角度的系统性风险度量或建立预警指标。肖璞等(2012)采用 CoVaR 方法测度了我国上市银行间的风险溢出效应以及单个银行陷入困境时对整个银行体系的风险贡献度。方意等(2012)利用 DCC–GARCH 模型及随机模拟法对我国金融机构的系统性风险进行了测度。梁琪等(2013)改进了 Brownlees 和 Engle(2017)提出的系统性风险指数 SRISK 方法,计算了我国上市金融机构的资本短缺程度。梁琪和李政(2014)采用 Shapley 值分解方法,区分了我国 16 家上市银行在系统性事件中的参与度和风险贡献度,并发现风险贡献度更适用于评估银行的系统性重要水平。李志辉等(2016)采用基于银行负债端的 SCCA(系统未定权益分析)技术,测度多家机构的联合违约风险,动态监测我国银行业系统性风险的演变过程。基于信息溢出的视角,李政等(2016)采用网络分析法分析了我国金融系统各部门的关联特征,并分析关联的影响因素。除了单一测度方法的应用和优化,高国华(2013)和陶玲、朱迎(2016)构建了中国系统性风险监测指标体系,并对系统性风险指标的状态和拐点进行识别。

然而,现有关于中国系统性风险的研究,并没有对各个系统性风险指标与实体经济的相关关系进行考察,构造的系统性风险指数或预警指标体系也多是金融部门和宏观经济指标的直接加总,对二者之间的相互关系缺乏系统性的研究。Giglio 等人(2016)采用分位数回归样本外预测的方法,测度了多个系统性风险指标对欧美经济衰退的预测能力,构建了系统性风险指数。为了能够全面反映中国实体经济的运行情况,笔者沿用 Giglio 等人(2016)的分析框架构建了系统性金融风险指数,并深入地探讨系统性风险对实体经济的影响渠道。

8.3 中国系统性风险指数的构建方法

中国系统性风险指数的构建分为以下两个步骤。第一步,归纳总结已有的系统性风险测度指标,采用分位数回归的样本外预测分析方法衡量各个测度指标预测宏观经济冲击的有效性。第二步,采用主成分分位回归法(PCQR)提取单个测度指标中能够有效预测宏观经济冲击的不可观测因子,加总并提取这些测度中的有效信息构建系统性风险指数。

8.3.1 分位数回归样本外预测分析方法

一般情况下,系统性风险较高时往往带给实体经济较大的负面冲击,而系统性风险较小时对实体经济却没有太大的影响。因此,采用分位数回归可以更好地评估系统性风险和宏观经济之间存在的非对称关系。此外,样本外预测可以评估这些系统性风险指标对未来宏观经济冲击分布的预测能力,从而为政策制定者提供更好的指标选择。具体方法如下:

记 y_{t+1} 为宏观经济冲击变量,y_{t+1} 小于等于某个数值 y 的概率为 $P(y_{t+1} \leqslant y)$,则 y_{t+1} 的累积分布函数为:

$$F(y) = P(y_{t+1} \leqslant y) \tag{8.1}$$

y_{t+1} 的 τ 分位数即为 y_{t+1} 的累积分布函数的反函数,定义为:

$$(y_{t+1}) = \inf\{y:F(y) \geqslant \tau\} \tag{8.2}$$

定义 τ 分位数回归的损失函数如下:

$$\rho_\tau(x) = x(\tau - I_{x<0}) \tag{8.3}$$

其中,$I_{x<0}$ 为指示函数,

$$I_{x<0} = \begin{cases} 1, x < 0 \\ 0, x \geqslant 0 \end{cases} \tag{8.4}$$

则 y_{t+1} 的 τ 分位数函数也可表示为求解如下的最优化问题:

$$Q_\tau(y_{t+1}) = \arg\inf_q E[\rho_\tau(y_{t+1} - q)] \tag{8.5}$$

即样本分位数回归就是使加权误差绝对值之和最小化,方程(8.5)可等价为:

$$\min\left\{\sum_{y_{t+1} \geqslant q} \tau|y_{t+1} - q| + \sum_{y_{t+1} < q}(1-\tau)|y_{t+1} - q|\right\} \tag{8.6}$$

假设宏观经济冲击 y_{t+1} 可由系统性风险测度指标 x_t 线性表示,基于 x_t 的条件分位数回归形式如下:

$$Q_\tau(y_{t+1} \mid I_t) = \beta_{\tau,0} + \beta'_\tau x_t \tag{8.7}$$

$$\hat{\beta}_\tau = \mathrm{argmin}\{\sum \rho_\tau(y_{t+1} - \beta'_\tau x_t)\} \tag{8.8}$$

分位数回归的一大优势在于对参数 $\beta_{\tau,0}$、β_τ 的估计值会随着分位数 τ 的变化而改变，从而可以得到关于目标变量分布更全面的信息。因此在本章的模型设定中，分位数 τ 分别取值为 0.2、0.5 和 0.8，以刻画系统性风险对宏观经济冲击的影响在极值区域和中位数分布的情况[①]。

衡量系统性风险指标预测宏观经济有效性的重要标准是：基于 x_t 的信息下的条件分位数回归是否能够比无条件分位数回归更准确地预测宏观经济冲击分布的情况。预测的准确性可以通过样本外分位数回归的拟合优度 R^2 来表示，即：

$$R^2 = 1 - \frac{\sum_t [\rho_\tau(y_{t+1} - \hat{\alpha} - \hat{\beta} X_t)]}{\sum_t [\rho_\tau(y_{t+1} - \hat{q}_\tau)]} \tag{8.9}$$

其中，ρ_τ 为 τ 分位数回归的损失函数，$\hat{q}_\tau$ 是被解释变量 y_{t+1} 的 τ 分位数。

由 R^2 的表达式可以看出它衡量的是基于信息 x_t 情况下的条件分位数回归相对于无条件分位数回归在预测准确性上的差别。当基于信息 x_t 的条件分位数回归预测效果好于无条件分位数回归的效果时，即 $\sum_t [\rho_\tau(y_{t+1} - \hat{q}_\tau)] > \sum_t [\rho_\tau(y_{t+1} - \hat{\alpha} - \hat{\beta} X_t)]$，由方程（8.9）可知，$R^2$ 为正数。反之，R^2 则取负值。由此可见，R^2 的数值越大，意味着基于信息 x_t 情况下的条件分位数回归的预测越准确。

最后，本章采用 Clark 和 West（2007）的调整后 MSPE 统计量来检验分位数回归的显著性，表达式如下：

$$f_{t+1} = (y_{t+1} - \hat{q}_\tau)^2 - [(y_{t+1} - \hat{\alpha} - \hat{\beta} X_t)^2 - (\hat{q}_\tau - \hat{\alpha} - \hat{\beta} X_t)^2] \tag{8.10}$$

8.3.2 主成分分析分位数回归

单独的基础系统性风险测度指标大多只针对系统性风险的某一层面进

[①] 由于本章关注系统性风险指标对宏观经济冲击的预测能力，故采用递归的样本外预测来进行分位数回归，即 $(t+1)$ 期的被解释变量是由 $\{1,2,\cdots,t\}$ 期的解释变量估计出来的，依此类推直到最后一期。

行度量,在预测经济波动时表现可能不全面或不稳健。参考 Giglio、Kelly 和 Pruitt(2016)的研究,我们利用主成分分析分位数回归法(PCQR)提取单个测度指标中能够有效预测经济波动的不可观测因子,再进行分位数回归,加总并提取这些测度中的有效信息构建我们的系统性风险指数。具体分析模型如下:

假设经济冲击变量 y_{t+1} 在给定信息集 $\mathcal{I}_t$ 条件下的 τ 分位数是不可观测的单变量因素 f_t 的线性方程:

$$Q_\tau(y_{t+1} \mid \mathcal{I}_t) = \alpha f_t \tag{8.11}$$

则 y_{t+1} 的真实值可表达为如下形式:

$$y_{t+1} = \alpha f_t + \eta_{t+1} \tag{8.12}$$

其中 f_t 是潜变量,不可观测;η_{t+1} 是分位数估计误差项。

向量 x_t 包含所有的系统性风险测度指标,其表达式如下:

$$x_t = \Lambda F_t + \varepsilon_t \equiv \phi f_t + \psi g_t + \varepsilon_t \tag{8.13}$$

其中 ε_t 是异质的测量误差项。由上式可以看出,x_t 表示为两部分因素的线性组合,一部分是包含与预测经济波动相关信息的潜变量 f_t,另一部分是与预测 y_{t+1} 无关的额外信息 g_t,比如一些可以影响金融系统但并不会传染给实体经济的风险因素或者通过政府干预可以消除的金融风险。

在公共因子提取阶段,用主成分分析法对 x_t 估计公共因子 $\hat{F}_t$:

$$\hat{F}_t = (\Lambda'\Lambda)^{-1}\Lambda' x_t \tag{8.14}$$

其中 Λ 为 $\sum_{t=1}^{T} x_t x_t'$ 前 K 个特征值的特征向量;

在预测阶段,将 y_{t+1} 对 $\hat{F}_t$ 进行样本外分位数回归:

$$Q_\tau(y_{t+1} \mid I_t) = \hat{\alpha}' \hat{F}_t \tag{8.15}$$

可证明:

$$\forall t, 当 N, T \to \infty, \hat{\alpha}'\hat{F}_t - \alpha' f_t \xrightarrow{p} 0 \tag{8.16}$$

即 PCQR 方法能够给出对 y_{t+1} 的条件分位数的一致估计。利用上述降维的方法提取出的公共因子就是综合利用各个指标信息的系统性金融风险指数。

8.4 实证分析

8.4.1 数据

1. 基础系统性风险测度指标

Giglio 等人（2016）指出金融体系系统性风险产生的内在原因主要有以下四个方面：一是金融机构自身的脆弱性，表现为金融机构经营不善、融资期限错配、融资结构失衡等；二是金融体系的联动性与传染性，各机构拥有共同的风险敞口或交叉持有头寸，风险在不同金融行业间转移和扩散；三是金融市场的波动性，如股票和债券市场的大幅震荡、金融机构杠杆过高等情形带来的不确定性等；四是金融市场的流动性与信用状况，如银行间市场的流动性风险、债券违约事件频发引发的信用危机。因此，本章选取的系统性风险测度指标涵盖了机构个体风险、联动和传染效应、波动和不稳定性以及流动性与信用等方面的 15 个指标。指标的测度方法主要参考 Bisias、Flood、Lo 和 Valavanis（2012）以及 Allen 等人（2012）。表 8-1 总结了这些指标的具体含义及测度方法（对于一些测度方法较复杂的指标，本章仅给相应测度方法的参考文献）。[①]

考虑到我国金融公司的同质性、资产规模以及系统重要性等因素，笔者选择 2005—2017 年的上市金融公司（证监会行业分类）作为我国金融机构的样本[②]。由于股权分置改革从 2005 年开始，笔者选取样本的时间跨度

[①] Giglio 等人（2016）的研究还考虑了基于公司债数据的违约利差，但我国的相关数据从 2009 年才开始有，故笔者未纳入考虑。

[②] 具体包含以下 45 家金融机构：平安银行、宁波银行、浦发银行、华夏银行、民生银行、招商银行、南京银行、兴业银行、北京银行、农业银行、交通银行、工商银行、光大银行、中国建设银行、中国银行、中信银行、申万宏源、东北证券、锦龙股份、国元证券、国海证券、广发证券、长江证券、山西证券、西部证券、国信证券、中信证券、国金证券、西南证券、海通证券、东方证券、招商证券、东兴证券、国泰君安、兴业证券、东吴证券、华泰证券、光大证券、方正证券、国投安信、太平洋保险、中国平安、新华保险、中国太保、中国人寿。

表 8-1　　　　　　　　　　　系统性风险测度方法汇总

指标类别	指标名称	指标含义	指标定义（附参考文献）
机构个体风险	$CoVaR$	条件在险值	$Pr(X^i < VaR^i) = q$ $Pr(X^{syst} < CoVaR^i \mid X^i = VaR^i) = q$
	$\Delta CoVaR$	条件在险值差	$\Delta CoVaR^i = CoVaR^i(q) - CoVaR^i(0.5)$ [Adrian and Brunnermeier (2010)]
	MES	边际期望损失	$MES^i = E[R^i \mid R^m < q]$ [Acharya et al. (2010)]
联动和传染效应	$Absorption\ ratio$	吸收比率	$Absorption(K) = \dfrac{\sum_{i=1}^{K} Var(PC_i)}{\sum_{i=1}^{N} Var(PC_i)}$ [Kritzman et al. (2010)]
	ΔAbs	吸收比率差	$\Delta Abs = Absorption(K)_{short} - Absorption(K)_{long}$
	DCI	动态因果指数	$DCI_t = \dfrac{\#significant GC relations}{\#relations}$ [Billio et al. (2012)]
波动率和不稳定性	$Volatility$	收益波动率	个股平均日收益率月度标准差
	$Turbulence$	溢出波动率	$Turbulence_t = (r_t - \mu)' \sum^{-1} (r_t - \mu)$ [Kritzman and Li (2010)]
	$Catfin$	截面在险值	非参数估计 [Allen, Bali and Tang (2012)]
	$Book\ leverage$	账面杠杆率	总负债/总资产
	$Market\ leverage$	市场杠杆率	总负债/总市值
	$Size\ concentration$	规模集中度	$Herfindahl_t = N \dfrac{\sum_{i=1}^{N} ME_i^2}{(\sum_{i=1}^{N} ME_i)^2}$ （ME 为市值）
流动性和信用	AIM	个股流动性	$AIM_t^i = \dfrac{1}{K} \sum_{\tau=t-K}^{t} \dfrac{\mid r_{i,\tau} \mid}{turnover_{i,\tau}}$ [Amihud (2002)]
	$TED\ spread$	泰德利差	(3M) SHIBOR 和国债收益率利差
	$Term\ spread$	期限利差	国债 3 个月和 10 年到期收益率利差

为 2005—2017 年。表 8-1 的测度方法中涉及的个股收益率由上市金融公司的日收盘价计算得到。笔者采用沪深 300 收益率来度量市场收益率，通过上

市公司季报披露数据来计算账面和市场杠杆率。所有数据均来源于国泰安和 Wind 数据库。机构的个体风险的测度，采用市场交易数据，通过 CoVaR 和 MES 的方法计算单个金融机构对金融系统风险的影响。沿用 Giglio 等（2016）的方法，笔者采用全部上市金融公司相关指标的平均值作为衡量系统性风险的基础指标。除了账面杠杆率和市场杠杆率是季度数据外，其余基础指标均为月度数据。

图 8-1 描绘了几个有代表性的基础系统性风险测度指标在样本期间的变化趋势①。为了便于观察它们的趋势，笔者对这些指标都进行了标准化处理。从图 8-1 中可明显看出，这些指标整体走势相仿，波动的趋同性较高，在 2007—2008 年全球金融危机期间和 2015 年下半年我国股市大跌期间均出现尖峰状突起，且 2008 年的波动尤其剧烈，充分体现了金融风险的反复加剧。但是，这些指标的波动也存在一定的差异。如在样本初期，DCI 所测度的系统性金融风险下降而其他指标显示系统性金融风险上升。因此，单个测度指标可能只反映了系统性风险的某个特定方面，需要综合考虑多个测度指标，才能全面准确地反映系统性金融风险。

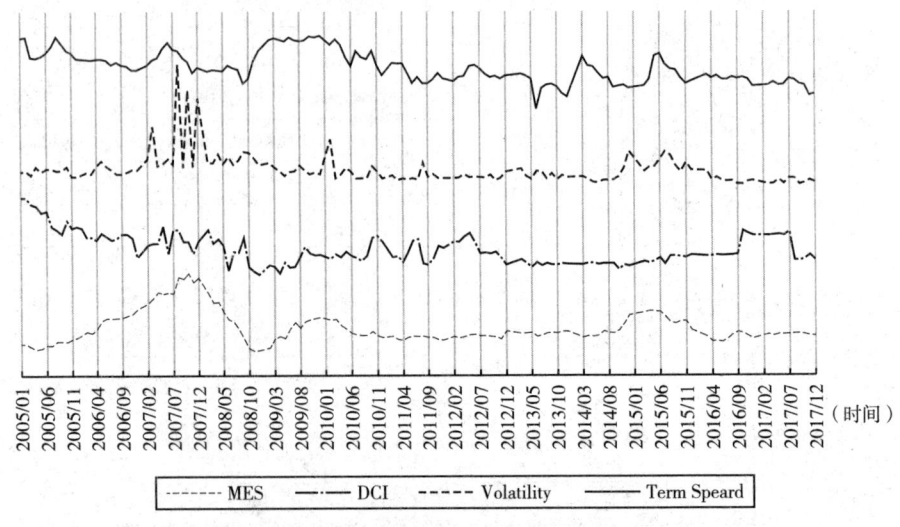

图 8-1　基础系统性风险测度指标

---

① 为使图表简明，本章从基础系统性风险测度涵盖的四个方面各选取一个代表性指标，其余指标的走势大体趋同，如有需要，可联系笔者获得全部测度指标的描述统计。

2. 宏观经济变量

笔者选择实际工业增加值增长率度量实际经济活动的月度变化，样本期间为 2005 年 1 月到 2017 年 12 月，数据来源于 CEIC。沿用 Giglio 等人 (2016) 的方法，对实际工业增加值增长率（Y_t）进行如下自回归，宏观经济冲击定义为自回归的残差项。

$$Y_t = c + \sum_{l=1}^{p} a_l Y_{t-l} = a_p(L) Y_t \qquad (8.17)$$

8.4.2 实证结果

1. 系统性金融风险与实体经济

为了检验表 8-1 中的基础系统性风险测度指标预测宏观经济冲击的有效性，本节将它们与实体经济冲击序列进行了条件分位数回归：

$$Q_\tau(y_{t+1} \mid \mathcal{I}_t) = \beta_{\tau,0} + \beta_\tau' x_t \qquad (8.18)$$

同时采取 PCQR 方法对这些基础指标提取公共因子，得到了能够有效囊括实体经济衰退信息的系统性金融风险指数。实证检验主要分月度数据和季度数据两部分进行，其中季度数据作为月度数据的稳健性检验。具体实证结果如表 8-2 所示。

表 8-2　　　　　　　　系统性风险与实体经济（月度数据）

	20 百分位	中位数	80 百分位
Panel 1：基础系统性风险测度			
AIM	0.1163 **	0.0404 ***	0.0151 ***
$CoVaR$	0.1422 ***	0.0390 **	0.0279 ***
$\Delta CoVar$	0.1315 ***	0.0381 ***	0.0534 ***
MES	0.1182 **	0.1972 ***	0.0730 ***
DCI	0.1974 ***	0.1808 ***	0.1215 ***
$Size\ Con$	0.2089 ***	0.0695 ***	0.0090
$Volatility$	0.0986 **	0.1161 ***	0.0689 ***
$Turbulence$	0.1025 *	0.0325 **	0.0108 ***
$Catfin$	0.1184 ***	0.1132 ***	0.0736 ***

续表

	20 百分位	中位数	80 百分位
Panel 1：基础系统性风险测度			
Absorption	0.2985 *	0.2789 ***	0.1383 ***
ΔAbs	0.2348 ***	0.2711 ***	0.1682 ***
TED	0.1058 ***	0.0343 ***	0.0218
Term spread	0.2134 **	0.2534 ***	0.2365 ***
Panel 2：系统性风险指数			
PCQR	0.4583 ***	0.4064 ***	0.3652 ***

注：表 8-2 第一部分（Panel 1）展示了每个基础系统性风险测度指标（月度）预测实际工业增加值增长率冲击分布的结果，从左到右分别进行了 20 百分位、中位数和 80 百分位的分位数回归。表格中的估计值是样本外分位数回归的 R^2，*、** 和 *** 分别代表显著性水平 10%、5% 和 1%。全部样本期间为 2005 年 1 月到 2017 年 12 月，样本外预测起始时间为 2007 年 8 月。第二部分（panel 2）为基于 PCQR 分析方法的 R^2。PCQR 提取了所有特征根大于 1 的主成分。

表 8-2 第一部分（Panel 1）显示，每个基础系统性风险测度指标的样本外预测 R^2 均为正，这说明加入单个基础系统性风险测度指标的条件分位数回归均能够更好地预测实体经济冲击的分布情况[①]。尽管每个基础指标描述金融风险的角度不同，但这些指标可以在一定程度上反映我国系统性风险的共同特征，另一方面也说明我国系统性风险会从不同侧面传导到实体经济。表 8-2 第一部分所包含的 13 个指标中，有 11 个指标在 20 百分位、中位数和 80 百分位分位数回归的样本外预测 R^2 均显著为正，显示出对实体经济冲击有良好的预测能力。其中 DCI、Size con、Absorption ratio 和 Term spread 这几个测度指标对未来经济冲击下尾分布的预测能力相对较好，样本外 R^2 均在 20% 左右。而对比不同数值的分位数回归的 R^2 可以发现：9/13 的基础测度指标在 20 百分位数回归中的 R^2 均大于中位数回归的 R^2，且二者数值相差较大；而中位数回归的 R^2 基本上都大于 80 百分位数回归的结果。这一趋势说明系统性风险指标对宏观经济冲击的下尾分布预测能力较好，对中间趋势和上尾分布预测能力较弱，这也验证了系统性金融风险与宏观经

---

① Giglio 等人（2016）对美国的系统性风险进行了研究，发现大部分基础系统性风险测度指标的样本外预测 R^2 取负值。这说明大部分单独的系统性风险测度指标对美国实体经济预测能力较差。而笔者的研究结果表明，单独的系统性风险测度指标对中国实体经济冲击有一定的预测能力。

济之间的非对称关系。

表 8-2 的第二部分（Panel 2）显示本章构造的系统性风险指数对未来的宏观经济冲击可以提供显著的样本外预测。PCQR 在 20 百分位数回归的 R^2 达到 45.83%，远高于所有单个指标的预测能力。这反映出我们的综合系统性金融风险指标对经济下行风险有更好的预测能力。PCQR 对中间趋势和上尾分布的预测相对工业增加值增长率自身的历史数据精确度也要高约 40%。我们所构造的综合指标在对中间趋势和上尾分布的预测能力也比所考察的 13 个单一系统性金融风险指标都要准确。

图 8-2 展示了使用 PCQR 方法进行样本外预测与实际宏观经济冲击的拟合情况。图中圆点表示真实的宏观经济冲击，实线是 PCQR 进行样本外 20 百分位回归得到的预测值。从图中可以明显看出，PCQR 对经济冲击的预测较好。图中虚线是全样本的经济冲击的 20 百分位数。虚线以下是样本期间内比较大的两次负面的经济冲击，分别对应 2008 年美国金融危机传导到我国和 2015 年股灾爆发的影响。可以看到，我们的系统性金融风险指标准确地预测到了这两次经济下行的冲击。

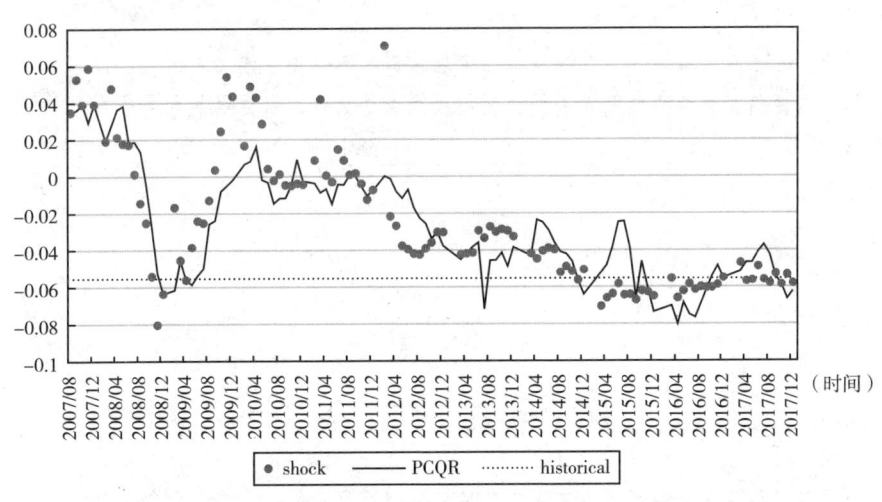

图 8-2　PCQR 预测拟合情况（20 百分位回归）

图 8-3 是采用 PCQR 方法构造的系统性风险指数的时间序列。虚线（realvai_sa）是经过季节性调整的实际工业增加值增长率的时间序列，三个子图中的实线分别对应对基础测度指标实施主成分分析得到的三个主成分

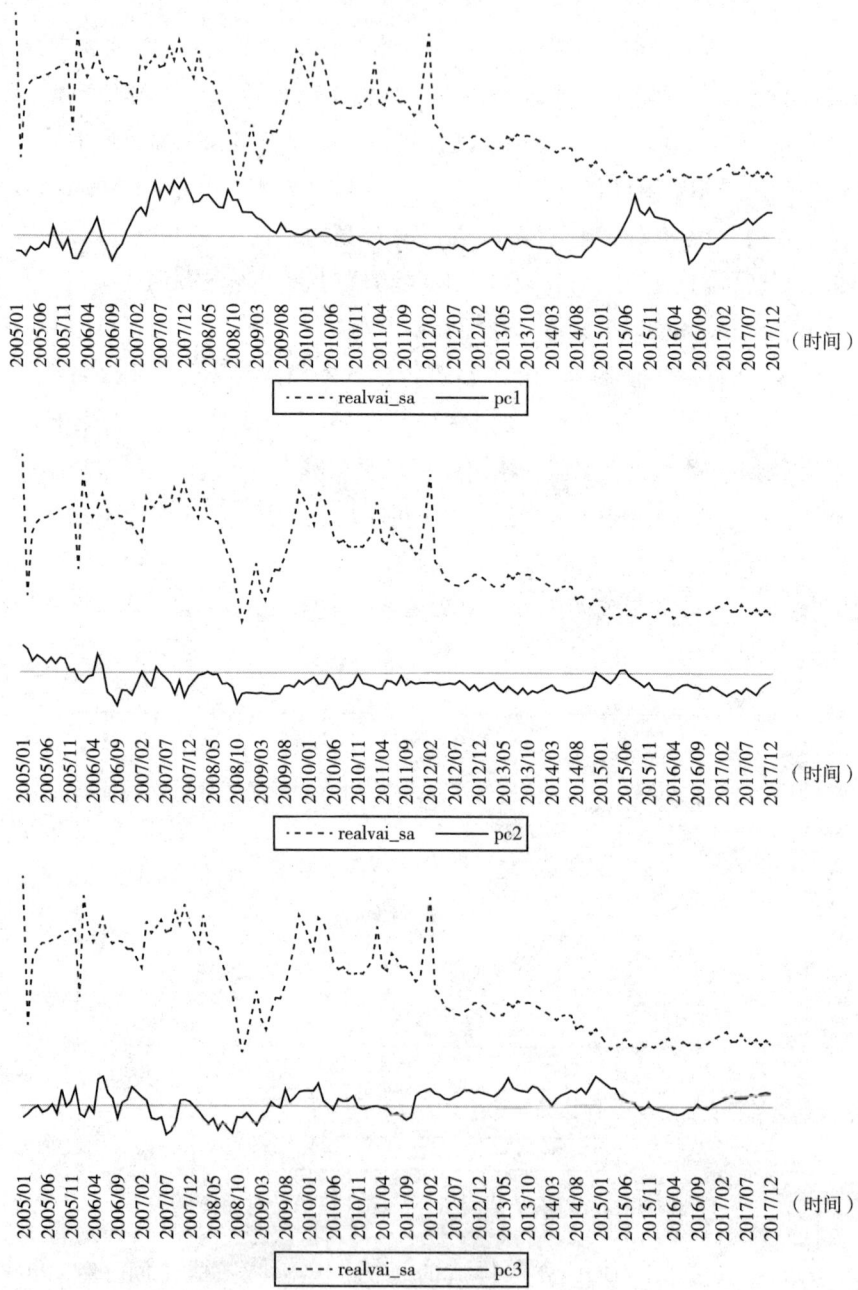

图 8-3 系统性金融风险指数与实际工业增加值增长率

（pc1、pc2 和 pc3 的特征值均大于 1），网格线对应的纵坐标为 0。构成系统性风险指数的这三个成分分别对应基础指标的不同维度，且随我国金融体系的发展处于不断变化中。

对基础指标方差贡献最大的主成分（pc1）对实体经济变动具有较好的预测性。以 2007—2008 年金融危机为例，系统性风险指数主成分在 2007 年初大幅上升，恰好表现出危机爆发前金融系统泡沫的积聚，而实际工业增加值增长率在 2008 年第二季度才出现大幅回落。在后金融危机时期，pc1 围绕均值上下平稳波动，甚至在 2013—2014 年表现出较低的风险水平，然而在 2014 年第三季度和 2015 年第一季度末持续上升，正好反映了当时股票市场风险的累积。其余两个系统性风险指数主成分（pc2 和 pc3）也对实体经济变动有一定的预测性。

综合图 8-3 的系统性风险指数三个主成分来看，我国系统性风险指数在经济发展平稳阶段处于中低水平；危机爆发阶段，金融系统风险急速攀升，经济陷入衰退；随着系统性风险指数逐渐回落，经济状况有所好转。经济复苏阶段，系统性风险指数在较低水平平稳小幅波动。我国经济转型已进入关键时期，从图 8-3 可以看出，自 2016 年第三季度开始，各系统性风险指数主成分呈现出明显的上升趋势，与 2008 年全球性经济危机和 2015 年股灾期间的峰值相比，2017 年末的系统性风险指数水平已处于中高位，可能会对实体经济产生负面冲击。

表 8-3 是基础系统性风险测度指标和系统性风险指数季度数据的预测结果。表 8-3 的第一部分（panel 1）比表 8-2 多了两个衡量金融部门杠杆情况的指标。相较表 8-2 而言，少部分基础系统性风险测度指标季度数据的 R^2 为负，20 百分位回归中 CoVaR、$\Delta CoVaR$ 和 MES 的 R^2 为正但不显著。这说明部分指标提前一个季度对宏观经济冲击分布的预测能力并没有用经济冲击自身历史数据预测的效果好。R^2 显著为正且数值较高的指标有规模集中度（*Size conc*）、吸收率（*Absorption*）和杠杆率（*Book lev* 和 *Market lev*）等，并且它们对宏观经济中间趋势的预测效果也不错，特别是用市值衡量的杠杆率，下尾、中位数和上尾回归的 R^2 都很高，表明金融系统杠杆率的变动对我国实体经济的影响较大。总体来看，单个基础指标季度数据对宏观经济冲击分布的预测能力下尾最好，中间趋势次之，上尾最弱。

表 8-3　　系统性风险与实体经济（季度数据）

	20 百分位	中位数	80 百分位
Panel 1：单个系统性风险测度			
AIM	0.2324***	0.0690***	-0.0107
CoVaR	0.1032	-0.0420	0.0211
$\Delta CoVaR$	0.0253	-0.0513	0.0582*
MES	0.1366	0.1783***	0.0521***
DCI	0.1409**	0.2361***	0.0545
Size Con	0.4008***	0.1107***	-0.0229
Volatility	0.2741***	0.0910***	0.0227***
Turbulence	0.0564**	0.0090	0.0375**
Catfin	0.2675**	0.0591***	0.0180
Absorption	0.4352***	0.3152***	0.1500***
ΔAbs	0.4262***	0.2665***	0.1267***
TED	0.1668***	0.0677***	-0.0041
Term spread	0.3540**	0.2269***	0.2752***
Book lev	0.5043**	0.2489**	0.0775**
Market lev	0.4515**	0.5037***	0.2988***
Panel 2：系统性风险指数			
PCQR	0.5207***	0.5139***	0.4776***

注：表 8-3 第一部分（Panel 1）展示了单个系统性风险测度指标（季度）预测实际工业增加值增长率冲击分布的结果，从左到右分别进行了 20 百分位、中位数和 80 百分位的分位数回归。表格中的数字是样本外分位数回归的 R^2，*、** 和 *** 分别代表显著性水平 10%、5% 和 1%。全部样本期间为 2005 年第一季度到 2017 年第三季度，样本外预测起始时间为 2012 年第三季度。第二部分（panel 2）汇报了基于 PCQR 分析方法的 R^2。PCQR 提取了所有特征根大于 1 的主成分。

此外，表 8-3 第二部分（Panel 2）再次表明系统性风险指数对实体经济有良好的样本外预测能力。在对宏观经济冲击各分布的预测能力方面，PCQR 均超过了所有的单一指标。

表 8-2 和表 8-3 的对比说明，基础指标中的绝大多数系统性风险测度指标对我国的宏观经济冲击分布具有一定的预测能力，但是不够稳健，而用 PCQR 方法构造的系统性风险指数则对未来的实体经济走势具有显著且稳健的预测能力。整体上金融部门的系统性风险测度对未来宏观经济冲击下

尾分布的预测能力最好、中间趋势次之、上尾分布最弱。

2. 稳健性检验

Giglio、Kelly 和 Pruitt（2016）研究结果表明，采用 PCQR 和 PQR 这两种方法对多元解释变量降维再进行分位数回归的估计具有一致性。为了检验我们结果的稳健性，我们也采用偏分位数回归法（PQR）进行分析，具体的步骤如下：

在提取公共因子阶段，首先将 y_{t+1} 对每个解释变量 x_{it}（即每个单独的基础系统性风险测度指标）进行分位数回归得到估计参数 $\hat{\phi}_i$；

$$Q_\tau(y_{t+1} \mid \mathcal{I}_t) = \hat{\phi}_i x_{it} + cons \tag{8.19}$$

然后对 x_{it} 和 $\hat{\phi}_i$ 求协方差求得每一期的公共因子 $\hat{f}_t$，根据 Giglio、Kelly 和 Pruitt（2016）的研究，$\hat{f}_t$ 即为集合了所有预测宏观经济波动相关信息的综合系统性风险因素。

在预测阶段，将 y_{t+1} 对 $\hat{f}_t$ 进行样本外分位数回归：

$$Q_\tau(y_{t+1} \mid \mathcal{I}_t) = \hat{\alpha}\hat{f}_t \tag{8.20}$$

$$\forall t, \text{当 } N, T \to \infty, \hat{\alpha}\hat{f}_t - \alpha'f_t \xrightarrow{p} 0 \tag{8.21}$$

采用偏分位数回归法 PQR 构造系统性风险指数预测宏观经济冲击的结果如表 8-4 所示。

表 8-4　　　　　系统性风险与宏观经济（PQR）

	20 百分位	中位数	80 百分位
PQR（月度）	0.1656***	0.2893***	0.0705***
PQR（季度）	0.5204***	0.4537***	0.5502***

注：表 8-4 展示了采用 PQR 方法构造的系统性风险指数预测实际工业增加值增长率冲击分布的结果，从左到右分别进行了 20 百分位、中位数和 80 百分位的分位数回归。表格中的数字是样本外分位数回归的 R^2，*、** 和 *** 分别代表显著性水平 10%、5% 和 1%。月度数据的样本期间是 2005 年 1 月到 2017 年 12 月，样本外预测起始时间为 2007 年 8 月；季度数据的样本期间是 2005 年第一季度到 2017 年第三季度，样本外预测起始时间为 2012 年第三季度。

表 8-4 的结果显示，通过 PQR 构造的系统性风险指数同样能够准确、稳健地预测宏观经济波动的分布情况。对比表 8-2 和表 8-3，PQR 的预测能力要好于单个的基础指标，但在预测精度上弱于 PCQR。

3. 系统性风险与信贷

为了探究系统性风险通过何种渠道影响实体经济，笔者用上述系统性风险指标和 PCQR 构建的系统性风险指数对信贷增长率进行了预测，我国实际信贷增长率为月度数据，数据来源为 CEIC，同样进行季节性调整和自回归处理。

表 8-5　　　　　　　　　　系统性风险与信贷

	20 百分位	中位数	80 百分位
AIM	0.0410 ***	0.0181	0.0559
CoVaR	0.1604 ***	0.2382 ***	0.4942 ***
ΔCoVar	0.2666 ***	0.2941 ***	0.4245 ***
MES	0.0658 ***	-0.0004	0.0342
DCI	0.0770 ***	-0.0072	0.1780
Size Con	0.0062	0.0204 ***	0.0789 *
Volatility	0.0282 *	0.0237	0.0607
Turbulence	0.0281 ***	0.0129 ***	0.0596 *
Catfin	0.0246 ***	0.0235 ***	0.0723
Absorption	0.1144 ***	0.0513 ***	0.1229
ΔAbs	0.0345 ***	0.0307 ***	0.1362
TED	0.0664 ***	0.0179 *	0.0727
Term spread	-0.0020	0.0357 ***	0.2010 ***
PCQR	0.2586 ***	0.3020 ***	0.5152 ***

注：表 8-5 是单个系统性风险测度指标和系统性风险指数（月度）预测实际信贷增长率的结果，从左到右分别进行了 20 百分位、中位数和 80 百分位的分位数回归。表格中的数字是样本外分位数回归的 R^2，*、** 和 *** 分别代表显著性水平 10%、5% 和 1%。全部样本期间为 2005 年 1 月到 2017 年 12 月，样本外预测起始时间为 2007 年 8 月。PCQR 是提取了所有特征根大于 1 的主成分的指数预测结果。

从表 8-5 可以看出，11/13 的系统性风险测度指标在预测信贷增长率下尾分布时 R^2 显著为正，$\Delta CoVar$ 的 R^2 最高为 26.66%。对信贷增长率中位数和上尾分布的预测结果也类似。这表明单个基础测度指标对信贷增长率有一定的预测能力。最后一行展示了系统性风险指数对信贷增长率的预测结果。结果表明 PCQR 的 R^2 在三组回归中都显著为正，且远远大于单个测

度指标的 R^2，这说明系统性风险指数能够更加准确地预测未来信贷冲击的分布情况。

为了进一步检验是否因为金融部门系统性风险上升导致信贷紧缩，笔者参考 Allen 等（2012）的方法，检验单个系统性风险测度指标和 PCQR 构建的系统性风险指数对下一期信贷增长率的预测能力：

$$Credit_{t+1} = \alpha + \gamma \, Index_t + \beta \, Z_t + \sum_{l=0}^{p} \lambda_l \, Credit_{t-l} + \varepsilon_{t+1} \quad (8.22)$$

其中 $Credit$ 为信贷增长率，$Index$ 为基础性风险测度指标或 PCQR 构建的系统性风险指数。参考 Allen 等人（2012）的研究，向量 Z_t 包含了以下的控制变量[①]：相对短期利率（RREL），定义为 1 个月国债到期收益率和前 12 个月移动平均值之差；FIN_SKEW 是我国上市金融机构超额收益率的月度偏度[②]；FIN_BETA 是根据各上市金融机构过去 5 年的月度收益率估计出的 beta 的平均值；市场波动率，即市场指数（沪深 300）收益率的月度波动率；CORR 是个体金融机构和市场指数超额收益率的相关系数的均值，相关系数的估计窗为 24 个月。同时，笔者将信贷增长率的滞后项也纳入回归方程，p 代表滞后的阶数，根据 AIC 准则确定。回归结果如表 8-6 所示。

表 8-6　　　　　　系统性风险测度对信贷增长率的预测结果

	γ（季度）	R^2	γ（月度）	R^2
AIM	-0.0277 (-0.09)	0.788	0.0843 (0.96)	0.951
CoVaR	-1.1086** (-2.54)	0.818	-0.2862** (-2.18)	0.952
$\Delta CoVaR$	-1.2602*** (-2.88)	0.825	-0.3626*** (-2.74)	0.953
MES	-0.3508 (-0.62)	0.790	-0.0310 (-0.20)	0.951

---

① Allen 等人（2012）所选取的部分控制变量与笔者的基础系统性风险测度指标重合，因此向量 Z_t 只包含不重合的控制变量。

② 偏度（skewness）的计算公式：$skewness(X) = E\left[\left(\dfrac{X-\mu}{\sigma}\right)^3\right]$。

续表

	γ（季度）	R²	γ（月度）	R²
DCI	-0.7933** (-2.22)	0.812	-0.1152 (-1.06)	0.951
Size Con	0.3646 (1.15)	0.795	0.0071 (0.08)	0.951
Volatility	0.0335 (0.08)	0.788	0.0199 (0.18)	0.951
Turbulence	0.4082 (1.11)	0.795	0.1640* (1.87)	0.952
Catfin	-0.1563 (-0.28)	0.789	0.0009 (0.01)	0.951
Absorption	0.0006 (0.00)	0.788	0.0249 (0.20)	0.951
ΔAbs	-0.8828** (-2.60)	0.819	-0.1909* (-1.88)	0.952
TED	0.6836 (1.81)	0.804	0.0239 (0.23)	0.951
Term spread	-0.3695 (-0.65)	0.791	0.1399 (0.98)	0.951
Book lev	0.6415 (1.59)	0.801	—	—
Market lev	0.4069 (0.66)	0.791	—	—
PCQR	-0.8955*** (-3.14)	0.830	-0.2757** (-2.59)	0.951

注：表 8-6 是用滞后一期的基础系统性风险测度指标和系统性风险指数分别预测季度和月度信贷增长率的结果。季度回归的样本期间为 2005 年 1 季度到 2017 年 3 季度。月度回归的样本期间为 2005 年 1 月到 2017 年 12 月。γ 列每一行上面的数字是回归方程 $Credit_{t+1} = \alpha + \gamma Index_t + \beta Z_t + \sum_{l=0}^{p} \lambda_l Credit_{t-l} + \varepsilon_{t+1}$ 中基础系统性风险测度指标或系统性风险指数（$Index_t$）的估计系数，下面括号中的数字是对应 γ 的 t 值，*、** 和 *** 分别代表显著性水平 10%、5% 和 1%。R^2 为调整后的拟合优度。

结果表明，无论是季度预测还是月度预测，大多数的基础测度指标对信贷增长率的预测系数为负，其中条件在险价值（CoVaR）、条件在险价值差（$\Delta CoVaR$）、动态因果关系指数（DCI）和吸收比率差（ΔAbs）的回归系数显著为负。PCQR 方法构建的系统性风险测度指数的回归系数显著为负，且模型的拟合优度较高。这表明系统性风险指数对信贷的变动有较好的解释和预测能力。系统性风险的上升会导致信贷的紧缩，进而对实体经济产生负面影响。

8.5 结论

本章从机构个体风险、联动和传染效应、波动和不稳定性以及流动性与信用这四个层面出发，检验多个系统性风险测度指标的有效性以及它们对实体经济变动的预测能力，并采用主成分分位数回归方法（PCQR）构造出可以全面反映实体经济运行情况的系统性风险指数。结果发现，单独的系统性风险基础测度指标对我国宏观经济未来冲击的下尾分布具有一定的预测能力，但不够稳健。而采用 PCQR 构造的系统性金融风险指数则能够稳健地预测实体经济冲击分布的情况，特别是指数的上升能够准确地预测经济衰退的可能性。我们进一步用基础测度指标和系统性风险指数分别对我国信贷增长率进行预测分析，发现基础测度指标和系统性风险指数对信贷增长下尾波动有很强的预测能力。这表明系统性风险上升导致信贷紧缩，进而对实体经济产生负面的影响。

根据本章构建的系统性风险指数，与 2008 年全球性金融危机和 2015 年股灾期间的峰值对比，2017 年末的系统性风险指数水平已处于中高位，实体经济可能会面临较大的负面冲击。要实现"坚守不发生系统性风险底线"的政策目标，需要从系统性风险指数主成分对应的不同风险维度入手。鉴于信贷传导渠道对实体经济的重要性，一方面我们需要保持信贷的稳健，加强信贷市场的预期管理；另一方面需要构建全口径的金融监管框架，扩大监管覆盖范围，将影子银行体系等相关业务纳入监管范畴。我们还应对银行表外业务实施有效监测，注重监测影子银行与银行风险传递通道，监控影子银行与银行体系的关联情况,并识别其中可能形成系统性风险或监管套利问题的领域。

需要指出的是,由于我国的金融市场还处于动态发展过程中,金融风险也会不断演化,以市场数据为基础的系统性风险测度方法体系还需要进一步完善。我国需要进一步提高数据披露的广泛性、准确性和连续性,使系统性风险指数能够及时调整,反映系统性风险和实体经济的动态传导特征,从而为相关政策的制定提供前瞻性指引。

本章参考文献

方意、赵胜民和王道平:"我国金融机构系统性风险测度与监管——基于 DCC - GARCH 模型的研究",《金融监管研究》2012 年第 11 期,第 26 - 42 页。

高国华:"逆周期资本监管框架下的宏观系统性风险度量与风险识别研究",《国际金融研究》2013 年第 3 期,第 30 - 40 页。

李政、梁琪和涂晓枫:"我国上市金融机构关联性研究——基于网络分析法",《金融研究》2016 年第 8 期,第 95 - 110 页。

李志辉、李源和李政:"中国银行业系统性风险监测研究——基于 SCCA 技术的实现与优化",《金融研究》2016 年第 3 期,第 92 - 106 页。

梁琪和李政:"系统重要性、审慎工具与我国银行业监管",《金融研究》2014 年第 8 期,第 32 - 46 页。

梁琪、李政和郝项超:"我国系统重要性金融机构的识别与监管——基于系统性风险指数 SRISK 方法的分析",《金融研究》2013 年第 9 期,第 56 - 70 页。

陶玲和朱迎:"系统性风险的监测和度量",《金融研究》2016 年第 6 期,第 18 - 36 页。

肖璞、刘轶和杨苏梅:"相互关联性、风险溢出与系统重要性银行识别",《金融研究》2012 年第 12 期,第 96 - 106 页。

Acharya V., L. Pedersen, T. Philippon, and M. Richardson, 2016. "Measuring Systemic Risk." *Review of Financial Studies* 30:2 - 47.

Adrian T. and M. Brunnermier, 2016, "CoVaR", *American Economic Review* 106:1705 - 1741.

Allen L., T. Bali and Y. Tang, 2012. "Does Systemic Risk in the Financial Sector Predict Future Economic Downturns?" *Review of Financial Studies* 25:3000 - 3036.

Bernanke B., 2009. *The Subprime Mortgage Market.* Speech at the Federal Reserve Bank of Chicago's 43rd Annual Conference on Bank Structure and Competition, Chicago.

Billio M., A. Lo, M. Getmansky and L. Pelizzon, 2012, "Econometrics Measures of Connectedness and Systemic Risk in the Finance and Insurance Sectors." *Journal of Financial Economics* 104: 535–559.

Bisias D., M. Flood, A. Lo, S. Valavanis, 2012, "A Survey of Systemic Risk Analytics," *Office of Financial Research Working paper.*

Borio C., 2003. "Towards a Macroprudential Framework for Financial Supervision and Regulation?" *BIS Working Paper*, *No.* 128.

Brownlees C. and R. Engle, 2017. "SRISK: A Conditional Capital Shortfall Measure of Systemic Risk." *Review of Financial Studies* 30 (1): 48–79.

Clark T. and K. West, 2007. "Approximately Normal Tests for Equal Predictive Accuracy in Nested Models." *Journal of Econometrics* 138: 291–311.

European Central Bank, 2010, "Financial Networks and Financial Stability." *Financial Stability Review*, 155–160.

Financial Stability Board, 2009. "Guidance to Assess the Systemic Importance of Financial Institutions, Markets and Instruments: Initial Considerations." *Report to G20 finance ministers and governors.*

FSB, IMF and BIS, 2011, "Macroprudential Policy Tools and Frameworks." *Progress Report to G20.*

Giglio S., B. Kelly and S. Pruitt, 2016, "Systemic Risk and the Macroeconomy: An Empirical Evaluation," *Journal of Financial Economics* 119: 457–471.

Illing M., and Y. Liu, 2006. "Measuring Financial Stress in A Developed Country: An Application to Canada." *Journal of Financial Stability* 2 (3): 243–265.

Jeannette Muller, 2003. "Interbank Credit Lines as a Channel of Contagion," *Journal of Financial Services Research*, 29: 37–60.

Kritzman M. and Y. Li, 2010. "Skulls, Financial Turbulence and Risk Management," *Financial Analysts Journal* 66: 30–41.

Hart O., and Zingales L., 2011. "A New Capital Regulation for Large Financial Institutions." *American Law and Economics Review* 13 (2): 453–490.

Schwarcz S. L., 2008, "Systemic Risk," *97 Georgetown Law Journal* 193–249.

第9章 央行如何实现汇率政策目标
——基于在岸—离岸人民币汇率联动的研究

摘要：本章采用门限误差修正模型，将外汇市场 2010 年 11 月至 2015 年 11 月期间在岸与离岸人民币汇率联动关系划分到两个区制。笔者发现：(1) 当在岸—离岸汇差小于门限值时，市场处于"均衡区制"，在岸汇率对离岸汇率具有引导作用，市场自我调节机制重建长期均衡关系速度较快。(2) 当在岸—离岸汇差大于门限值时，市场处于"偏离区制"，离岸汇率呈现均值回归特征，在岸市场呈现"追涨杀跌"特征，人民币汇率失衡严重。在岸市场的投机性使汇差进一步扩大，通过市场机制重建长期均衡关系需要的时间更长。(3) 若中央银行以维持外汇市场"均衡区制"作为汇率政策目标，有效推动"偏离区制"向"均衡区制"回归，则可引导市场预期，使市场自我调节机制更好地发挥作用。

9.1 引言

随着人民币国际化程度不断提高，离岸市场人民币业务得到了迅速发展。截至 2015 年年底，离岸人民币存款规模已经接近 2 万亿元。2015 年底，人民币离岸与在岸汇率出现明显汇价差，在各方力量的角逐中，人民币汇率的大幅波动不仅对国内金融稳定形成了挑战，也对周边市场构成较大的压力。于是，人民币未来走势，央行是否干预以及如何干预外汇市场成为当前的焦点。央行制定怎样的汇率政策目标以及如何实现其汇率政策目标？这里有两个亟待解决的重要问题。第一个问题是，如何判定与中央银行最优货币政策目标一致的均衡汇率水平？第二个问题是，在央行对最优货币政策对应的均衡汇率水平有准确判断的情况下，如何去实现这个汇率目标？在人民币存在在岸与离岸两个市场的情况下，深入了解人民币汇率变动的动态特征，厘清在岸和离岸人民币汇率的动态传导机制，对于解决第二个问题十分重要。本章研究的侧重点在第二个问题上。

关于境内外不同市场人民币汇率相关问题的研究，以往主要集中在两个方面：一是离岸与在岸人民币外汇市场的价格形成问题，二是离岸—在岸人民币汇率的联动效应（包括价格联动和波动传导效应）问题。如潘慧峰等（2009）分析了人民币远期市场的定价权归属及其稳定性问题，发现 NDF 市场享有定价权。朱钧钧和刘文财（2012）分析了离岸与在岸人民币即期汇率的价格发现能力，结果显示在岸人民币汇率拥有 90% 的价格发现贡献度。伍戈和裴诚（2012）运用 AR–GARCH 模型等定量分析方法，发现在岸汇率对离岸汇率具有引导作用，在岸市场在人民币汇率定价上具备主动性。Ding 等人（2014）研究了离岸汇率的价格形成机制。关于离岸与在岸人民币汇率传导关系的研究主要是在香港即期汇率定盘价出现以后。Cheung Y. W. 和 Rime D.（2014）通过构建离岸人民币汇率与在岸人民币汇率的 VECM 模型，发现离岸汇率对在岸人民币汇率有较大影响，并且对人民币中间价有显著的预测作用。Maziad 和 Kang（2012）则把离岸与在岸市场的远期汇率作为解释变量纳入考虑，认为在岸市场通过即期汇率影响离岸市场，而离岸市场的远期汇率对在岸远期汇率有很强的预测力。Funke 等人（2015）利用 GARCH 模型研究离岸与在岸人民币汇率的价差，发现离岸与在岸市场的流动性水平差异是价差水平的重要决定因素，全球风险偏好的增大会加大汇率价差的波动性，而允许跨境资本流动的措施会显著减少两个市场的汇率价差。

然而，现有的文献较少考虑到离岸与在岸人民币汇率在汇率价差增大时的结构性变换，关于汇率价差估计以及影响因素的测量都是基于线性模型进行的。汇率价差大小对离岸和在岸人民币汇率的影响是否存在结构性的区制转换，对于预测汇率以及调控汇率的政策工具选择尤为重要。事实上，笔者的实证结果显示，离岸与在岸人民币汇率的联动机制可以被划分为"均衡区制"和"偏离区制"。在"均衡区制"下，政府可以更多依赖市场调节来重建离岸与在岸人民币汇率的长期均衡关系。如果两个市场同时出现人民币高估或者低估的现象，也可以利用离岸与在岸市场的联动性，通过对在岸市场的调控，传导到全市场。而在"偏离区制"下，在岸汇率对离岸汇率的引导作用减弱，且市场重建在岸—离岸汇率长期均衡关系所需时间大幅度增加，汇率失衡问题更加严重。因此，央行的汇市调控政策应该要区分不同区制才能达到好的效果。在"偏离区制"下的主要政策目标应该是推动市场重回"均衡区制"，以促进市场自发调节机制更好地发挥作用。

本章采用门限误差修正模型估计离岸与在岸人民币汇率的影响因素以及联动效应。笔者采用 Hansen 和 Seo（2002）的方法估计门限向量误差修正模型。这一方法可以检验离岸与在岸汇率联动关系是否存在结构性的区制转换。笔者发现了显著的区制变化，当处于"均衡区制"时，在岸汇率对离岸汇率有较强的引导作用，市场调节可以重建离岸与在岸市场汇率的长期均衡关系。而当离岸与在岸汇率价差较大时，经济处于"偏离区制"，在岸汇率失去引导作用，离岸市场表现出均值回归特性而在岸汇率的反应则是"追涨杀跌"。除此之外，当离岸与在岸汇率处于"偏离区制"时，资本流动压力加大，政策因素对汇率的作用加强。

本章第 2 节介绍离岸人民币市场的发展以及离岸汇率与在岸汇率的基本情况；第 3 节重点介绍本章使用的门限误差修正模型；第 4 节对数据进行详尽介绍，并用线性 VECM 初步分析离岸与在岸汇率关系；第 5 节采用门限 VECM 分析不同区制下离岸与在岸人民币汇率及其影响因素的变化；第 6 节给出结论。

9.2 在岸与离岸人民币汇率差异

最早的人民币离岸市场是中国香港人民币离岸市场。在 2004 年 2 月 24

第 9 章 央行如何实现汇率政策目标

日,香港合格银行开始经营人民币个人业务,这被认为是离岸人民币业务的开端。继香港之后,伦敦、新加坡以及中国台湾地区也纷纷开始建立人民币离岸市场,随着人民币离岸市场的成熟与完善,越来越多的人民币交易在离岸市场上完成,形成了人民币离岸汇率。由于香港人民币离岸市场的业务占比达到 72.4%,是最重要的人民币离岸市场,因此我们的实证研究采用香港市场人民币兑美元的名义汇率数据。

由于我国资本账户没有完全开放,离岸人民币与在岸人民币是两个不完全统一的市场,两个市场的参与者、资产流动性、价格形成机制等不同会造成人民币汇价的决定因素不一致。离岸汇率与在岸汇率的价差长期存在。图 9-1 为离岸(CNH)与在岸(CNY)人民币汇率变化图,可以看到离岸人民币与在岸人民币走势相同,但价差长期存在,且波动性较大。

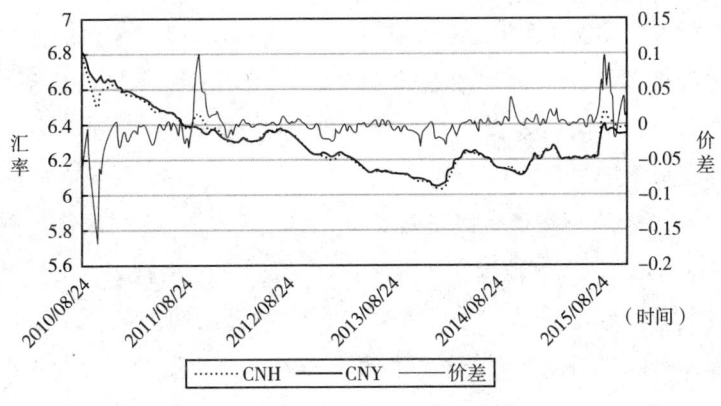

图 9-1 离岸与在岸人民币汇率变化

9.3 门限 VECM 模型设定与估计方法

研究联动效应以及影响因素采用向量误差修正模型。具体而言,考虑如下 VECM 模型:

$$\Delta x_t = A' y_{t-1}(\beta) + u_t \tag{9.1}$$

其中 $x_t = (x_{1t}, x_{2t})'$ 是被解释向量，$y_{t-1}(\beta) = \begin{pmatrix} 1 \\ \omega_{t-1}(\beta) \\ \Delta x_{t-1} \\ \Delta x_{t-2} \\ \vdots \\ \Delta x_{t-l} \\ z_t \end{pmatrix}$，l 是自回归变量滞后的阶数，$\omega_{t-1}(\beta) = x_{1t} - \beta x_{2t}$ 是误差修正向量，即离岸与在岸的汇率价差，z_t 是外生的解释变量，包含各种可能影响汇率的宏观经济指标、市场指标和政策因素，u_t 为随机误差项，一般假定其为正态白噪声。

公式 (9.1) 中的线性模型假定模型的参数是不存在区制变化的，这意味着离岸与在岸人民币汇率的联动关系和影响因素不存在跨区制的变化，无论价差多大，影响因素以及影响的程度都是相同的。而加入门限值的向量误差修正模型则放松了这一假定。

门限 VECM 模型在误差修正向量 $\omega_{t-1}(\beta) = x_{1t} - x_{2t}$ 的取值范围内，引入 s 个门限值 r_j，在取值范围内分成 $s+1$ 个区间，并根据 $\omega_{t-1}(\beta)$ 观测值的大小，将其分配到不同的门限区间内，再对不同区间内的样本进行 VECM 拟合，从而形成对时间序列的非线性动态描述。其模型的一般形式为：

$$\Delta x_t = A'^{(j)} y_{t-1}(\beta) + u_t^{(j)} \tag{9.2}$$
$$\text{s.t. } \gamma_{j-1} < \omega_{t-1}(\beta) \leqslant \gamma_j, j = 2, 3, \cdots, s$$

公式 (9.2) 中 $u_t^{(j)}$ 是 s 个相互独立的正态白噪声序列，r_j (j = 1, 2, …, s) 为门限值，$s+1$ 为门限区间个数，$A'^{(j)}$ 为第 j 个门限区间的回归系数矩阵。门限 VECM 模型实际上是分区间的 VECM 模型，采用最大似然法估计。在实际应用中考虑到多区制模型的维度问题和小样本的限制，通常采用双区制向量误差修正模型，即 $s=1$。我们沿用这一做法。具体而言，模型形式如下：

$$\Delta x_t = \begin{cases} A'^1 y_{t-1}(\beta) + u_t^{(1)} & \omega_{t-1}(\beta) \leqslant \gamma_j \\ A'^2 y_{t-1}(\beta) + u_t^{(2)} & \omega_{t-1}(\beta) > \gamma_j \end{cases}$$

9.4 VECM 模型估计结果

本章选取离岸与在岸人民币汇率的周度收盘数据，数据来自于 Bloomberg 数据库。由于离岸人民币汇率 2010 年 8 月以后才有数据，而样本初期存在很多的离群点，我们的样本从 2010 年 11 月开始持续至 2015 年 11 月。分别对离岸汇率与在岸汇率进行对数差分处理，得出境内外人民币市场的收益率，表 9-1 对境内外人民币汇率收益率进行了统计描述，其中 lncnh 是离岸人民币汇率的对数，对应计量模型中的 x_{1t}；lncny 为在岸人民币汇率的对数，对应计量模型中的 x_{2t}。离岸和在岸汇率收益率数据均表现为尖峰且数据分布正偏离。

表 9-1　　　　　离岸在岸汇率收益率的描述统计

变量	均值	最大值	最小值	标准差	偏态	峰度
dlncnh	-0.00019	0.0368	-0.0131	0.00415	2.9627	28.2650
dlncny	-0.00025	0.2881	-0.0087	0.00298	3.6379	36.9210

在具体对离岸和在岸汇率进行计量分析前，我们对其进行单位根检验。从表 9-2 可以看到，取对数后的离岸与在岸汇率均为非平稳序列，但其一阶差分不存在单位根，即两个变量均为一阶单整，因此适合采用 VECM 建模。

表 9-2　　　　　离岸在岸汇率单位根检验

变量	ADF 检验			PP 检验		
	统计量	P 值	结论	统计量	P 值	结论
lncnh	-1.982	0.2943	不平稳	-1.978	0.2963	不平稳
lncny	-2.503	0.1148	不平稳	-2.488	0.1183	不平稳
dlncnh	-16.506	0.0000	平稳	-16.501	0.0000	平稳
dlncny	-16.077	0.0000	平稳	-16.092	0.0000	平稳

根据单位根检验的结果，离岸与在岸汇率对数变动率是平稳的，可以对其进行格兰杰因果检验，以初步确定两者之间的联动关系。表9-3是 dlncnh 与 dlncny 的格兰杰检验结果。

表9-3　　　　　　　离岸与在岸汇率收益率的格兰杰检验

原假设	F统计量	P值	结论
dlncnh 不是 dlncny 的格兰杰原因	0.69	0.5013	接受原假设
dlncny 不是 dlncnh 的格兰杰原因	4.51	0.0119	拒绝原假设

根据格兰杰检验结果，在岸汇率变动率是离岸汇率变动率的格兰杰原因，而离岸汇率变动率对在岸汇率变动率无显著影响。具体分析离岸与在岸汇率之间的联动关系，则需要利用协整分析，建立协整方程。为了检验 lncnh、lncny 是否存在长期均衡关系，需要进行协整检验。本章分析采用JJ法进行协整关系检验。首先，我们运用信息量准则确定在无约束VAR模型中的最优滞后阶数为3。表9-4汇总了0~4阶滞后模型的信息量指标，表明VAR（3）模型最为合理。由于协整检验是对无约束VAR模型的一阶差分变量的滞后期进行约束检验，故协整检验滞后阶数为2。

表9-4　　　　　　　　　信息量指标

Lag	FPE	AIC	HQIC	SBIC
0	7.7e-09	-13.0080	-12.9971	-12.9810
1	1.8e-11	-19.0756	-19.0430	-18.9946
2	1.6e-11	-19.1519	-19.0976	-19.0168
3	1.5e-11*	-19.2191*	-19.1431*	-19.0300*
4	1.6e-11	-19.1995	-19.1018	-18.9563

注：*代表在10%水平上显著。

根据JJ检验结果（见表9-5），lncnh、lncny 之间有且只有一个协整关系。这表明离岸和在岸汇率之间存在长期均衡关系。因此，笔者采用2阶滞后的VECM模型来刻画离岸与在岸汇率的联动关系。在基准模型中，不考虑外生解释变量的影响，估计结果见表9-6。

表 9-5　　　　　　　　　　　　协整检验

H0	迹统计量	5%临界值	1%临界值
R = 0	34.3577**	18.17	23.46
R <= 1	2.4544	3.74	6.40

注：** 代表在1%水平上显著。

表 9-6　　　　　　　　无外生解释变量 VECM 结果

	$\Delta \ln cnh_t$	$\Delta \ln cny_t$
ω_{t-1}	-0.2292** (-3.45)	-0.1129 (-0.21)
$\Delta \ln cnh_{t-1}$	0.1111 (0.96)	0.6054 (0.66)
$\Delta \ln cnh_{t-2}$	0.0870 (0.83)	0.0016 (0.02)
$\Delta \ln cny_{t-1}$	0.2035* (2.09)	0.2183* (2.31)
$\Delta \ln cny_{t-2}$	0.0718 (0.51)	-0.0132 (-0.12)
Constant	-0.0000 (-0.04)	-0.0001 (-0.94)
协整方程	\multicolumn{2}{c}{$\omega = \ln cnh - 1.0218 \ln cny + 0.04$}
R squared	0.1265	0.0871

注：** 和 * 分别代表1%和5%水平上显著。括号中数值为 t 值。

根据表 9-6，在无外生解释变量的 VECM 模型中，协整方程的存在表明离岸和在岸汇率的长期均衡关系为 $1.0218\ln cny - \ln cnh = 0.04$。由于在岸汇率对数在协整方程中的系数接近于 1，这一长期均衡关系可以粗略地理解为在岸和离岸（对数）汇价差为 0.04。这一汇价差的长期存在反映了离岸和在岸市场的不完全一体化。ω 不等于 0 表明离岸和在岸汇率的关系偏离了其长期均衡水平，因此被称作均衡误差。笔者发现前一周的误差对离岸汇率变动率具有显著影响，当离岸与在岸汇价差增大，离岸汇率超过它与在岸汇率长期均衡关系对应的水平，即离岸人民币被低估，离岸汇率变动率会显著降低，离岸汇率升值，使离岸与在岸汇价差缩窄，回归到均衡水平。而汇价差对在岸汇率变动率并没有显著影响，说明当离岸与在岸汇率之间汇价差偏离均衡时，一般是通过离岸汇率自发调整以重建两个市场汇率的均衡关系。另一个较为显著的影响关系是滞后一期的在岸汇率变动率对离岸和在岸汇率的影响都是显著的。当在岸汇率变动率增加1个百分点，离岸汇率变动率将增加0.20个百分点，同时在岸汇率增加0.22个百分点。这说明在两者的联动关系中，在岸汇率对离岸汇率具有引导作用。

从表9-6可以看到，单独使用自回归对汇率变动的解释力度不强，离岸汇率方程R^2为0.1265，而在岸汇率方程R^2仅为0.0871。由于有关宏观经济、市场发展的变量可能会对离岸与在岸人民币汇率的联动产生影响，我们在接下来的计量分析中将控制这些因素。在宏观经济层面，我们控制在岸和离岸市场的利差。利率的差异可能引导资金为了套利而在两地流动，而外币投资本地市场需要先换成人民币，这就可能影响人民币汇率。由于资本管制，离岸人民币投资在岸市场的限制较多。因此利差导致的人民币需求变化在离岸和在岸市场可能是不一样的。为了结果的稳健性，笔者考虑两种利差度量指标，一是SHIBOR和HIBOR的利差，二是SHIBOR和美国联邦基金利率的利差。在资本市场层面，用上证指数收益率与恒生指数收益率之差度量资本市场收益率的差额。与利差类似，资本市场收益率的差也可能驱动套利行为进而产生人民币换汇需求。在外汇市场层面，用离岸与在岸人民币汇率的买卖差价代表外汇市场流动性，将市场流动性作为汇率的解释变量。由于国际金融市场对离岸与在岸人民币市场的冲击不同，因此国际变量也会造成汇价差的改变。在国际市场层面，用芝加哥期权交易所的VIX指数控制全球投资者对市场风险判断的影响。由于VIX是基于期权定价推测的投资者对市场波动性的判断，该指数越高，投资者认为市场波动性越大，风险越高。全球资本市场风险的上升可能对人民币汇率产生两种方向相反的影响。一方面，如果人民币被当成一种避险资产，则全球市场风险上升导致资金流入人民币市场，会推动人民币升值；另一方面，如果人民币尚未被国际投资者当做全球性的避险资产，则全球风险上升会推动投资者将投资从人民币转向安全性更好的货币，人民币会贬值。在监管政策层面，由于监管机构的资本管制措施可能会对离岸与在岸市场的关联性产生影响，因此本章也加入政策变量作为解释要素，主要包括RQFII、

第9章 央行如何实现汇率政策目标

QFII、QDII 的限额。① 表 9 - 7 为模型中所使用的变量及其说明，数据来源为 Bloomberg、Wind 以及 CBOE，政策变量来源于相关政策条例。

表 9 - 7　　　　　　　　　　模型解释变量表

变量符号	变量	描述
CNH_spread	离岸人民币买卖价差	卖出价减买入价，反映离岸市场的流动性
CNY_spread	在岸人民币买卖价差	卖出价减买入价，反映在岸市场的流动性
Share	资本市场收益率差	上证指数与恒生指数之差
Vixgr	全球风险偏好	VIX收益率，反映全球投资者眼中市场风险的变化
Rd	利差	离岸与在岸市场利率水平差异
RQFII	RQFII 份额	人民币合格的境外机构投资者份额
QFII	QFII 份额	合格的境外机构投资者份额
QDII	QDII 份额	合格的境内机构投资者份额

加入宏观经济和资本市场外生控制变量的 VECM 结果见表 9 - 8。加入政策因素的 VECM 结果见表 9 - 9。在所有的模型中我们都控制汇率变化率的滞后值、外汇市场流动性（汇率买卖差价）和资本市场价差。考虑到利率差和VIX指数的高度相关性，笔者分别在不同的模型中控制其影响。模型（1）控制VIX指数变化的影响，模型（2）控制离岸和在岸人民币利差的影响，模型（3）控制在岸人民币利率与美元利率差的影响。

表 9 - 8　　加入国内、国际宏观经济影响因素的 VECM 结果

	(1)		(2)		(3)	
	$\Delta \ln cnh_t$	$\Delta \ln cny_t$	$\Delta \ln cnh_t$	$\Delta \ln cny_t$	$\Delta \ln cnh_t$	$\Delta \ln cny_t$
ω_{t-1}	-0.4398 **	-0.0926	-0.4435 **	-0.0899	-0.4435 **	-0.0913
	(-6.02)	(-1.54)	(-6.05)	(-1.49)	(-6.05)	(-1.52)
$\Delta \ln cnh_{t-1}$	-0.0501	0.0443	-0.0456	0.0387	-0.0451	0.0397
	(-0.56)	(0.60)	(-0.51)	(0.53)	(-0.50)	(0.54)

---

① 为了确保结果的稳健性，笔者控制了替代的两地资金流动度量指标，以涵盖更多的资本流动渠道，如人民币直接投资、人民币跨境放款、人民币跨境担保、人民币债券、港股组合交易型开放基金、QFLP、RQFLP、"沪港通"等，而文章的主要定性结论不变。控制两地贸易量对结果也无影响。有兴趣的读者可以向笔者索取。

续表

	(1)		(2)		(3)	
	$\Delta \ln cnh_t$	$\Delta \ln cny_t$	$\Delta \ln cnh_t$	$\Delta \ln cny_t$	$\Delta \ln cnh_t$	$\Delta \ln cny_t$
$\Delta \ln cnh_{t-2}$	-0.1453 (-1.70)	-0.0821 (-1.17)	-0.1510 (-1.76)	-0.0793 (-1.13)	-0.1509 (-1.76)	-0.0787 (-1.12)
$\Delta \ln cny_{t-1}$	0.1225 (1.06)	-0.0246 (-0.26)	0.1402 (1.22)	-0.0356 (-0.38)	0.1402 (1.22)	-0.0363 (-0.38)
$\Delta \ln cny_{t-2}$	0.3047** (2.72)	0.1238 (1.35)	0.3155** (2.82)	0.1165 (1.27)	0.3159** (2.82)	0.1162 (1.27)
Constant	0.0002 (0.49)	-0.0011** (-2.84)	0.0002 (0.20)	-0.0011 (-1.21)	0.0003 (0.22)	-0.0012 (-1.28)
CNH_spread	0.4605** (-8.37)	0.3035** (-6.72)	0.4576** (-8.30)	0.3034** (-6.71)	0.4579** (-8.30)	0.3040** (-6.71)
CNY_spread	-0.0444 (0.36)	0.0748 (0.46)	-0.0499 (0.40)	0.0788 (-0.78)	-0.0506 (0.41)	0.0788 (-0.78)
Share	-0.0283** (-3.82)	-0.0165** (-2.70)	-0.0312** (-4.39)	-0.0144* (-2.47)	-0.0312** (-4.39)	-0.0144* (-2.47)
vixgr	0.0019* (1.99)	-0.0013 (-1.12)				
Rd_hk			-0.0002 (-0.90)	-0.0001 (-0.31)		
Rd_us					-0.0002 (-0.73)	-0.0000 (-0.11)
协整方程	lncnh - 0.982lncny - 0.03		lncnh - 0.983lncny - 0.03		lncnh - 0.982lncny - 0.03	
R squared	0.3578	0.2034	0.3291	0.2701	0.3444	0.1994

注：** 和 * 分别代表 1% 和 5% 水平上显著。括号中数值为 t 值。

根据表 9-8 可知，在岸人民币汇率对离岸人民币汇率的引导作用在各个模型中都是稳健的。一方面，当离岸（在岸）人民币汇率高于（低于）离岸与在岸汇率长期均衡关系对应的水平时，离岸人民币汇率会自发调整以重建离岸与在岸市场汇率的均衡关系。另一方面，滞后的在岸人民币汇率变动率对当前离岸人民币汇率变动率有显著影响。在控制变量方面，离岸市场流动性以及资本市场收益水平对离岸和在岸汇率有显著影响。CNH_ *spread* 是离岸人民币买卖差价,是外汇兑换成本以及流动性的体现。CNH_spread 减小,反映市场流动性较高,此时离岸和在岸汇价的贬(升)值率都降低(提高)。这表明较高流动性增加人民币的相对需求。离岸市场的流动性对离岸汇率的影响更大,CNH_spread 降低 0.0001,离岸汇率贬值率会降低 0.0046%,而在岸汇率贬值率仅降 0.003%。与此相反,在岸市场的流动性对汇率变动的影响不显著,这是由于在岸人民币市场流动性本身比离岸市场更充足,买卖价差更小,因此,换手成本变动的影响较小。恒生指数与上证指数收益率的差值可以用来反映中国内地与香港资本市场的收益率之差,当上证指数收益率大于恒生指数收益率时,更多的国际资本想要兑换为人民币,导致离岸与在岸市场的汇率都降低,人民币升值。股市收益率差异对汇率变动的影响同样也是在离岸市场上的表现更为明显,资本市场收益率差额每提高 1%,离岸人民币升值 0.31%,而在岸人民币仅升值 0.14%。这跟在岸市场的资本管制有关。

接下来,我们来看几个宏观与国际变量的影响。一是中国 SHIBOR 与美国联邦基金利率水平差异,二是内地与香港利差,三是 VIX 的变动率。通过表 9-8 的结果可以看出,无论是离岸还是在岸人民币汇率对利差的反应都并不敏感。这一结果表明,对于主流的投资者而言,利率差带来的套汇收益在周频率上与预期汇率变动带来的潜在收益比起来相对重要性十分有限。离岸汇率变动对全球投资者风险态度的变动更加敏感。通过表 9-8 中模型(1)的结果,我们可以看到 VIX 变动率对离岸汇率变动率有正的影响,即当全球风险加剧时,离岸汇率变动率加大,而在岸汇率没有显著变动。这反映了离岸市场由于资本流动较为顺畅,对全球的风险较为敏感。而风险加大造成离岸人民币贬值,这说明人民币目前还不是全球投资者的主要避险资产,当全球风险增大时,投资者倾向于抛售人民币资产,导致离岸汇率贬值幅度增大。由于资本管制的原因,该因素对在岸市场无显著影响。

根据表 9-9 中模型(4)的结果,加入政策变量对表 9-8 中模型的基本结论并没有显著影响。就政策变量本身的影响而言,RQFII 限额对汇率变动的影响较为显著,QFII 限额的影响次之,而 QDII 极不显著。RQFII 境外机构投资人可将批准额度内的人民币投资于境内的证券市场,RQFII 额度的放开使合格境外投资者能够更多直接投资于人民币产品,无须用美元购买人民币,降低了外汇市场上人民币相对于美元的需求。因此,*RQFII* 额度的增大导致人民币贬值。*QFII* 额度的增大提高了外汇市场上人民币的相对需求,导致人民币升值,因此其回归系数为负。*QDII* 的影响不显著,这表明境内机构对外证券投资的体量目前尚不足以对外汇市场产生显著影响。

表 9-9　　　　　　　　加入政策因素的 VECM 结果

	(4)	
	$\Delta \ln cnh_t$	$\Delta \ln cny_t$
ω_{t-1}	-0.5563** (-6.96)	-0.1607* (-2.44)
$\Delta \ln cnh_{t-1}$	0.0146 (0.16)	0.0853 (1.15)
$\Delta \ln cnh_{t-2}$	-0.0918 (-1.08)	-0.0494 (-0.70)
$\Delta \ln cny_{t-1}$	0.0178 (0.15)	-0.0999 (-1.03)
$\Delta \ln cny_{t-2}$	0.2208* (1.96)	0.0644 (0.69)
Constant	0.0010 (0.29)	-0.0036 (-1.20)
CNH_spread	-0.4676** (-8.58)	-0.3161** (-7.03)
CNY_spread	0.0223 (0.18)	-0.0532 (-0.51)
Share	-0.0232** (-3.12)	-0.0128* (-2.08)
Vixgr	0.0028* (2.03)	-0.0011 (-0.98)
RQFII	0.0028* (2.33)	0.0008 (0.82)
QFII	-0.0193* (-2.03)	-0.0047 (-0.60)

续表

	(4)	
	$\Delta \ln cnh_t$	$\Delta \ln cny_t$
QDII	0.0003	0.0002
	(1.50)	(1.09)
协整方程	lncnh − 0.968lncny − 0.05	
R squared	0.3997	0.2350

注:** 和 * 分别代表 1% 和 5% 水平上显著。括号中数值为 t 值。

9.5 加入门限值的 VECM 分析

线性的 VECM 模型将离岸与在岸汇率之间的关系简化,无论离岸与在岸汇价差大小都同等对待。但是在实际中,简单的线性关系往往是不存在的,当离岸与在岸的人民币汇价差处于不同水平时,投资者预期、政府态度可能发生重大转变,导致离岸与在岸汇率之间无法维持简单的线性关系。因此,应当从非线性角度出发,区分离岸、在岸汇率价差在不同状态下二者的联动效应及其影响因素,从而为实现人民币汇率政策目标提供科学有效的参考框架。

笔者采用 Hansen 和 Seo(2002)提出的 supLM 方法检验是否存在显著的区制变化,结果列示于表 9-10 中。supLM 检验的结果显示,离岸与在岸汇率的运动过程存在明显的区制变化。因此,笔者以误差修正向量(即离岸汇率与在岸汇率之间的价差作为门限变量)估计带有门限值的 VECM 模型。回归结果列于表 9-11。

表 9-10 区制变化检验

	SupLM	ExpLM	AveLM	SupLMs	ExpLMs	AveLMs
P = 2	23.7921	10.7047	20.2948	51.6386	23.3510	43.2243
	(0.0900)	(0.0580)	(0.0390)	(0.0000)	(0.0000)	(0.0000)

注:其中 P 是根据信息准则选择的最佳滞后阶数。

表 9–11　　　　　　　　门限 VECM 结果

	区制 1		区制 2	
	$\Delta lncnh_t$	$\Delta lncny_t$	$\Delta lncnh_t$	$\Delta lncny_t$
ω_{t-1}	-0.5788** (-3.28)	-0.144 (-0.96)	-0.7132** (-6.28)	-0.3203** (-2.78)
$\Delta lncnh_{t-1}$	0.2246 (1.01)	0.2062 (1.22)	-0.0727 (-0.56)	0.0133 (0.14)
$\Delta lncnh_{t-2}$	0.0898 (0.67)	0.1005 (0.75)	-0.219* (-2.03)	-0.1416 (-1.81)
$\Delta lncny_{t-1}$	-0.2356 (-1.14)	-0.3762 (-1.69)	0.1321 (0.78)	0.0144 (0.11)
$\Delta lncny_{t-2}$	0.0265** (2.67)	-0.1235 (-1.79)	0.4145 (1.68)	0.1989 (0.79)
Constant	-0.0724 (-0.45)	0.0003 (0.04)	0.0353** (4.75)	0.0143 (2.03)
CNH_spread	-0.1389* (-1.96)	0.0441 (1.95)	-0.6115** (-4.27)	-0.4801** (-4.15)
CNY_spread	0.0791 (0.86)	-0.0185 (-0.16)	0.0293 (0.15)	-0.0131 (-0.08)
Share	-0.0268 (-1.72)	-0.0037 (-0.6)	-0.0205* (-2.04)	-0.0178* (-2.12)
Vixgr	0.0041* (2.02)	-0.0008 (-0.74)	0.0017* (2.03)	-0.0006 (-0.31)
RQFII	0.0028 (0.79)	0.0016 (0.22)	0.0017* (2.37)	0.0012** (2.66)
QFII	-0.023 (-0.6)	0.0147 (0.87)	-0.0104* (-2.29)	-0.0111 (-1.78)
QDII	0.0004 (-0.58)	0.0004 (1.13)	0.0002 (0.74)	0.0000 (-0.15)
门限	$lncnh - 0.969 lncny \leq 0.0568$		$lncnh - 0.969 lncny > 0.0568$	

注：** 和 * 分别代表 1% 和 5% 水平上显著，括号中数值为 t 值。

根据门限回归的结果,可以看出,当离岸与在岸汇率价差处在较低的水平,即 $\ln cnh - 0.969\ln cny \leq 0.0568$ 时,在岸汇率的变动是随机的,既不受滞后的在岸和离岸汇率变动率的影响,也不受外生变量的影响,这和外汇市场的随机游走假说是一致的。离岸汇率受误差修正项的显著影响,且调整系数为负。这表明在前一期的离岸汇率高于均衡汇价差对应的水平时,下一期离岸汇率会自动调整来实现均衡汇价差。因此,我们把这一区制称为"均衡区制"。在这一区制内,明显是在岸汇率引导离岸汇率。这一结论来自于两方面的计量结果。一方面,当离岸与在岸汇率的价差偏离均衡水平时,是通过离岸汇率而非在岸汇率的调整来重建均衡。[①] 另一方面,在岸汇率变动率的滞后值对当前离岸汇率变动率有显著影响,而离岸汇率不存在自相关。在这一区制,两个外生变量对离岸汇率变动率有显著影响。一是离岸市场的人民币流动性。本书的回归结果显示,当离岸市场人民币的买卖价差变小时(即外汇市场交易成本下降时),离岸人民币升值(贬值)幅度变大(小)。这意味着更高的流动性增加人民币需求。另一个显著的外生变量是全球投资者风险判断。当 VIX 指数上升时,离岸人民币汇率升值(贬值)幅度变小(大)。这表明在投资者认为全球市场风险变大时,也会减少对人民币资产的投资。

在离岸与在岸人民币汇价差大到一定水平时,离岸与在岸市场投资者行为出现截然不同的情况。可以看到在区制 2,误差修正项对离岸和在岸人民币汇率贬值率的影响都是显著为负的。这表明,当上一期离岸人民币汇率高于均衡汇价差对应的水平或在岸人民币汇率低于均衡汇价差对应的水平时,当期的离岸和在岸人民币汇率会下降。此时,离岸人民币汇率下降推动汇价差向均衡关系回归,而在岸人民币汇率下降会导致汇价差偏离均衡关系越来越远。这反映出当离岸与在岸人民币价差较大时,在岸市场会出现明显的"追涨杀跌"现象。这种情况下,市场的自我调节机制需要较长的时间才能发挥作用,偏离均衡的持续时间较长。[②] 因此,我们把这一区制称为"偏离区制"。可以看到,在这一区制下,在岸人民币汇率对离岸人

[①] 在本书的计量模型中,协整关系对应的是在岸和离岸汇率的长期均衡关系。"重建均衡"指的是回归在岸—离岸人民币汇率联动的均衡关系,并非两个市场各自回到所谓的"均衡汇率水平"。

[②] 脉冲响应分析的结果显示,在区制 2 下破坏两地汇率长期均衡关系的冲击的影响持续时间较长,比在区制 1 下要长 5 周。有兴趣的读者可以向笔者索要脉冲响应分析的结果。

民币汇率的引导作用明显下降了。滞后在岸人民币汇率变动率对离岸人民币汇率不再具有显著的影响。反而离岸人民币汇率变动率自身显示出显著的负自相关。这表明离岸市场在"偏离区制"下是存在均值回归的。在"偏离区制"下，离岸市场流动性的影响作用明显，交易成本每提高1个基点，离岸汇率和在岸汇率的贬值率分别下降0.0061%和0.0048%。此时，资本市场收益率差额对离岸和在岸市场人民币汇率都有显著影响。具体而言，当上证指数收益率相对于恒生指数收益率上升时，投资者对人民币的需求上升，导致无论是在在岸还是在离岸市场人民币汇率都下降，人民币升值。与"均衡区制"下的情形类似，在"偏离区制"下，VIX的变化率只对离岸市场有显著影响，这是资本管制导致的。在"偏离区制"下，RQFII额度指标的作用凸显出来。更高的RQFII额度在离岸和在岸市场上都加大人民币贬值幅度。这反映出直接用人民币投资的机会对外汇市场上人民币需求的替代作用。在"偏离区制"下，QFII额度提升降低人民币贬值幅度。这意味着增加外资投资中国资本市场的机会，同时增加了外汇市场上的人民币需求。QDII额度在两个区制下都不显著，这表明境内机构对外证券投资的行为尚未对人民币汇率产生显著的影响。

9.6 结论与政策建议

本章通过实证研究发现，在只考虑线性关系时，离岸市场流动性、内地与香港资本市场收益率差异是决定离岸和在岸人民币汇率变动的主要因素；同时，由于离岸人民币市场与国际金融市场的隔离较少，全球风险的变化也会影响离岸市场汇率。在离岸与在岸汇率的关联关系上，在岸汇率对离岸汇率的影响较为显著，且当两个市场汇率偏离其长期均衡关系时，是通过离岸市场汇率调整以重建其长期稳定关系。在政策变量上，RQFII和QFII额度的放宽都显著地影响汇率的波动幅度。

加入门限值后，离岸汇率与在岸汇率的关系出现了较为显著的差异。

当离岸与在岸汇价差较小,处于"均衡区制"时,在岸汇率对两市场汇率的引导作用更强,离岸汇率的自我调整能够重建在岸与离岸汇率的均衡关系。此时在岸市场汇率为随机游走,而离岸市场汇率主要受在岸市场汇率、离岸市场流动性和投资者对全球资本市场风险的判断影响。当离岸与在岸汇率价差较大,处于"偏离区制"时,在岸汇率失去引导作用,离岸市场表现出均值回归特性而在岸汇率表现出"追涨杀跌"特性,两个市场的人民币汇率走势分离,通过市场调节重建其长期均衡关系的难度加大,需要耗费更长时间。当离岸与在岸汇率处于"偏离区制"时,资本流动压力加大,政策因素对汇率的作用加强。

由此笔者提出如下政策建议:

外汇市场处于"均衡区制"时,市场的自我调节机制作用较强。如果在岸汇率与央行的最优货币政策目标相一致,而离岸汇率偏离了央行政策目标,市场自我调节机制会引导离岸汇率重建均衡,从而实现央行的汇率政策目标。如果两个市场同时出现人民币汇率相对于央行汇率政策目标的高估或者低估,则汇率政策应该重点调节在岸市场。在此基础上,离岸汇率可通过均值回归以及在岸汇率的引导自动回到与最优货币政策相一致的水平。

外汇市场处于"偏离区制"时,在岸外汇市场呈现明显的投机性,表现出了"追涨杀跌"特性,这导致离岸与在岸市场过高的汇价差难以通过市场自我调节较快地回归均衡关系,此时,适当的汇率政策可以帮助市场更快纠正人民币汇率失衡。由于外汇市场处于"均衡区制"还是"偏离区制"取决于汇价差的门限,央行的汇率政策可以通过缩小汇价差推动外汇市场进入"均衡区制",以促进市场自我调节更好地发挥作用。具体而言,当市场上出现人民币贬值预期时,卖出人民币的行为会导致离岸与在岸市场上人民币同时贬值。由于离岸市场资本流动更加顺畅且无日波幅限制,人民币贬值幅度可能更大。这导致两个市场上的人民币汇价差扩大。如果这个汇价差超出了门限水平,则外汇市场进入"偏离区制"。这种情况下,央行一个可行的政策选择是:一方面,在在岸市场上容许人民币贬值,由于有日波幅的限制,在岸汇率不会出现极端的过度变动;另一方面,在离岸市场上进行公开市场操作,推动人民币币值回升。在岸汇率上升和离岸汇率下降将缩小离岸与在岸汇率的价差,可以推动外汇市场进入"均衡区制",从而市场自我调节可以重建均衡。如果之前人民币的贬值预期反映经济基本面的变化和人民币均衡汇率上升,则在岸人民币汇率调整到新的均衡汇率水平之后,市场机制会引导离岸汇率自动向其收敛。如果之前的人民币贬值预期来自非理性因素和市场投机行为,央行可以在"均衡区制"下通过公开市场操作等手段推动在岸市场汇率回归均衡汇率水平。在此基础上,市场机制会自动引导离岸汇率重建均衡。

上述政策要充分发挥作用,应该注意以下三点。

第一,本章的研究揭示了人民币在岸与离岸汇率的长期均衡关系,但没有研究什么样的离岸和在岸汇率水平是与最优货币政策相一致的均衡汇率水平,要利用本书所揭示的在岸与离岸汇率关系来调节人民币外汇市场,前提是要对前面提到的与最优货币政策相一致的均衡汇率水平有一个准确的判断。已经有大量的文献在做这方面的工作,未来的研究可以在这方面进一步完善现有文献。在市场汇率处于与最优货币政策目标相一致的均衡水平上时,无须进行外汇市场干预。如果出现了汇率失衡,央行为实现汇率政策目标就可以利用本书的研究成果。

第二,前面提到均衡的汇价差受在岸市场资本账户开放程度和在岸汇率日波幅上下限的影响,这两方面政策的大幅调整可能导致汇价差门限值的变化。在这种情况下,需要在政策变动之后及时重新测算新的门限汇价差水平,以指导汇率政策的执行。

第三,本书的政策建议在被市场充分理解的情况下能够更好地发挥作用。如果能够让市场明确央行汇率政策的目标之一就是让市场维持在"均衡区制"且央行有能力做到这一点,则可以增强其政策可信度,并约束市场上的投机行为。因为在这种情况下,与央行目标背道而驰的投机行为会以较大概率造成自身经济损失。而对于那些市场观望者来说,明确的央行汇率政策操作框架或行动准则以及可靠的政策执行力有助于稳定市场预期,大大减少投机资本可能裹挟的市场势力,从而降低央行汇率调控的难度。向市场明确政策目标可以有效地管理市场预期,减少投机行为,降低维持市场处于"均衡区制"的政策操作成本,得到"四两拨千斤"甚至"不战而屈人之兵"的政策效果。因此,建议央行及早明确让市场处于"均衡区制"的汇率政策目标,同时通过适当的方式向市场展示落实该政策的决心和能力。

本章参考文献

潘慧峰、郑建明、范言慧:"境内外人民币远期市场定价权归属问题研究",《中国软科学》2009年第9期,第156-164页。

伍戈、裴诚:"境内外人民币汇率价格关系的定量研究",《金融研究》2012年第9期,第62-73页。

朱钧钧、刘文财:"境外和境内人民币即期汇率:究竟谁发现了价格?",《上海金融》2012年第8期,第87-92页。

Cheung Y. W. and Rime D, 2014. "The offshore renminbi exchange rate: Microstructure and links to the onshore market." *Journal of International Money and Finance* 49: 170-189.

Clarida, R., Gali, J., and Gertler, M., 2002. "A simple framework for international monetary policy analysis." *Journal of Monetary Economics* 49 (5): 879-904.

De Haan, J., Eijffinger, S, and Waller, S, 2005. "The European central bank: credibility, transparency, and centralization." *CESifo Book Series*, MIT press, Cambridge, USA.

Ding D. K, Tse Y and Williams M R, 2014, "The price discovery puzzle in offshore Yuan trading: different contributions for different contracts." *Journal of Futures Markets* 34 (2): 103-123.

Engel C., 2011. "Currency misalignments and optimal monetary policy: a reexamination." *American Economic Review* 101 (6): 2796-2822.

Faia E., and Monacelli, T, 2008. "Optimal monetary policy in a small open economy with home bias." *Journal of Money*, Credit and Banking, 40 (4): 721-750.

Funke M., Shu C., Cheng X. and Eraslan S., 2015. "Assessing the CNH-CNY pricing differential: Role of fundamentals, contagion and policy." *Journal of International Money and Finance* 37 (6): 245-262.

Gali J. and Monacelli, T, 2005. "Monetary policy and exchange rate volatility in a small open economy." *Review of Economic Studies* 72 (3): 707-734.

Hansen B. E. and Seo B., 2002. "Testing for two-regime threshold cointegration in vector error-correction models." *Journal of Econometrics* 110 (2): 293-318.

Maziad S. and Kang J. S., 2012. "RMB Internationalization: Onshore/Offshore Links" *IMF working paper WP/12/133*.